정보통신행정연구소 연구총서	1
방송통신 정책과 조직	

방송통신 정책과 쟁점

박상인 · 김원식 · 박민수 ·
복홍석 · 윤기호 · 이상우

도서출판 대영문화사

발간사

디지털 융합 시대의 도래를 준비하기 위해 방송통신위원회가 출범한 지 4년이 지났다. 그러나 아이폰 쇼크로 대변되는 방송·통신·인터넷 부문의 침체와 미디어법의 통과에 따른 논란은 디지털 융합 시대의 바람직한 방송통신 정책 담당 정부조직과 정책 방향에 대한 논의를 촉발하고 있다. 이러한 논의들에 대한 이해와 바람직한 결론 도출에 필요한 기초 정보들을 담는 작업으로서, 서울대학교 행정대학원 정보통신행정연구소는 <방송통신 정책과 조직>이라는 연구총서 시리즈를 발간하게 되었다.

이 연구총서 시리즈는 디지털 융합환경에서 방송통신 정책과 쟁점들에 대한 전문가 박상인 외 다섯 명의 논의를 묶은 제1권 『방송통신 정책과 쟁점』, 방송통신위원회, 미국 연방통신위원회(FCC), 캐나다 방송통신위원회(CRTC)의 심의 및 의결 과정을 다룬 방송통신위원회 김정태 과장의 제2권 『한국, 미국, 캐나다 3개국의 방송통신 주무기관 비교 연구』, 그리고 방송통신위원회 설립의 준거틀로 고려되었던 미국 연방통신위원회와 방송통신위원회의 조직과 권한에 대해 비교법적 관점에서의 연구인 지성우 교수의 제3권 『한국의 방송통신위원회와 미국 연방통신위원회(FCC)에 대한 비교법적 연구』 등 세 권의 책으로 구성되었다. 연구총서가 적시에 출간될 수 있도록 열과 성을 다해 주신 집필자분들께 다시 한 번 감사드린다.

<방송통신 정책과 조직> 연구총서 시리즈가 출간되기까지 많은 분의 도움이 있었다. 정보통신행정연구소의 최슬기 조교와 서울대학교 행정대학원

박사과정의 장경아 씨가 저자들과 대명문화사 사이에서 연구총서 작업의 연결 고리 역할을 성실히 수행해 주었다. 또한 연구총서 시리즈의 출판을 흔쾌히 수락해 주신 대영문화사의 임춘환 사장님과 실무 책임자로 노고를 아끼지 않은 정재훈 과장님의 도움이 없었다면 적시에 출간이 불가능했을 것이다. 아울러 원고의 수정과 편집을 도와 준 대영문화사의 편집부에도 지면으로나마 감사의 말씀을 드린다.

끝으로, 많은 분의 수고와 도움으로 출간되게 된 <방송통신 정책과 조직> 연구총서 시리즈가 디지털 융합 시대의 바람직한 방송통신 정부조직과 정책 방향에 대한 실마리가 될 수 있기를 기대한다.

2011년 12월

박상인
서울대학교 행정대학원 교수
정보통신행정연구소 소장

머리말

유무선 방송・통신・인터넷의 망, 서비스 그리고 기기의 융합이 이뤄지는 디지털 융합이 도래할 것이라는 예상은 최소한 10년 전부터 있었다. 그러나 디지털 융합이 도래하고 있음을 피부로 느끼기 시작한 것은 최근의 일이다. 스마트폰과 스마트TV의 보급은 유무선 방송・통신・인터넷 단말기의 융합을 체험할 수 있게 하고, 이러한 단말기의 융합은 유무선 방송・통신・인터넷 서비스의 융합을 더욱 촉진하고 있다. 또 2012년 말까지 TV 전송 서비스의 디지털 전환이 완료될 예정인데, TV 전송 서비스의 디지털 전환과 제4 세대 이동통신 표준인 LTE로의 전환이 진전되면 유무선 방송・통신・인터넷망의 ALL IP망으로의 진화도 앞당겨질 것으로 예상된다.

디지털 융합과 스마트 미디어 시대로 대변되는 방송・통신・인터넷 부문의 급격한 기술혁신은 새로운 방송통신정책 과제들을 야기하고 있다. 이에, 디지털 융합환경에서 방송통신정책과 쟁점들에 대한 전문가 여섯 명의 논의를 묶어 『방송통신 정책과 쟁점』이라는 책으로 담았다.

이 책의 제1장 '방송통신주파수 관리정책'은 박민수, 제2장 '가상이동망사업자(MVNO) 제도에 관한 연구'는 윤기호, 제3장 '망중립성 규제'는 박상인, 제4장 '한국의 방송규제 제도의 변천과 성과'는 복홍석, 제5장 '지상파방송 광고 판매제도'는 김원식・박민수・이상우가 각각 집필했다.

끝으로, 서울대학교 행정대학원 정보통신행정연구소의 <방송통신 정책과 조직>이라는 연구총서 작업의 일환인 이 책을 통해, 방송통신 주파수

관리, 가상이동망사업자, 망중립성, 방송 규제, 지상파 방송 광고 판매 등의 쟁점과 정책에 대한 독자들의 이해가 깊어지고 정부의 정책설계와 집행에 도움이 될 수 있기를 소망한다.

2011년 12월

박상인

차 례

제 1 장 방송통신주파수 관리정책

제 1 절 전파관리정책 개관

1 전파의 정의

인간이 지구상에 등장한 이래로 소통, 즉 커뮤니케이션에 대한 욕구는 지속되어 왔으며, 인간의 기술이 발전함에 따라 그 형태 역시 진화되어 왔다. 소통 수단은 음성 및 소리를 통한 들리는 것과 문자와 기호를 통한 보이는 것을 기본으로 출발했다. 그러나 이러한 방법들은 소통하고자 하는 당사자 간의 거리상의 한계를 내포하고 있기 때문에 이를 극복하고자 하는 노력이 지속되었다. 이에 힘입어 소통 수단은 봉화(烽火)와 같은 자연물을 이용한 원거리 통신을 거쳐 전기적 신호를 이용한 통신으로 발전하기에 이르렀다. 1831년 패러디(Michael Faraday)의 전기와 자기의 상호 유도 관계 실험을 바탕으로 맥스웰(James C. Maxwell)이 1871년에 전자기파가 존재할 수 있다고 주장했고, 이에 대해 1888년 헤르츠(Heinrich R. Hertz)가 전자기파의 존재를 실험적으로 증명했다. 이를 바탕으로 전자기파를 통해 전자기적 방법에 의한 원거리 통신이 가능하다는 것이 이론적으로 입증되었으며, 1896년에 마르코니(Guglielmo Marconi)에 의해 최초로 전자기파에 의한 무선통신이 성공했다. 즉, 별도의 케이블이나 전송 수단 없이 멀리 떨어진 곳까지 신호를 보내고 통신을 하는 것이 전자기파를 통해 가능하게 된 것이다.

이와같이 공간에서 전파(電播)되는 전기적 에너지가 전파(電波)이고, 다른 말로는 공간과 같이 도체(導體)가 없는 곳에서 전파되는 전자기파(electromagnetic wave)를 전파라 한다. 규범적인 정의로서의 전파는 "인공적인 유도 없이 공간에 퍼져 나가는 전자기파로서 국제전기통신연합(International Telecommunication Union: ITU)이 정한 범위 내의 주파수"를 말한다.[1] ITU에서는 전파(電波)를 "인공적인 유도 없이 자유공간을 전파(電播)하는 3,000GHz 이하의 주파수의 전자파"[2]로 정의하고 있다.

한편, 주파수(frequency)는 전자파 또는 음파 등이 1초 동안에 진동한 횟수를 말하며, 단위는 헤르츠(Hz)로 표기한다. 즉, 1초에 1회 진동한 경우는 1Hz, 백만 회 진동한 경우는 1Mhz로 표기한다. 무선통신을 할 때 주파수에 신호를 실어서 전송하게 되므로 해당 주파수는 신호를 전송하게 되는 단위가 되며, 도로를 예로 들면 주파수는 차선과 같은 역할을 하게 된다. 이와 유사한 개념으로 임의의 주파수에 있는 신호 전력도 포함하는 스펙트럼(spectrum)이 있는데, 일반적으로는 전파정책, 주파수 정책, 스펙트럼 정책이 동일한 의미로 사용된다.

이러한 주파수 단위를 기초로 대역(帶域, band)을 설정하게 되는데, 대역이란 전파를 분류할 때 특성이나 용도가 동일한 일정 범위 내의 주파수를 그룹별로 구분해 지칭하는 것을 말한다. 국제전기통신연합(ITU)에서는 1953년 CCIR(International Radio Consultative Committee; 국제무선통신자문위원회)에서 전파의 분류 및 호칭 등을 통일하고 대역을 구분했는데, 존재하는 분류 체계 중에서 국제기구에 의해 통일된 방식으로 분류된 것은

1) 「전파법」 제2조 정의.
2) ITU Radio Regulation 1.5. "Radio waves or Hertzian waves: Electromagnetic waves of frequencies arbitrarily lower than 3,000GHz, propagated in space without artificial guide."

표 1-1 전파의 주파수 분류

대역 번호	대역명	기호	주파수 대역	파장의 길이
5	장파	LF	30~300kHz	10~1km
6	중파	MF	300~3,000kHz	1,000~100m
7	단파	HF	3~30MHz	100~10m
8	초단파	VHF	30~300MHz	10~1m
9	극초단파	UHF	300~3,000MHz	1~0.1m
10	센티미터파	SHF	3~30GHz	10~1cm
11	밀리파	EHF	30~300GHz	10~1mm
12	서브밀리파	THF	300~3,000GHz	1~0.1mm

이것이 유일하다.[3)]

전파의 대역에 따라 전파가 갖는 전파 특성이 상이하기 때문에 특정 대역에서 주로 활용되는 통신 또는 무선 서비스가 달라진다. 전파의 성질은 직진성,[4)] 반사성,[5)] 굴절성,[6)] 회절성,[7)] 간섭성 등이 있는데, 이러한 특성이 대역별로 독특한 특성을 보이게 된다. 저주파 대역에서는 회절성이 우수한 반면, 고주파 대역에서는 직진성이 우수한 특성을 보인다. 따라서 저주파 대역에서는 전리층 반사 및 회절성을 활용해 전파의 도달 거리가 넓은 조난통신용 또는 방송용 등으로 주로 활용되는 반면, 고주파 대역에서는 직진성과 반사성이 높으므로 레이더나 고주파에 따른 대용량 신호를 전송시킬 수 있는 이동통신, 광대역무선통신 등의 용도로 주로 사용된다. 즉, 저주

3) ITU-R에 의한 분류 외에 영국의 아마추어무선통신협회(Radio Society of Great Britain)와 미국 전기전자기술인협회(Institute of Electrical and Electronic Engineers)에 의한 분류가 있다. 해당 분류에서는 UHF 밴드를 1GHz까지 규정하고 그 이상 대역을 L밴드, S밴드, C밴드, X밴드, Ku밴드, K밴드, Ka밴드, V밴드, W밴드 등으로 구분한다.

4) 직진성: 전파가 방사되는 방향으로 직진하는 성질을 말하며, 파장이 짧을수록 직진성이 강하고 고주파 대역일수록 직진성이 강하다.

5) 반사성: 방사된 전파가 장애물(건물, 벽 등)에 부딪히면 일부는 회절하고 일부는 반사되는 성질을 가지는데, 반사되는 성질을 말한다.

6) 굴절성: 방사된 전파가 장애물에 부딪히거나 전파되는 매질이 상이할 경우 방사되는 방향에 굴절이 발생하며, 이러한 성질을 말한다.

7) 회절성(diffraction): 장애물을 돌아서(회절) 전파되는 성질을 말하며, 파장이 길수록, 즉 저주파 대역(장파)일수록 회절성이 강하게 나타난다.

파 대역일수록 회절성이 강하고 전리층 반사가 발생해 먼 거리에 도달할 수 있음에 반해 고주파 대역일수록 직진성이 강하고 주파수가 높으므로 많은 신호를 전송할 수 있다는 특성이 있다. 그러나 감쇠 현상(장애물, 기상 상태 등에 따라 신호가 약해지거나 잡음[noise]이 발생하는 현상)이 발생하게 되고, 고주파 대역으로 갈수록 전파 특성이 저하된다는 특성이 있고, 이러한 자체의 특성에 따라 대역별 용도가 규정되는 측면도 있다.8)

[그림 1-1]에서 보는 바와 같이 전파는 통신과 방송뿐만 아니라 교통, 국방, 기술 등 다양한 분야에서 활용되며, 물 · 전기 · 토지와 유사하게 경쟁적 수요가 있는 한정된 공공자원이기 때문에, 공정하고 효율적인 이용을 위해 국가가 관리 감독을 하게 된다.

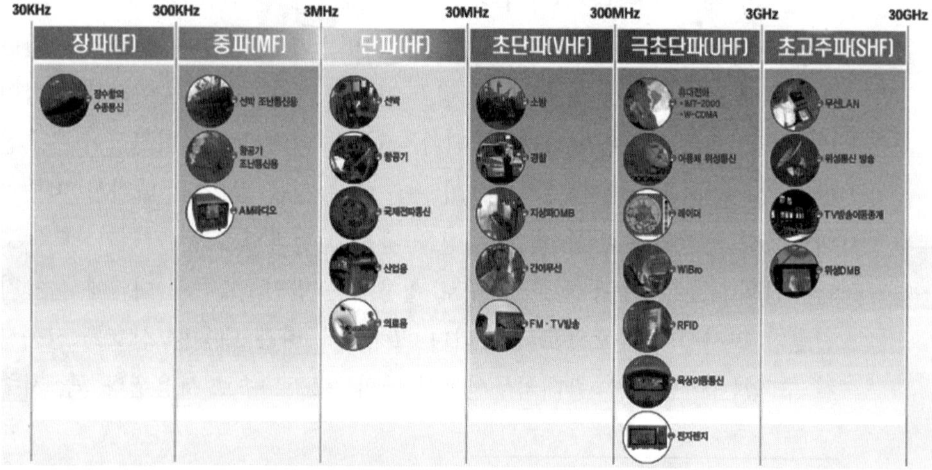

그림 1-1 주파수 대역별 주요 용도

자료: 한국방송통신전파진흥원

8) 특히 저주파수 대역은 도심에서의 음성 서비스 제공에 적절한 특성을 가진다. 이 때문에 우리나라 통신시장에서 SKT만이 유일하게 1GHz 이하 저대역 주파수 대역을 보유하고 있었던 2010년 이전에 SKT의 저대역 주파수 독점이 시장지배력을 유지하는 데 결정적인 역할을 한다는 주장이 지속적으로 제기되었다.

2 전파관리의 목적

1) 전파관리정책의 배경

전술한 전파의 특성에서 가장 큰 문제는 간섭성(interference)인데, 간섭성이란 두 개의 전파가 합쳐져 상쇄되거나 또는 두 개의 전파가 합쳐져 증폭되는 것을 말한다. [그림 1-2]와 같이 전파는 파동(波動, wave)이므로 골과 배가 존재하며, 각각의 파동은 인접 또는 동일 대역의 파동에 영향을 미치는데, 이는 달리 말하면 두 개의 전파가 합쳐져 원 신호 또는 두 개 이상의 모든 신호에 왜곡이 발생하게 되는 것을 말한다.

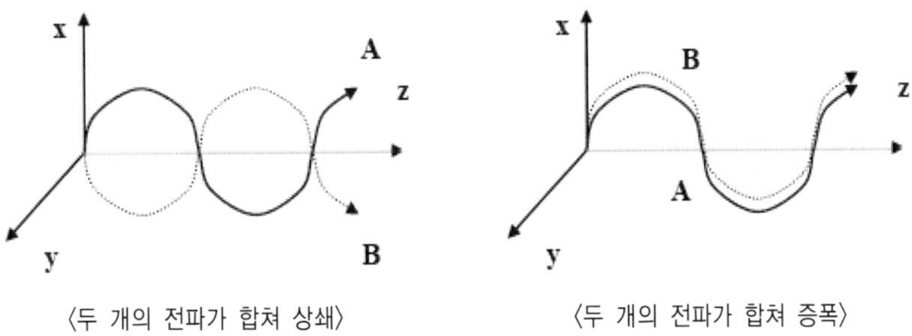

그림 1-2 전파의 간섭

전파의 간섭성은 다른 속성과 달리 전파의 특정 대역이 자체적으로 갖는 고유의 속성이 아니라 다른 주파수의 이용에 따른 외부성(externality)에 의해 나타난다. 즉, 전파의 혼신(混信) 또는 간섭(干涉)이 발생하는 경우 타인 또는 본인의 사용에 따라 본인 또는 타인의 이용이 영향을 받게 된다. 이러한 외부성을 관리하고, 나아가 전파의 이용에서 이용자 간의 혼간섭을 배제 또는 예방, 억제하는 것이 전파정책의 근원이자 시작이라고 할 수 있다. 혼간섭을 배제하는 가장 효과적인 방법은 특정 대역에서 단 한 명만 주파수를 이용할 수 있도록 하는 것이고, 이 경우 독점적 이용권을 부여할 수밖에 없는데, 전파는 유한한 공적 자원이므로 사회적 이익을 극대화하기 위해서는 이를 가장 효율적으로 이용할 수 있는 자에게 배분해야 하는 것이다. 따라서 전파정책의 목적은 전파라는 자원의 효율적 배분과 이용이며, 그 배경에는 혼간섭의 예방과 배제가 있다.

2) 전파관리정책의 역사

전파관리정책의 역사는 20세기 초로 거슬러 올라가는데, 앞서 언급한 바와 같이 1896년 마르코니의 무선전신 실험 성공 이후 1901년 캐나다-영국 간 대서양 장거리 무선통신이 성공하면서 전파를 이용한 통신에서 '국경 간' 및 '국가 간' 통신에 대한 국가 간 협력 및 규정 제정의 필요성이 발생했다. 이에 1903년에 '제1차 국제 무선전신회의'가 개최되었고, 상호통신 의무, 조난통신의 절대 우선권, 간섭을 발생시키지 않을 의무를 국가 간 무선전신 조약의 핵심 의무 사항으로 규정했다. 또한 부록으로 전파 규칙(Radio Regulations: RR)이 제정되어, 현재의 전파 규칙의 원형이 되었다. 또한 이때 최초로 해상과 해안국, 군용으로 1MHz까지 주파수를 분배했고, 'SOS'를 조난 신호에 대한 범용 신호로 결정했다.

1912년 타이타닉 침몰 사건[9] 이후 해상 긴급 조난통신의 중요성이 대두되면서 국제 간 협력 체제의 강화 필요성이 확대됨에 따라 1938년에 '제1회 국제무선주관청회의(World Administrative Radio Conference: WARC)'가 개최되어 범국가 단위의 무선관리 체제가 구축되었다.[10] 이 회의에서 최초로 국제 주파수 분배표가 작성되었으며, 기술, 주파수 이용, 경제 상황 등에 맞게 전세계를 3개 지역으로 구분해 분배가 이뤄졌다.[11]

3) 전파정책의 목적

앞서 설명한 바와 같이 두 개의 전파는 서로 더해지거나 상쇄될 수 있어

9) 타이타닉 침몰 시 무선 조난 신호로 703명이 구조된 바 있다.
10) 해당 회의는 WRC(World Radio Conference)의 전신으로 1993년 이후 WRC로 통칭된다.
11) 우리나라는 1952년에 최초로 가입했고, Region 3에 해당한다.

동일한 주파수 대역에 서로 다른 신호가 존재하면 서로 간에 간섭을 야기하게 된다. 따라서 전파 법규에서는 특정한 주파수 대역에서 사용할 수 있는 서비스에 대해 규정함으로써 혼간섭을 사전적으로 배제해 왔다. 이처럼 전파정책의 첫 번째 목적은 전파의 이용에 대해 혼간섭을 배제하고 통제하는 것이다.

전파는 무선통신 서비스 및 방송 서비스 산업, 그 외에 전파를 이용하는 산업의 필수 투입 요소(input)로 이론적으로는 무한하지만, 기술적 제약으로 공급이 제한적이다. 기술과 서비스 발전, 주파수의 경제적 가치 증대로 일부 주파수 대역(특히 VHF, UHF대)에서는 초과 수요가 발생하고 있다. 따라서 경제적 가치가 높고 유한한 자원(valuable & limited resource)으로서 중요성이 부각되고 있다. 또한 전파는 상업용 통신이나 방송 외에 항공, 해운, 교통 등 인명과 관련된 필수 통신 수단이며, 군사(레이더, 통신, 무기체계) 및 안보, 행정에 필수적인 투입 요소이므로 국가 및 국민의 생활에 필수적인 공익 자원이라고 할 수 있다. 따라서 방송통신 및 관련 산업의 필수 투입 요소로서 높은 경제적 가치를 가진 유한한 공적 자원인 전파를 효율적으로 이용해 산업의 진흥과 공익에 기여하도록 하는 것이 전파정책의 두 번째 목적이라 할 수 있다.

우리나라의 「전파법」(제1조)에서는 "전파의 효율적인 이용 및 관리에 관한 사항을 정해 전파 이용과 전파에 관한 기술의 개발을 촉진함으로써 전파 관련 분야의 진흥과 공공복리의 증진에 이바지함을 목적"으로 규정하고 있는데, 즉 전파정책의 목적을 ① 전파의 효율적 이용 및 관리, ② 전파 이용 기술의 개발 촉진, ③ 전파 관련 분야의 진흥을 통해 최종적으로 ④ 공익에 기여하는 것으로 규정하고 있다.

정리하면 혼간섭을 포함한 전파의 물리적 특성과 이용 현황으로부터 전파의 이용을 특별한 국가적 감독과 규제의 대상으로 삼아야 할 필요성이 도출된다(박재천·양제민, 2006). 한편으로는 가용한 주파수를 상이한 이용 종류 간에 분배되도록 함으로써 이용 수요를 일정한 방향으로 유도해야 할 필요성이 있고, 공적인 자원이라는 전파의 특성상 전파에 대한 국가적 관리 체계의 수립이 필요한다. 일본의 경우에도 "전파의 공평하고 능률적인 이용을 확보해 공공의 복지를 증진"하는 것이 전파법의 목적이자 전파관리 정책의 목적이며, 호주의 경우에도 "주파수의 효율적 할당과 사용을 보장함으로써 주파수 사용으로부터 국민 전체의 편익을 극대화"하도록 규정하고 있다. 전파관리 행정에서는 공물적 재화로서 전파 자원을 계획적으로 확보하고 그에 대한 배타적 및 비배타적 이용권을 창설하는 내용이 요체이며, 이러한 과정들의 경제적 의미가 과소 평가되지 않도록 진홍하는 것이 중요하다. 이 경우 특히 이동통신과 방송은 경제적 및 사회적 의미가 매우 큰 대표적 영역으로서 전파자원의 효율적이고 장애 없는 이용이 보장되는 것이 중요하다(박종수 외, 2008).

3 전파관리정책의 기본 요소

1) 전파관리정책의 범주

전파관리정책의 범위는 전파자원의 탐색 및 발굴에서 사후관리까지의 모든 과정을 직·간접적으로 포괄하며, 전파관리정책의 목표에 따라 전개된다. 전파관리정책은 일반적으로 <표 1-2>와 같은 단계로 구분할 수 있으며, 각 단계에서 추구하는 정책 목표에 적합한 개별 정책들이 수립되어야 한다.

전파관리정책은 위의 모든 과정을 포괄하는 관련 기관의 행정행위를 뜻하며, 세부적인 정책 방향 및 수단은 정책의 목적에 따라 다르게 구체화되는데, 위의 각 정책 범주에 속한 세부 정책들은 상호 인과관계 형성을 통해 수립 및 시행되어야 하며, 선순환적인 효과가 발생하도록 해야 발전적인 전파정책 목표 달성이 가능하다. 전파자원의 확보에는 국제 분배를 중심으로 주파수 회수·재배치 및 재할당이 포함되어 있으며, 국내 분배와 할당·지정·사용 승인 및 무선국 허가는 자원 배분 단계에 속한다. 사후관리에는 무선국 검사, 인증 및 전자파 관리가 포함되어 있으며, 전파의 이용에 대한 사후 이용 규제로는 감시, 단속, 혼신 제거가 있다. 한편, 배분된 주파

표 1-2 전파관리 정책의 범주

주요 범주	개별 정책 방향
최적 전파자원 탐색	• 전파 이용기술 연구 및 이용 가능한 전파자원 확보
↓	
전파자원 발굴/분배	• 시장 수요에 부합하는 주파수 확보 및 국제 Harmonisation • 주파수 분배 및 용도 규제 • Radio Regulation(RR) 규정 준수, 용도자유화 정책 등
↓	
효율적 할당 및 이용	• 시장 여건에 적합한 할당 방식 및 이용정책 수립 • 대가 또는 심사 할당, 주파수 경매제 등 • 무선국 개설 및 이용정책, 주파수 이용권의 양도·임대 등
↓	
전파 감시 및 이용 실적 조사	• 혼·간섭 규제 및 주파수의 효율적 이용을 위한 정책 수립 • 주파수 혼·간섭 및 전파 월경 감시, 규제 등 • 주파수 회수, 재분배 및 재배치 등
↓	
신규 서비스 필요	• 수요 패턴의 변화에 따른 신규 서비스 도입 필요
↓	
전파 이용 기술 개발	• 전파산업 진흥 및 연구개발 촉진 정책 수립 • 주파수의 효율적 이용 및 신규 서비스 제공에 필요한 전파 이용 기술 개발
↓	
최적 전파자원 탐색	

자료: 최계영 외(2007)

수 중 일부는 회수·재배치를 통해 전파자원의 확보와 다시 연결되어 순환적 구조를 보이게 된다.

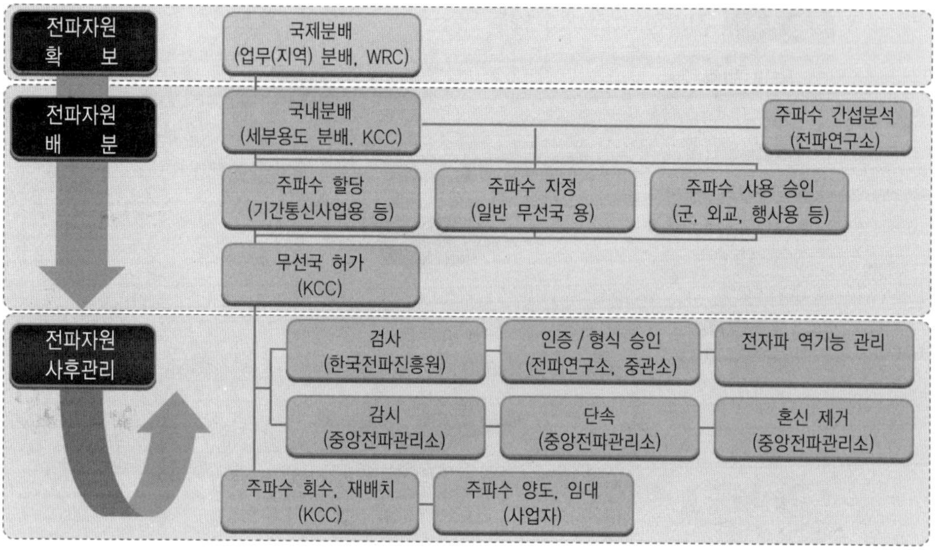

그림 1-3 국내 전파관리 체계

자료: 방송통신위원회.

2) 공물자원의 배분

공물인 전파자원의 배분 체계는 주파수 분배와 할당으로 구분되는데, 우선 주파수 분배(allocation)는 특정 주파수 대역의 용도를 정하는 것으로 국제 분배와 국내 분배로 나뉜다. 국제 분배는 ITU(WRC)에서 주파수의 효율적인 이용을 위해 대역별 국제적 용도를 권고하는 것을 말하며, 전 세계를 3개의 권역(region)으로 나눠 배분(1지역: 유럽 등, 2지역: 미국 등, 3지역: 우리나라 등)한다. 항공, 해상, 조난용 주파수는 국제적으로 동일해야 하므로 국제적인 공조를 통해 분배하며, 위성용 주파수 분배 시에도 인접 국가 간 조정이 필요하다.

국내 분배는 국제 분배된 결과에 따라 각 국가별로 통신, 방송, 공공 등의 구체적인 세부 용도를 결정하는 것을 말한다. 우리나라는 방송통신위원회가 국내 수요, 이용 현황, 국제 동향, 기술 추세 등을 고려해 주파수를 분배하며, 이미 9kHz~275GHz 대역을 이미 분배한 상태다. 분배는 전파자원을 어떤 용도 및 목적으로 이용할 것인지 사전에 획정하는 것으로 외부성(혼간섭)이 존재할 때 외부성을 정부가 직접 통제하는 첫 번째 수단이자 가장 기본적인 정책 수단이 된다. 이러한 분배는 토지자원을 배분하기 이전에 용도를 지정하는 것과 동일한 성격을 갖는다.

주파수 할당(assignment)은 특정 주파수의 이용권을 특정인에게 부여하는 것으로 전파자원을 어떻게 누구에게 배분하는지를 결정하는 자원배분의 문제다. 우리나라에서는 전기통신사업법에 의한 기간통신사업 또는 방송법에 의한 종합유선방송사업이나 전송망사업을 하고자 하는 자가 그 사업을 영위할 목적으로 직접 사용하는 주파수를 그 용도와 기술 방식 등을 정해 할당할 수 있는데, 주파수 할당은 개별 무선국이 아니라 일정 대역의 주파수를 정해 특정한 사업자가 다른 사업자에 우선해 이용할 수 있도록 하는 행위를 말한다. 할당으로부터 발생하는 주파수 이용권은 주파수 할당을 받은 자가 갖는 권리라는 점에서 할당은 주파수 이용권의 전제이자 근거가 된다. 주파수 할당의 법적 성격은 주파수 분배에 의해 용도가 정해진 주파수를 이용할 권리를 특정인에게 설정해 주는 설권행위로서 강학상 수익적 처분으로서의 특허에 해당한다. 주파수 분배가 일반적 지정의 성격을 갖는 반면, 주파수 할당은 개별 사업자에게 주파수 이용권을 설정해 주는 구체적 조치이며, 할당행위는 행정청의 재량행위다. 재량행위라 하더라도 전파주관청인 방송통신위원회는 전파자원의 공물성으로부터 주파수 할당의 재량을 행사할 때는 당해 사용행위의 공익성, 출원자의 자격, 전파의 특허 사용이 일반 공중에 미치는 영향 등을 개별·구체적으로 판단해 구체적 사안에 가장 합목적적인 결정을 해야 한다.

주파수 할당의 가장 중요한 법적 효과는 전파라는 공물의 특허 사용 관계가 성립된다는 것이며, 주된 내용은 주파수 이용권이 발생한다는 것이다. 주파수 이용권은 할당 방식에 따라 그 수준이 결정되는데, 경매를 포함해 이용 대가를 내는 대가 할당의 경우 전파법 및 동법 시행령에서 규정한 범위 내에서 제한적인 재산권을 갖게 되어 양도·임대가 가능하게 된다. 이는 경매 할당을 포함하는 대가 할당의 경우 주파수 이용권의 설권에 대한 반대급부로 대가를 납부하게 되므로 심사 할당에 비해 고양된 법적 지위,

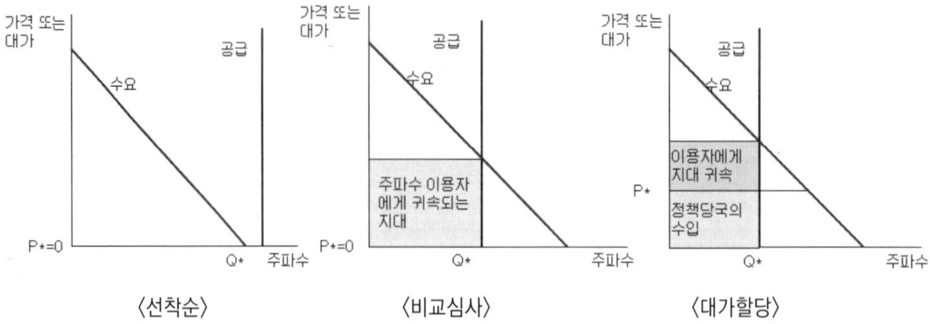

그림 1-4 주파수의 수요 · 공급과 할당 체계

즉 재산권적인 이용권을 갖게 된다는 것을 의미한다.

일반적으로 자원 배분(할당) 방식에는 선착순(first come, first served), 추첨제(lottery), 비교심사(beauty contest), 대가 할당 및 경매 할당(spectrum auction)이 있는데, 이러한 할당 방식은 주파수에 대한 수요-공급과 밀접한 관련성이 있다.

주파수 할당을 경제학적으로 해석하면, 주파수 할당이 희소한 공적 자원에 대한 배분으로 접근된다. [그림 1-4]에서 보듯이 주파수의 공급은 국내외 분배 및 기술적 한계에 따라 완전 비탄력적인 양상을 보이기 때문에 수직의 공급곡선으로 표현될 수 있는데, 주파수의 공급에 비해 수요가 적은 경우에는 선착순으로 전파자원을 할당해도 무방하다. 그러나 주파수에 대한 수요가 증가하게 되면, 경합적 수요가 존재하게 됨에 따라 이용자를 '선별'해야 한다. 주파수 이용을 원하는 복수의 사업자를 심사해 무상으로 이용권을 부여하는 할당 방식을 비교심사라 한다. 비교심사 방식의 경우 주파수 이용에 대한 대가를 지급하지 않기 때문에 공물의 독점적 이용으로부터 발생하는 지대가 모두 주파수 이용자에게 귀속된다. 이는 결국 공공의 자원인 주파수로부터 발생하는 이익이 공공 부문으로 환수되지 않고 사적 부문에 귀속되는 것이다. 한편, 사업 희망자의 사업계획서를 보고 심사를 하되, 선별된 사업자에게 대가를 지불하게 하는 대가 할당의 경우 일정 수준의 대가를 지불하게 되므로 주파수의 배타적 이용으로부터 발생하는 지대가 일부는 공공 부문으로 환수되나, 주파수의 본질적 가치가 할당 대가보다 큰 경우 여전히 지대의 일부는 이용자에게 귀속된다.

2010년 전파법 개정을 통해 도입된 주파수 경매제의 경우 위와 같은 문제점이 해소될 수 있고 전파 자원을 시장 기능에 입각해 배분할 수 있다는 장점이 있다. 경매제는 경매를 통해 최고가를 입찰한 자에게 주파수를 할당하는 방법이다. 주파수 경매는 1989년 뉴질랜드, 1993년 미국, 호주, 2000년 영국에 도입되는 등 OECD 국가들의 주요 주파수 할당 방식으로 정착(우리나라 포함 총 23개국 시행 중)되었다. 우리나라도 2010년 주파수 경매제 도입을 위한 전파법 개정이 이뤄졌고, 이에 따라 2011년 8월 최초로 800MHz/1.8GHz/2.1GHz 대역이 경매로 할당되었다. 이 경매에서 특히 경쟁적 수요가 높았던 1.8GHz 대역의 경우 누적 83라운드에서 총 9,950억 원의 경매가를 기록한 바 있다.

주파수 경매제는 주파수 할당 절차의 효율성 및 투명성을 확보할 수 있고, 주파수의 경제적 가치를 비교적 정확히 반영한 대가를 받을 수 있다는 장점이 있다. 그러나 다른 한편으로 과도한 경매대금(승자의 저주)으로 인한 투자 위축이나 요금 증가 가능성과 거대 사업자에 의한 주파수 독점이 발생할 가능성이 있다는 우려도 존재한다. 그러나 시장 기능에 의해 평가된 주파수의 가치가 할당 절차에서 정확히 반영됨에 따라 '최고가 입찰자 =

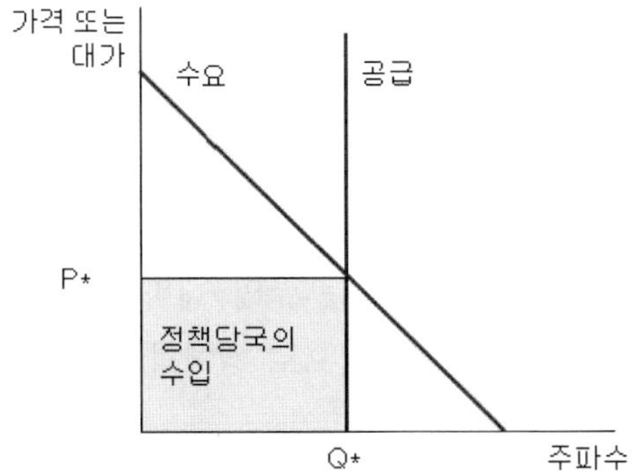

그림 1-5 주파수 경매제에 의한 효과

주파수의 가치를 가장 높게 평가하는 자 = 주파수를 가장 효율적으로 사용할 수 있는 자'가 된다는 점에서 경매제는 전파의 효율적인 이용을 유도할 수 있는 자원 배분 수단으로 평가된다.[12)]

3) 공물자원의 이용

전술한 바와 같이 전파관리정책의 목적은 가장 적합한 이용자가 희소한 자원인 전파를 최적의 용도로 효율적인 이용을 하도록 하는 것이다. 분배, 할당, 사후관리 등 전파관리 정책의 각 개별 단계에서의 정책실패는 전파정책의 목적을 달성하지 못하는 결과를 초래할 수 있는데, 전파관리 정책은 개별 정책이 단계적으로 상호 높은 인과성을 갖기 때문에 개별 정책의 실패는 전체 전파정책의 목적 달성을 어렵게 할 수 있다. 즉, 전파법의 궁극적 목적인 '공공복리의 증진'을 위한 수단적 성격인 '전파자원의 효율적 이용'과 '전파 진흥'이 전파관리정책의 목적인 '최적의 용도 및 이용자에의 전파자원 이용'을 완전히 반영한다고 보기에는 어렵다는 것이다. 따라서 전파의 효율적 이용과 전파 진흥을 동시에 달성하기 위해서는 각각의 목표에 적합한 정책 수단이 동시에 마련되어야 하는데, 효율적 전파 이용을 달성하기 위한 정책만으로는 전파 진흥을 동시에 이뤄낼 수 없기 때문에 때로는 전파 진흥을 효율적 이용과는 별개로 다뤄야 할 필요성이 있다.

공물자원인 전파의 효율적 이용을 위한 구체적인 정책 수단 확보 이전에 '효율성' 개념에 대한 명확화가 필요하다. 전파자원의 이용 효율성에 대한 세 가지 개념은 주파수 효율성(spectrum efficiency), 기술적 효율성(technical efficiency), 경제적 효율성(economic efficiency)이다. 첫째, 주파수 효output/spectrum impacted)으로 정의되며, 둘째, 기술적 효율성은 주파수, 운용자, 자본, 설비 등 모든 투입 대비 정보(신호)량(=output/cost of all inputs)을 의미한다. 마지막으로 경제적 효율성은 모든 투입 요소 대비 소

12) 파크 외(Park et. al., 2011)는 OECD 국가들에서 시행된 3G 주파수 할당의 사례를 분석한 결과 경매를 통해 주파수를 할당한 나라들에서 요금이 더 오르거나 서비스 개시 시기가 더 늦거나 통신시장의 집중도가 더 높아졌다는 증거를 찾지 못했다.

비자에의 (산출적) 가치(=value of output/cost of all inputs)다. 주파수의 효율적 이용을 촉진하는 장치로는 자원 배분 단계에서의 할당 정책을 통한 사전적인 정책 수단과 더불어, 전파 사용료[13]나 전파 감시와 같은 사후적 정책 수단이 있다. 따라서 전파의 효율적 이용을 촉진하기 위해 위와 같은 효율성 개념에 맞춰 개별 효율성을 증진시키는 정책 수단이 도입된다.

우리나라에는 할당 절차를 거치지 않고 주파수를 이용할 수 있게 하는 주파수 지정 또는 사용 승인 제도가 있고, 무선국에 대한 허가·검사, 감시, 기기 인증 등의 제도가 도입되어 있다. 주파수 지정이란 무선국의 개설을 할 때 당해 무선국이 이용할 특정한 주파수를 지정하는 것을 의미하는데, 할당과 달리 주파수 대역이 아니라 특정 주파수에 대한 이용권을 시설(무선국) 중심으로 부여하는 것을 말한다(「전파법」 제19조 및 제21조). 지정받아 사용하는 주파수의 대표적인 예가 방송주파수다. 사용 승인은 방송통신위원회로부터 주파수 사용 승인을 얻어 무선국을 개설하는 것을 말하는데, 주로 군용 주파수, 외국 VIP에 대한 의전 및 경호용, 외국 공관용, 국제 행사 또는 국가적 행사용 무선국에 대해 방송통신위원회가 해당 주파수에 대한 사용 권한을 위임하는 것을 말한다(「전파법」 제19조 제5항).

무선국 허가는 주파수 지정 가능성, 개설 기준, 기술 기준, 무선 종사자의 자격 등을 심의해 무선국 개설을 허가하는 것(「전파법」 제21조)을 말한다. 주로 기지국, 방송국, 해안국, 항공국 등의 무선국에 대해 무선국의 종별, 목적, 통신의 상대방 및 통신 사항, 호출·응답 방법, 운영 시간 등과 호출부호, 전파의 형식, 필요 주파수 대폭과 주파수, 공중 선전력, 실효 복사전력(Effective Radiated Power: ERP) 또는 등가등방 복사전력(Equvalent Isotropically Radiated Power: EIRP), 공중선의 형식·구성 및 최대 공중선 이득 등을 심사해 허가 여부를 결정하게 된다. 무선국 허가를 얻게 되면 허가 사항에 적합하게 무선국 시설 공사를 하게 되며, 공사가 완료되면 무

13) 전파 사용료는 전파를 이용하는 만큼(출력 및 대역폭에 따른 종량적 비용) 납부하게 되므로 전파를 필요 이상 과다하게 보유하거나 과이용(over-utilization)을 억제하는 효과가 있다.

선국 검사를 받아야 한다. 무선국 검사는 전파의 혼신이나 간섭을 방지하기 위해 무선설비의 성능, 운영자의 적격 여부 등을 확인하는 것(전파법 제24조)을 말하며, 검사는 준공검사(무선설비를 최초로 준공한 경우), 변경검사(무선설비 등을 변경한 경우), 정기검사(허가 유효 기간 내에서 법령에 정하는 기간에 따라 검사하는 경우), 임시검사(전파의 효율적 이용 및 관리를 위해 필요한 경우)로 구분된다.

한편, 전파 이용 기기에 대한 인증 체계가 존재하는데 모든 정보통신 기기는 형식 승인, 형식 검정, 형식 등록, 전자파 적합 등록과 같은 인증을 받고 판매 및 이용해야 한다. 이는 통신망 운용 및 단말의 이용 시에 망 운영에 지장이 없도록 하는 조치 중 하나다. 무엇보다도 단말장치가 통신망에 접속되었을 때, 통신망이나 다른 이용자에게 피해를 주지 않을 정도로 일정 수준의 기술 기준을 만족시키고 있음을 보장하기 위한 제도라 할 수 있다.

끝으로, 전파의 이용과 관련된 정책 체계 중 하나는 전파의 이용과 관련된 사후 감시 및 혼신 해소다. 감시는 불법 무선국에서 발사한 전파를 탐지하거나, 혼신을 유발하는 전파를 탐지하고 전파에 대한 품질 측정을 목적으로 한다(「전파법」 제49조). 이러한 감시를 통해 불법·변칙 운용 무선국 단속, 불법 정보통신 기기 유통 단속, 휴대전화 복제 및 단말기 일련번호(Eletronic Serial Number: ESN)[14] 정보 제공행위 단속, 불법 감청 설비 유통 단속 등을 수행한다. 혼신 또는 전자파 장해가 있다는 신고가 있거나, 감시에 의해 사실을 인지한 때에는 정부가 이를 조사하고 필요한 조치를 취하도록 규정(「전파법」 제51조)하고 있다. 이러한 사후적 감시, 단속, 혼신 해소의 주무기관은 중앙전파관리소 및 지방 전파관리소다.

14) 휴대폰의 고유번호인 ESN은 제조업체가 기기에 부여한 제품일련번호와 달리 통신사업자가 부여한 각 단말기의 고유번호다.

제 2 절 전파관리 체계의 유형과 최근 동향

1 전파관리 체계 변화의 배경

전술한 바와 같이 전파관리는 혼신·간섭을 방지하고자 하는 목적으로 시작되었다. 혼간섭에 대한 관리가 충분하지 않으면 다양한 전기 및 전자기기 등에 유도를 발생시켜 고장이나 사고를 일으키며, 타인의 전파통신에 장애를 발생시킨다. 전파에 대한 수요가 낮던 때에는 전파에 대한 사전적 관리·규제보다는 혼간섭을 배제하기 위한 사후적 관리에 초점이 맞춰져 있었다. 주파수는 ① 주파수 대역별 특성에 따른 이질성(heterogeneity), ② 기술적 제약, ③ 국가 간 또는 국제기구(ITU 등)를 통한 상호협약 등의 이유로 경직적인 공급 특성을 가진다. 20세기 초 전파가 사용되기 시작할 당시에는 혼신 방지가 전파관리정책의 핵심 목표였고, 용도 지정이 혼신 방지 목적의 최초이자 유일한 사전적 통제정책이었다고 할 수 있다. 이는 당시의 열악한 기술 수준 때문에 필터링에 의한 혼신 방지보다는 주파수의 용도를 지정하는 '칸막이' 규제 방식이었다.

주파수에 대한 수요가 증가하고 기술 발전에 의해 혼간섭 문제가 완화됨에 따라 주파수 관리정책의 성격도 변해 왔다. 특히 무선통신시장 참여자의 증가로 주파수에 대한 경합적 수요가 발생하면서 주파수의 '효율적 이용'이 비중 있는 정책 목표가 되었다. 전파자원의 사전적 이용효율성을 담보하는 정부의 세부 정책 중 가장 중요한 비중을 차지하는 것은 주파수 분배와 할당이라고 할 수 있다. 주파수 분배 체계는 특정 주파수에 대한 용도 지정 및 이용 제한이라는 측면에서 의의를 가지며, 국제협약(예: Radio Regulation 규정 등)을 준수해야 하는 준(準)강제성이 있기 때문에 정부의 재량적 정책 범위가 완전히 자유롭지는 않다. 그러나 주파수 할당 체계는 주파수를 가장 효율적으로 이용할 수 있는 자를 선별해 사전적 이용효율성을 추구하는 행정행위로, 각 국가는 해당 국가의 환경에 적합한 정책을 수립·시행하고 있으며 정부의 정책재량이 자유롭다고 할 수 있다.

전파관리 체제는 전반적으로 명령과 통제(command and control)에서 시장기반모형(market-based model) 및 부분적인 공유모형(commons model)으로 변화하는 추세다.[15] 시장 기능에 기반한 할당 체계(경매제) 도입이 증가하고 있고, 2차 시장에 대한 규제 완화가 이뤄지고 있으며, 동시에 비면허 대역의 확대와 용도 자유화가 이뤄지고 있다. 영국의 경우 비면허 대역의 비중을 중장기적으로 증가시키는 계획을 추진 중이며, 다양한 대역에 용도 자유화를 도입하고 있다. 미국의 경우에도 50GHz 이상 대역에 대해서는 공유모형 적용을 적극 검토하고 있으며, 용도 자유화와 관련해, 용도를 지정하지 않거나(예를 들어 AWS[Advanced Wireless Services] 대역) 고정, 이동, 방송용으로 포괄적 용도가 부여하는 경우(예를 들어 700MHz C블록)가 증가하고 있다.

2 주파수 관리 체계의 유형

1) 명령과 통제 체계

전파자원의 분배 및 할당관리 체계를 범주화시키면 명령과 통제 방식, 시장 기반 체계, 공유 기반 체계로 구분할 수 있다. 명령과 통제 방식은 주파수에 대한 권리는 근본적으로 국가에게 귀속되어 있는 것임을 당연한 전제로 하여, 주파수의 분배 및 할당, 이용 등을 국가가 통제 및 규제하는 체계를 말한다. 즉, 주파수에 대한 모든 원천적 권리가 정부에 있으므로 분배 및 할당을 정부가 결정하고, 용도도 서비스 및 기술의 발전을 반영해 정부가 정하게 된다. 주파수 관리에 대한 모든 권한 및 책임이 정부에 귀속되어 있으므로 주파수 거래·임대와 같은 2차 시장은 허용되지 않는다.

15) 해당 전파관리 모형에 대해서는 다음 절에서 자세히 설명한다.

2) 시장 기반 관리 체계

시장 기반 관리 체계(market based management)는 시장기구를 이용해 주파수를 분배·할당함으로써 이용자에게 재산권과 유사한 배타적 이용권을 부여하고, 시장 스스로가 주파수의 효율적인 이용을 추구하게끔 하는 주파수 관리 체계를 말한다. 이 체계는 경매를 통해 주파수를 효율적 이용자에게 분배되게 하며, 2차 시장을 통해 외부성을 배제할 수 있다는 믿음에 기반하며, 주파수와 같이 한정된 자원의 효율적 사용을 위한 시장 내부의 자체적 압력은 투자와 기술혁신을 증가시킬 수 있다고 본다.[16]

반면, 일부에서는 시장 기반 관리 체계의 단점을 지적하기도 한다. 이에 의하면 경매제는 주파수에 대한 수요가 낮을 경우 작동할 수 없고 과도한 수요로 높은 경매가가 형성되는 경우 소비자 요금으로의 전가 및 투자 지연이 나타날 수 있다. 2차 시장 및 자유화는 일부 국가에서 최근에 들어서야 도입되고 있어 아직까지 거래 실적은 미미한 편이고, 따라서 정책효과 평가는 시기상조이며, 거래 관련 분쟁 조정, 혼간섭 관리 등에 필요한 행정 비용이 증가할 수 있다는 점도 제기된다.

3) 공유 기반 관리 체계

공유 기반 관리 체계(market based management)는 주파수를 공공자원(common resource) 또는 공물(commons)로 보고 주파수를 이용하고자 하는 자로 하여금 면허 또는 배타적 이용권의 제한 없이 주파수를 이용할 수 있도록 하는 체계다. 최근 UWB,[17] CR[18] 같은 주파수 공유 기술의 발전으

16) 1990년대 경매제 도입은 심사 할당을 통해서는 다수의 면허를 발급하고 서비스를 조기에 확산시키기 어렵다는 행정적 요인 및 주파수 초과 수요에 기인한다. 반면, 최근의 2차 시장 및 기술 용도 중립성 확대는 시장 및 기술의 빠른 변화와 예측의 어려움에 기인하며, 공유 모형도 관련 기술 및 다양한 저출력 전파 이용 서비스의 등장으로 시장 기능에 대한 보완이라는 취지에서 그 중요성이 확대되고 있다.

17) UWB(Ultra-Wide Band): 넓은 대역에 걸쳐 낮은 출력으로 초고속 통신을 실현하는 근거리 무선통신.

18) CR(Cognitive Radio): 무선통신기기가 주변의 주파수 환경을 관측/인식한 후 전력 제어, 대역폭, 전송 방식 및 속도 등을 정해 행동을 취하는 기술.

로 혼간섭과 같은 외부성을 자체적으로 방지할 수 있게 되면서 비면허 및 공유에 대한 관심과 논쟁이 증대되고 있다. 공유 기반 체제를 옹호하는 진영에서는 최근 확산 스펙트럼(spread spectrum) 기술과 같은 전파 이용 기술의 발전에 따라 혼간섭과 같은 외부성을 자체적으로 방지할 수 있으므로 주파수에 대한 비면허화를 주장하는데, 이에 대해 다수의 이용자가 허가 없이 주파수를 이용하게 되면 혼신 보호 등의 문제가 일어나 공유의 비극(tragedy of commons)이 발생할 수 있다는 반론이 있다.

공유 기반 관리 체계의 장점은 독점적인 배타적 이용권이 없으면 이용 경쟁이 활성화되어 주파수의 효율적 이용이 증대되고 주파수 이용이 쉬워짐에 따라 주파수를 이용하는 무선통신 기술혁신 증진이 가능하다는 것이다. 반면, 주파수를 이용할 때 비용이 소요되지 않고 주파수에 대한 자유로운 이용이 부여되는 경우 이용자가 주파수를 과다 이용(overuse)할 유인이 발생할 수 있고, 배타적 이용권에서 비롯되는 지대가 없는 경우 오히려 장기적으로 기술 발전의 유인을 감소시킬 수 있다는 지적이 있다.

4) 전파관리 체계 비교

앞서 살펴본 바와 같이 현재 전 세계적으로 세 가지의 전파관리 체계 중 명령과 통제 방식에서 벗어나고 있다는 점에서는 크게 이의가 없으나, 명령과 통제 방식에서 시장 기반으로 진행해야 하는지, 또는 공유 기반 체제로 이행해야 하는지에 대해서는 논쟁이 존재한다. 공유 기반 체계는 기술 발전을 근거로 다분히 기술결정론에 입각한 전파관리정책 체계다. 해당 체계는 주파수 이용 기술의 발전으로 주파수 자체에 대한 제약을 통한 혼간섭 방지 대신, 단말 또는 장비를 통한 자동적인 혼간섭 방지가 가능하게 될 것이라는 점을 강조한다. 공유 체계의 지지자들은 주파수가 희소하게 되는 것은 주파수 자체가 희소한 것이 아니라 '인위적인' 분배와 배타적 이용권 부여를 통한 '칸막이' 때문에 희소하게 느껴지는 것이기 때문에 독점적 배타적 이용권 없이 이용 경쟁을 활성화시킨다면 오히려 후생은 증가할 것이라고 주장한다.

한편, 시장 기반 관리 체계를 지지하는 입장에서는 위와 같은 주장에 대해 공유 기반 체계에서 발생하는 과이용(over-utilisation) 또는 저이용(under-utilisation) 유인은 결국 공유의 비극만을 초래할 뿐 효율적 이용에는 도움이 되지 못한다고 본다. 오히려 배타적 이용권 부여는 장기적으로 효율성을 달성하기 위한 전제 조건이 되며, 기술 발전 역시 배타적 이용권이 효과적으로 적합한 이용자에게 부여된 상황에서도 달성 가능하고, 결과적으로는 경제적 효율성을 추구하는 측면에서 '이윤 추구' 동기에 의해 기술혁신 및 이용효율성 모두 달성 가능하다고 주장한다.

그러나 전파관리정책 체계에 대한 포괄적 관점과 전파정책의 목표를 달성하기 위한 정책 체계의 개선이라는 관점에서 보면 위의 두 가지 범주가 독립적으로 운용되는 것이 아니라 통신 및 전파환경에 맞게 적절히 조합 및 운용이 이뤄져야 한다. 즉, 전파정책 목표 달성을 위해서는 특정 체계에 국한된 것이 아니라 얼마나 효과적으로 전파 이용 환경에 적합하게 정책을 조합해 수립하는지가 더 중요하다 할 것이다. 예컨대 현실적으로는 경매만 허용하고 이용권 및 거래를 제약함으로써 명령과 통제 체계와 시장 기반 체계의 절충이 가능하며, 공유 기반 체계에서도 비면허 대역을 타대역 관리와 병행함으로써 공유와 명령/통제 방식의 조합 및 병행이 가능하다.

이와같이 각 대역별로 다양한 모델을 혼합해 적용할 경우에는 여러 가지

표 1-3 전파관리정책 체계의 비교

구분	command-and-control	commons approach	market model
분배	정부가 결정, 이용 용도는 특정 서비스 및 기술에 따라야 함.	정부가 결정, 이용 용도는 특정 서비스 및 기술에 따라야 함.	특정 서비스 및 기술의 제약이 없을 경우 실질적으로 분배를 시장이 결정 가능
할당	정부가 결정, 이용권의 범위도 정부가 결정	다수가 면허 없이 주파수를 이용 혼신 보호 등에 한계	경매 등의 수단을 통해 할당 시 시장기구 활용
2차 시장	해당 없음.	배타적 이용권이 부여되지 않으므로 시장 미존재	거래 및 이용권의 자유화

자료: 최계영 외(2007).

고려 사항이 있는데, 그 중에서도 주파수의 희소성, 전파자원에 대한 이용 접근 시 거래비용의 존재 여부 및 그 크기가 기본적인 고려 사항이다. 시장 기반 체계의 경우 희소성이 크고 시장에 기반한 협상 과정에서 이용권 획득에 낮은 수준의 거래비용만 지출하는 경우에 적용이 타당하다. 왜냐하면 배제성(exclusivity), 유연성(flexibility), 양도성(transferability)이 보장되면 거래비용은 낮게 형성될 수밖에 없기 때문이다. 공유 기반 체계의 경우 희소성이 크지 않고 시장기구 하에서 거래비용이 높은 경우에 적용하는 것이 적절하다. 거래비용이 높게 형성되는 이유에는 정보의 비대칭성, 제도적 경직성, 외부성 등을 꼽을 수 있으며, 이에 대한 대안으로는 공유 기반 체계가 적합하다. 한편, 공공 안전이나 방송과 같이 공익적 요소, 공공재적인 요소가 큰 경우에는 명령과 통제 방식의 적용을 고려하는 것도 가능하다. 그러나 방송의 경우에도 통방 융합 추세에 따라 일부 신규 서비스에 시장 기반 체계를 적용하는 것이 바람직할 것이다.

제 3 절 해외 주요국의 전파관리정책

1 미국

미국의 경우 연방정부용 주파수는 상무성 소속의 NTIA가 관리하며 민간용 주파수는 FCC가 관리하는 이원화된 구조를 가지고 있다. 전파법은 별도로 존재하지 않는 대신 연방 법률인 「통신법(Telecommunications Act of 1996)」 내에 무선 관련 규정(Title III)으로 포함되어 있으며, 그 밖에 행정입법인 「연방규정집 47 C.F.R」과 기타 관련 FCC 규칙을 통해 주파수가 관리된다.

미국은 특정 주파수 대역을 이용하는 주파수 할당 개념과 해당 무선국별 주파수를 정해 부여하는 주파수 지정 개념을 명확히 구분하지 않는다. 따라서 주파수 할당은 무선국 허가 신청 및 면허 부여가 중심이 된다. 무선국 면허 부여 방식은 1912년 선착순 방식(first come, first served)에서 시작해 1927년부터는 비교심사(beauty contest), 1981년부터는 추첨(lottery)으로 바뀌었다. 그러던 중 1993년부터 방송을 제외한 주파수에 대해 경매 실시가 가능해졌으며, 첫 경매는 1994년 PCS 이동통신 주파수 면허 10개를 대상으로 실시되었다.[19] 이후 AWS 경매, 700MHz 대역 경매 등 여러 경매가 실시되면서 경매제가 핵심적인 주파수 할당 방식이 되었다. 한편 1997년부터는 상업방송에도 경매제가 도입되어, 현재는 통신 및 상업방송에서 경쟁적 수요가 존재할 경우 경매를 우선적인 주파수 할당 방식으로 사용하고 있다.

표 1-5 미국의 주파수 할당 방식 변화 과정

주파수 할당 방식	시기	문제점 및 변경 배경
선착순 방식	1927년 ~ 1940년대 말	주파수 수요가 증가함에 따라 혼신신청자의 증기
비교청문회 방식	1940년대 말 ~ 1993년	주파수 할당에 긴 시간이 소요되어 비효율 발생
추첨 방식	1981년 ~ 1993년	적합한 이용자 선별이 어렵고 주파수에 대한 투기적 수요 증대
경매 방식	1994년 ~ 현재	-

자료: 최계영 외(2007).

미국의 이동통신 주파수는 10년의 이용 기간을 부여하고 있으나, 주파수 이용 기간 만료 시 실질적 서비스 요건(substantial service requirement)을 충족할 경우에는 갱신 가능성을 보장하고 있다. FCC는 사업 지속에 대한 불확실성 및 갱신 심사의 임의성을 줄이기 위해 초기 면허 부여 시에 'Safe Harbor'라 불리는 최소한의 자동 갱신 요건을 제시하고 이를 충족 시에는 갱신 심사를 면제하고 있다. 특히, 1990년대 중반 이후 이동통신 주파수 경매의 경우에는 이동통신 주파수의 갱신 가능성을 명시해 주파수 경매

19) 이 경매의 총 낙찰가는 617만 달러였다.

를 실시하고 있다. 이에 따라 미국의 경우 주파수를 할당받은 경우 특별한 경우가 아니면 사실상 해당 주파수를 거의 영구적으로 사용할 수 있다. 2008년에 실시된 700MHz 주파수 경매의 경우에서 보듯이 최근에는 주파수 할당 시 용도 및 기술 방식에서 더 많은 유연성을 부여함으로써 방송통신 융합환경을 촉진하고, 새로운 서비스 및 기술 개발을 유도하고 있다.

미국의 주파수 임대(Spectrum Leasing) 제도는 2003년에 도입 근거가 마련되고 2004년부터 시행되었다. 임대제도는 2004년 하반기 제도 개선을 통해 이동통신 등 특정 대역에 대한 독점적 사용권을 가진 대부분의 무선 주파수 면허권자로 허용 대상을 확대하고 임대 통보 및 승인 절차를 간소화했다. 일반적으로 주파수 임대 시에는 임대계약(leasing arrangement)을 맺게 되는데, 임대 유형이 '주파수 관리자 임대(spectrum manager leasing)'와 '사실상의 양도 임대(de facto transfer leasing)' 중 어느 것이냐에 따라 임대에 따른 법적 권한, 관리 책임, 임대 기간, 처리 절차 등이 달라진다. 주파수 관리자 임대는 최초 허가 보유자가 서비스 커버리지 등 이용 의무를 져야 하기 때문에 FCC에 임대 계약 사항을 통보하기만 하면 되는 것에 비해 사실상의 양도 임대는 FCC에 임대 허가 신청서를 제출해 사전 승인을 받아야 한다.

한편, 미국은 미래 전파환경에 대응하기 위한 전파자원 확보 노력의 일환으로 2010년 3월 '국가광대역계획(National Broadband Plan: NBP)'을 통해 신규 주파수 확보 방침을 밝힌 바 있다. NBP에서는 기존의 주파수 할당정책이 대역·서비스별로 할당 및 지정하는 방식이기 때문에 임시방편적이고 과도한 규제가 적용되고 있어, 시장 및 기술 혁신과 발전에 대응하기에 부족하다는 점을 지적하고 있다. 이에 따라 충분한 주파수 공급이 필요함을 역설하고, 특히 기 분배된 디지털 방송 주파수의 활용[20] 등과 같은 혁신적인 정책들도 제안한 바 있다. 구체적으로, 2020년까지 10년간 총

20) 이른바 자발적 인센티브 경매(voluntary incentive auction), 즉 이미 분배된 디지털 방송 주파수를 보유하고 있는 방송사업자 일부로부터 주파수를 자발적으로 반납받고 주파수를 재배치하는 대신 경매를 통해 얻는 수익을 제공하는 방법으로 300MHz 대역을 추가로 확보하겠다는 계획.

500MHz의 주파수를 광대역 서비스용으로 신규 확보해야 하며, 특히 향후 5년 내에 먼저 225MHz~3.5GHz 중에서 300MHz를 확보할 계획을 제시했다(이승훈·송송이, 2011; FCC, 2010; Baker & de Sa, 2010).

미국의 광대역 주파수 확보는 3GHz 이하의 대역에서 추진되고 있으며, 기존의 통신, 방송, 공공 용도의 목적으로 사용하는 이용자의 재배치가 필요할 것으로 예상된다. 미국은 이동통신 주파수 할당 관련해서 특정 기술 방식을 사전에 규정하는 것이 아니라 이용자가 자율적으로 정하고 있으므로, 이들 대역에서는 4G 등의 이동통신 서비스를 제공할 수 있을 것으로 예상된다.

2 영국

영국은 「커뮤니케이션법(The Communications Act 2003)」에 따라 통신, 방송, 전파 분야의 기구 및 권한을 모두 통합하여 Ofcom으로 일원화시켰으며, 현재 모든 전파 관리는 Ofcom에서 담당한다. 법 역시 기존에 전파를 관할하던 「무선전신법(Wireless Telegraphy Act 1949; 1998; 2006)」을 계속 유지하고 있으며, 신규 제정된 통신법에는 통신·방송 및 일부 전파 규정이 포함되어 있다.

영국에서 무선국 또는 무선설비를 설치 및 운용하기 위해서는 일부를 제외하고는 무선전신법에 따라 Ofcom이 발급하는 면허를 받아야 한다. Ofcom이 발행하는 면허는 특정 주파수 대역을 이용하는 주파수 면허(Spectrum Licence), 무선국이 이용하는 주파수 지정 형태의 주문형 면허(Customised Licence), 소출력 무선기기 등과 같이 규격화된 기기 형태의 제조형 면허(Pre-packaged Licence)의 세 가지 유형으로 구분된다. 이동통신 서비스 관련 주파수 면허는 기존에는 선착순과 비교심사 방식으로 부여했으며, 별도의 주파수 이용 대가를 부과하지 않고 관리비용 수준의 전파 사용료만 부과했다. 그러나 1998년에 무선 전신법을 개정해 주파수의 경제적 가치를 반영할 수 있도록 제도 개선이 이뤄졌다. 신규 주파수 할당의 경우에는 경매 방식을 적용하고, 기존에 할당된 주파수에 대해서는 주파수의 경제적 가치를 산정해 부과하는 행정유인가격(Administrative Incentive Pricing: AIP) 방식을 적용했다. 특히, 기존에 사용 중인 2G 이동통신 주파수의 경우에는 행정유인가격 방식을 적용해 1MHz 단위를 기준으로 이용 대가를 단계적으로 확대하는 방식을 이용했다.

영국의 첫 번째 경매 대상은 2000년 IMT-2000 주파수로, 최종 경매가는 총 22억 파운드에 이르렀다. 영국은 신규 이동통신 주파수의 경우에는 경매 방식을 통해 주파수를 할당하고 있으며, 기술 방식의 자율성을 확대하고 있다. 주파수 재할당의 갱신 가능성을 명확히 보장하고 있지는 않지만, 면허를 취소할 경우 5년 전에 통지하도록 규정함으로써 전파 이용자가 충분히 재할당되지 않을 경우를 인식하고 대비할 수 있도록 제도 개선이 이뤄졌다.

영국은 2003년 통신법 내에 거래 근거 규정을 마련함으로써 주파수 거래제를 도입해, 2004년부터 실제 거래를 시행했다. 초기에는 일부 면허에만 거래 가능했으나, 2008년에는 2G와 3G 이동통신 주파수 거래가 허용되고 2009년에는 방송용 주파수로의 확대를 추진하는 등, 거래 가능한 면허가 점차 확대되었다. 주파수 거래 유형은, 권리와 의무가 양도인·양수인 중 어느 쪽에게 부여되는가에 따라 '완전(outright) 양도'와 '공동(concurrent) 양도', 얼마만큼 양도하는가에 따라 '전체(total) 양도'와 '부분(partial) 양도' 등 네 가지로 구분된다. 현재 대부분의 면허는 거래 가능하나, 면허 종류에 따라 거래가 허가되는 범주가 달라진다. 주파수 면허 거래는 당사자 간의 합의(agreements)에 따라 Ofcom에 거래 사실을 통보(notification)한 후 동의(consent)에 따라 처리된다.

영국 역시 미래의 전파환경 변화에 대응하기 위해 전파자원의 확보 정책을 수립했는데, 영국의 이동통신 서비스 제공을 위한 주파수는 800/900MHz, 1.7GHz 및 2.1GHz 대역에서 약 350MHz 폭을 이용하고 있다. 영국은 국토 면적, 인구 수 등을 고려할 경우 2011년 현재 미국, 일본보다는 상대적으로 주파수 부족 현상이 심각하지 않을 것으로 예상되고 있다. 그러나 Ofcom은 이동통신 등 다양한 용도로 신규 주파수 확보를 추진하고 있다. 특히,

이동통신 이외의 용도 및 기술 방식으로 자율적 이용을 허용하는 대역을 발굴해 주파수를 할당함으로써 새로운 서비스 및 기술 개발을 유도하고 있다(이승훈 · 송송이, 2011).

한편, 영국은 TV 방송대역에 대해 주파수 용도 등에 관한 의견을 모았다. 특히, DTV 전환 이후 회수되는 700MHz 대역 여유 주파수를 128MHz 폭으로 확정하고 이를 특정 용도 지정 없이 추가 DTV, 이동 광대역통신, 모바일 TV 등에 광범위하게 사용될 수 있도록 주파수 경매 방식을 통해 할당할 예정이다 (Ofcom, 2007). 영국도 WiFi 등의 확대로 인한 비면허 대역 혼잡이 가중됨에 따라 TV White Space를 활용한 비면허 대역 수요가 제기되었다. TV White Space는 지역적으로 사용이 가능하다는 점에서 와이파이(WiFi) 등 소출력 위주의 비면허 주파수 이용 기술에 적합한 대역이다. 영국도 혁신적인 기술 및 서비스 도입 촉진을 위해 비면허로 사용을 허용하고, 미국과 유사한 기술 기준을 제정할 것으로 예상된다.

영국의 Ofcom은 2011년 2월에 기존 이동통신 서비스를 제공하는 주파수(900MHz, 1.8GHz, 2.1GHz 대역)에 대해 사업자 간 거래를 허용하는 방침을 밝히고, 의견을 수렴하기 시작했다. 단, Ofcom은 이동통신용 주파수 거래를 허가할 경우, 공정 경쟁을 위해 사안별(case by case)로 경쟁 관계를 고려한 심사를 할 예정이다. 또한 급증하는 동영상 시장 및 무선인터넷에 대한 소비자의 수요를 충족시키기 위해 기존의 2G 주파수(900MHz, 1800MHz)에 대해 3G 서비스를 허용할 예정이다. 이러한 주파수 용도 전환은 통신사업자 및 이용자에게 편익을 제공할 뿐 아니라 전원지역까지 모바일 서비스를 확대하는 계기가 될 것으로 전망하고 있다.

3 일본

일본의 전파관리는 총무성 내 종합통신기반국의 전파부에서 통신용과 방송용 모두를 총괄하며 전체 주파수의 할당, 무선국 허가, 전파감시, 전파 이용 촉진 등의 업무를 담당하고 있다. 전파 관련 법체계는 우리와 유사하게 전파법 및 동법 시행령, 시행규칙 등으로 이뤄져 있으며, 아직까지 정부 주도(명령과 통제 방식)의 주파수 관리정책 기조가 유지되고 있다.

일본 전파관리정책의 핵심적인 특징은 주파수 면허가 주파수 자체에 대해 설정되는 것이 아니라, 시설(무선국) 기반의 면허를 통해 사실상 주파수 이용 면허가 부여되는 구조를 갖고 있다는 것이다. 사업자가 주파수를 이용하는 서비스를 시작하기 위해서는 무선국 개설 허가를 받아야 하는데, 이것이 사실상의 사업자 선정 과정이 된다. 일본 전파법에 따르면, 무선국 면허 신청서를 심사할 때 '주파수 할당이 가능할 것'이라는 단서를 달고 있기 때문이다. 따라서 일본은 주파수 할당, 무선국 개설 허가, 사업자 선정이 사실상 동일한 행정절차 체계를 갖는다. 미국과 영국이 경매제에 기반해 주파수 할당을 실시하고 있는 것과는 달리, 일본은 비교심사 방식을 유지하고 있으며 경매와 달리 주파수 할당에 대한 대가를 부과하지 않는다. 일본은 전파관리에 필요한 비용 충당 및 전파 분야의 연구개발 등을 위해 무선국을 대상으로 정액 요금의 전파 사용료를 부과한다. 일본은 아직 비교심사 제도를 유지하고 있으나, 지난 2009년에 이미 주파수의 효율적 이용을 위해 경매제 도입을 검토 중임을 밝힌 바 있어, 향후 경매제 도입에 대한 논의가 지속될 것으로 전망된다.

일본은 아직까지는 정부 주도의 명령과 통제 방식의 전파관리를 수행하고 있기 때문에 주파수 임대제 역시 시행하지 않고 있다. 대신 주파수 회수·재배치 제도를 통해 최초 할당 후 더 효율적인 주파수 배분이 가능하도록 추진하고 있으며, 최근에는 주파수의 경제적 가치를 반영하도록 전파사용료 제도를 개정하는 등, 부분적으로 시장 기능을 도입하고자 하고 있다. 그러나 기본적으로 시장 기반 정책 체계가 아니고, 재산권을 부여하지 않으므로, 양도·임대와 같은 2차 시장이 형성될 수 없다.

총무성은 향후 전파 이용의 양적·질적 증대와 무선 트래픽 증가 등에 대응해 다양한 대역의 주파수를 효율적으로 이용하기 위한 기술을 개발하는 등 주파수의 원활한 확보를 위해 노력하고 있다. 일본은 차세대 이동통신 서비스를 위해 1.5GHz와 1.7GHz 대역의 주파수를 신규로 할당함으로써 2010년 9월 현재 이동통신 주파수로 총 469MHz 대역폭을 공급하고 있다. 일본은 이동통신 주파수 수요 증가에 대비해 다른 국가보다 신속한 주파수 공급계획을 세우고 있으며 구체적으로 2015년까지 약 300MHz 대역폭 이상, 2020년까지 약 1.4GHz 대역폭 이상의 주파수를 확보하는 것을 목표로 하고 있다. 또한 신규 확보가 예상되는 3.4~3.6GHz 대역을 차세대 이동통신 용도로 사용할 것이라고 결정했다. 한편, 지상파 아날로그 TV방송을 종료함에 따라 발생하는 주파수 잉여 대역 중 700MHz 대역 일부를 차세대 이동통신용 등으로 활용할 계획을 마련하고 이에 대한 의견 수렴을 하고 있다.

일본은 TV White Space 대역을 미래 성장 동력으로 기대하면서 지역기반의 정보 서비스 등 신규 비즈니스 모형 발굴을 위해 시범 서비스 및 연구개발 등을 추진하고 있다. 총무성은 실증시험 및 연구개발을 위해 'White Space 특구' 선행모형을 제시하고 지자체 및 민간 사업자의 참여를 유도했으며, 2011년 현재 약 40여 개 기관 및 사업자가 신청한 바 있다.

일본에서도 전파 활용은 새로운 서비스의 도입, 관련 산업의 성장 및 사용자 편의성 향상을 위한 방향으로 발전하고 있다. WiFi 등 무선인터넷을 이용한 네트워크 접속 증가와 모바일 스마트 충전카드 등을 이용한 전자화폐 활용 증가 등이 그 대표적인 예다. 이처럼 무선이동통신 데이터 트래픽이 빠르게 증가하면서, 10년 내에 약 200배 이상의 데이터 수요 증가가 있을 것으로 전망하고 있다. 특히 이동통신 시스템의 고속화와 대용량화 실현을 위해 신기술이 빠르게 적용되고 있으며, 주파수 효율이 높은 4세대 이동통신 시스템은 '15년경 도입이 시작될 것으로 예상하고 있다. 이처럼 일본 내에서 전파가 지역 활성화나 의료, 환경 등 다양한 분야에서 활용되면서 사회 기반으로서 그 중요성에 대한 인식이 높아짐에 따라, 총무성은 주파수 이행·재편, 전파 이용 환경 정비, 새로운 무선통신 시스템 도입을 위한 전파 유효 이용 기술 등의 R&D, 국제표준화 등을 추진하고 있다. 특히 주파수 이용 현황 조사를 기초로 주파수 회수·재배치 제도를 정비하고 전파사용료 제도를 개선하는 등, 주파수 이용의 경제성과 효율성 제고를 위한 노력을 지속하고 있다.

4 호주

호주는 OECD 국가 중 가장 앞서가는 전파정책을 수립·시행하고 있는 국가다. 호주는 사실상 시장 기반 정책 체계를 완전히 구현하고 있는 국가로 분류되며, 주파수 할당, 이용 등에 대해 시장 기능을 최대한 활용하고, 국가는 감시 및 혼간섭 배제에 국한해 개입하고 있다는 특징을 갖는다.

호주의 주파수 관련 면허에는 주파수 면허(Spectrum License), 기기 면허(Apparatus License), 종별 면허(Class License)가 있다. 주파수 면허는 특정 주파수 대역, 지리적 영역 및 시간에 주파수 이용자가 원하는 목적 및 용도, 기술로 주파수와 관련 설비를 이용할 수 있는 면허다. 주파수 면허는 대부분 경매를 통해 부여되며, 거래·임대가 가능하고 면허 기간은 최장 15년이다. 기기 면허는 특정 위치에서 특정 유형의 전파통신 중계기 및 수신기의 운영 권리를 부여하는 것으로 항공, 해운, 육상 이동, 아마추어 등의 면허가 이를 통해 부여된다. 주파수, 출력, 지리적 영역, 송출 형태 등의 기술 기준 제약을 받으며, 면허 기간은 최장 5년이다. 해당 면허는 우리나라의 무선국 면허와 유사한 개념이며 주파수 자체에 대한 면허가 아니라 특정 주파수를 '이용할 수 있는 무선국·설비·수신장비에 대한 면허'의 성격이다. 종별 면허는 간섭 방지 등을 목적으로 한 주파수 개별 조정이 필요없고 제한된 지역 내에서의 통신을 위한 조건에 부합하는 특정 유형 기기를

표 1-5 호주의 주파수 관련 면허 구분 체계

구분	기기 면허	주파수 면허	종별 면허
면허 기간	5년 이하	15년 이하	지속
용도 변경	X	O	X
거래	O	O	X
분할	X	O	X
결합	X	O	X
임대	O	O	–

자료: 호주 통신미디어청(Australian Communications and Media Authority: ACMA).

누구나 사용할 수 있게 하는 면허(리모콘, 무선마이크, 무선전화기 등)를 말한다. 이에 대한 개별적인 면허 취득은 불필요하며 우리나라의 형식 승인 등과 유사한 면허라고 할 수 있다.

호주의 주파수 면허는 서비스와는 완전 분리되어 적용되고, 가장 권리 범위가 큰 형태의 주파수 이용 면허다.[21] 또한 주파수 면허는 완전한 재산권적 성격을 가지기 때문에 거래가 가능하고 기술 및 용도 중립적인 속성을 가지기 때문에 경매를 통해 주파수를 할당받은 자는 자유롭게 기술·용도의 선택이 가능하다.[22]

호주의 주파수 면허 부여의 기본 철학은 "주파수에 대한 배타적인 이용 및 처분, 관리에 대한 권리를 경매를 통해 할당받은 자에게 양도"한다는 것이며, 이에 따라 주파수 경매 공고 및 면허장에는 당해 주파수의 용도 또는 서비스 규정이 명기되어 있지 않다. 서비스에 대한 내용은 '사업면허(통신법 규정)'를 통해 규정되기 때문에 주파수 면허와 사업면허가 완전히 분리된 체계를 갖고 있다. 따라서 호주의 주파수 용도는 사전적으로 확정되는 것이 아니라 경매를 통해 용도의 선택권이 전적으로 주파수 이용자에게 부여되는 것이라고 할 수 있다. 다만, 주파수 관리계획(Spectrum Management Plan)에서는 당해 대역의 국제 분배 등을 고려해 용도를 '제안'한다. 호주에서는 용도 자율화 확대 방향에 따라 기존의 기기 면허를 주파수 면허로 전환시킨 사례가 있다. 호주의 MDS 대역은 1995년, 1996년에 경매를 통해 기기 면허가 부여되었으나, 1995년 할당된 B대역의 기기 면허가 만료된 2000년에 경매를 통해 주파수 면허로의 전환이 이뤄졌으며 이에 따라 용도의 전환이 가능하게 되었다.

호주의 주파수 면허는 전술한 바와 같이 다른 면허와 달리 기술 및 용도

21) 호주에는 현재 총 20개의 주파수 면허의 대역이 존재한다.

22) Spectrum licences are a tradeable, technology neutral spectrum access right for a fixed non-renewable term. ...중략... the licence is not limited to any particular technology, system or service. ... 중략 ... spectrum licences give licensees the freedom to deploy devices anywhere within their licence area, provided that the devices are compatible with the core conditions of the licence and the technical framework for the bands(출처: Spectrum License Outline, ACMA).

를 주파수 이용자가 자유로이 선택 및 이용할 수 있는데, 이는 기본적으로 '주파수'가 면허 부여의 대상물이 되기 때문이며, 기기 면허의 경우는 '무선국 설비 또는 장비'가 부여 대상이 되기 때문이다. ITU 국제 분배와 조화를 이루고 국제 로밍을 원활하게 할 목적으로 최초 주파수 경매 공고 시 '특정 용도로의 이용'을 권장하고 있으나, 이를 강제하지는 않는다. 이는 특정 주파수 대역의 용도는 해당 대역에서 사용되는 기술의 기술적 효율성에 따라 시장에서 정해지는 것이 바람직하다고 간주하기 때문이다. 즉, 기술적 효율성은 주파수 특성을 감안해 외부적으로 주어지는 것이고, 이에 따라 특정 서비스 공급을 위한 비용 및 효율성의 우위는 정부보다는 시장이 판단하는 것이 더 효과적이라는 것이다. 주파수 면허의 조건에는 대역 내 출력 제한-인접 대역 침해 금지, 지역 내 출력-인접 지역 침해 금지 등의 이용 조건만이 부여되고 있다. 한편, 호주의 용도 중립성 및 기술 중립성은 신기술 및 신규 서비스 도입을 촉진하려는 목적으로 도입되었으나, 호주의 통신 관련 기술 및 장비는 일부를 제외하고는 대부분 해외에서 도입 또는 수입된 것으로 산업정책적 차원에서 국가 주도형이라기보다는 시장에 일임하는 형태라고 할 수 있다.

주파수 면허장에는 네 가지의 '핵심 조건(core condition)'이 명기되어 있으나, '사용 용도' 또는 '서비스'가 강제되어 있지 않다. 핵심 조건은 ① 할당된 주파수 대역, ② 면허를 부여받은 지역, ③ 면허를 부여받은 지역 내에서의 출력 범위(인접 지역 침해 금지), ④ 면허를 부여받은 대역에서 인접 대역에 대한 침해 금지(호주 「전파법」 제66조 제1항 각호)다.

호주의 주요 주파수 경매 사례로는 2001년 3월 3G 사업자 선정 사례가 있는데, Telstra, C&W Optus, Vodafone, Hutchison 등 기존 사업자를 포함한 7개 사업자가 주파수 경매에 참여한 바 있다. 경매는 2001년 3월 15일부터 22일까지 실시해 총 19라운드까지 진행되었으며, 58개 Lots 중 48개가 최종 낙찰되었고, 경매 결과 최종적으로 기존에 2G 서비스를 제공하던 Telstra, C&W Optus, Vodafone, Hutchison과 신규로 Qualcomm의 3G Investment, CKW Wireless 등 6개의 사업자가 호주 전국 혹은 지역별로 주파수를 할당받은 바 있다.

표 1-6 호주의 3G 주파수 경매 결과

Bidder	Total of High Bids ($AUS)
3G Investments(Australia) Pty Ltd	159,000,000
CKW Wireless Pty Ltd	9,450,000
Hutchison Telecommunications(Australia) Ltd	196,100,000
Optus Mobile Pty Ltd	248,870,000
Telstra 3G Spectrum Holdings Pty Ltd	302,023,500
Vodafone Pacific Limited	253,550,000
TOTAL	**1,168,993,500**

자료: 호주 통신미디어청(ACMA).

제 4 절 국내 주파수 관리정책 및 주요 규정

1 전파자원의 확보

1) 개요

전술한 바와 같이 전파 관련 정책은 과거 혼신 방지를 위한 기술적 규제를 중심으로 혼간섭 관리에 초점이 맞춰졌다. 전파통신 기술의 발전과 더불어 전파를 이용한 다양한 서비스가 등장하고 이동통신 등에 대한 수요가 폭발적으로 증가함에 따라 전파자원의 부족이 심각한 문제로 대두되었으며, 부족한 전파자원을 확보하기 위한 여러 가지 방안 및 시책이 필요하게 되었다. 어떤 주파수 대역에는 수요가 몰려 있는 반면 특정 대역에서의 주파수 이용은 극히 미미하다. 주파수 이용 기술을 개발하고 그 이용을 촉진하기 위해서는 주파수 이용 현황에 대해 쉽게 파악할 수 있어야 하며 주파수 수요에 관한 장기예측이 가능해야 한다. 이에 우리나라의 「전파법」에서는 국내 전파자원뿐만 아니라 인공위성 등에서 사용하는 국제 주파수 등록에 대한 사항까지 포함해 전파자원의 확보를 규정하고 있다.

국내 주파수 자원관리의 주무 부처인 방송통신위원회는 전파자원을 확보하기 위해 새로운 주파수의 이용 기술 개발, 이용 중인 주파수의 이용 효율 향상, 주파수의 국제 등록, 국가 간 전파의 혼신을 없애고 방지하기 위한 협의·조정 등에 관한 정책을 마련하고 시행해야 한다(「전파법」 제5조 제1항). 특히 주파수의 국제 등록과 관련해서 등록 대상 주파수, 등록비용 및 등록절차 등에 필요한 사항은 대통령령으로 정하도록 하고 있다(「전파법」 제5조 제2항).

2) 전파자원의 개발 및 국제 협력

전파의 정의에 따라 3,000GHz 대역 이내의 전파자원 중 현재 사용하는 대역은 10%(현재 주파수 분배는 275GHz 까지임)에 지나지 않는다. 따라서 기술 개발을 이끌어 낼 수 있는 정책을 통해 가용 주파수 대역을 넓혀 나가는 것이 필요하다. 기술 개발은 전파정책의 핵심 목표인 주파수의 효율적 이용을 위한 수단 중 하나로, 더욱 효과적인 기술의 적용 또는 관리기법의 개발로 주파수를 효율적으로 사용하게 되면 여분의 주파수를 다른 용도에 사용할 수 있게 된다. 예를 들면 주파수 이용 밀집대역 해소와 주파수 이용 효율을 제고하기 위한 협대역화(예를 들어 25kHz 대역폭의 음성 1채널을 12.5kHz의 대역폭으로 축소해 가용 채널 수를 늘리는 것), 공용화(동일한 주파수 대역을 다수의 사용자가 이용하게 하는 것), 재배치를 시행하면 더 많은 전파자원을 확보하고 이용 효율을 높일 수 있다.

국제적 수준의 주파수 분배는 일정한 주파수 대역을 특정 서비스에 분배하는 업무 분배와 지역별 분배를 포함하며, 대체로 새로운 서비스가 개발될 때마다 관련 기술 등을 고려해 미사용 중인 주파수 대역을 우선적으로 분배한다. 특히 세계 각국은 우주 영토 확장을 위한 위성궤도 주파수 등 전파자원 확보를 위한 경쟁을 치열하게 전개하고 있으며, 기술 개발 등을 통한 새로운 주파수 이용 기술을 확보하고 이를 통한 서비스를 가능하게 하기 위해서는 주파수의 국제 등록을 통한 주파수 확보가 중요한 의미를 가진다.

3) 주파수의 이용 효율 촉진

전파관리 패러다임의 변화 및 전파 기술의 발전에 따라 새로운 전파 서비스 수요가 증가하는 가운데 이들 수요를 충족하면서 전파를 효율적으로 활용해야 할 필요성이 대두되었다. 따라서 이용 효율이 저조한 주파수를 회수하거나 재배치할 수 있도록 이에 필요한 사항에 대해 「전파법」에서 규정하고 있다. 「전파법」 제3조에서 전파자원의 이용 촉진에 관한 시책을 강구하도록 하고 있지만 이는 선언적·방침적 규정으로서의 성격이 강하다. 따라서 우리나라의 「전파법」 제6조에서는 이를 좀 더 구체화해 열거하고 있다. 즉, 방송통신위원회는 전파자원의 공평하고 효율적인 이용을 촉진하기 위해 필요한 경우 주파수 분배의 변경, 주파수 회수 또는 주파수 재배치, 새로운 기술 방식으로의 전환, 주파수의 공동 사용 등에 관한 사항을 시행해야 하며(「전파법」 제6조 제1항), 이를 위해 필요한 경우 대통령령으로 정하는 바에 따라 주파수의 이용 현황을 조사하거나 확인할 수 있다(「전파법」 제6조 제2항). 이를 구체적으로 살펴보면 방송통신위원회는 주파수 분배·주파수 할당·주파수 지정 및 주파수 사용 승인의 현황, 주파수 이용과 관련한 사회·경제적 지표, 주파수 이용 기술 개발 및 관련 산업의 동향, 무선설비의 이용 및 운영 실태, 그 밖에 전파 이용 중장기계획의 수립에 관한 사항에 관해 매년 조사·확인을 실시하도록 하고 있다.

선진 각국에서는 전파의 효율적 이용을 위한 전파관리정책을 수립하고 집행하는 제도적 수단으로 전파자원의 사용 여부에 따라 크게 사전적 방법과 사후적 방법으로 나눠 그 해결 방안을 모색하고 있다. 이에 의하면 사전적으로는 전파가 점유하는 주파수 대역의 분배, 할당, 지정, 사용 승인 정책을 마련하고 있고, 사후적으로는 주파수의 회수 또는 재배치, 주파수 거래 제도 등을 운용하고 있다. 특히 현재 사용 가능한 주파수 대역은 이미 다양한 서비스에 활용되고 있으므로 앞으로 유한한 주파수 자원의 부족 현상을 대비하기 위해서는 사전적 방법보다는 사후적 방법의 중요성이 점점 더 증대될 것이다. 사후적 방법 중 몇몇 국가에서 주파수 거래 제도를 도입하고 있으나 그 성과는 미약한 것으로 나타나고 있어 주파수 회수 및 재배치의 필요성과 중요성은 점점 커진다고 할 수 있다.

주파수 회수 및 재배치의 개념은 「전파법」 제2조 정의 조항에 나타나 있는데, 주파수 회수란 "할당 · 지정된 주파수 또는 주파수 사용 승인을 통해 특정인이 특허를 사용할 수 있도록 한 행정처분의 전부나 일부를 철회하는 것"을 말하고, 주파수 재배치란 회수된 주파수를 대체해 다시 주파수의 할당 · 지정 또는 사용승인을 하는 것을 말한다. 주파수 회수 또는 주파수 재배치의 대상이 되는 주파수에는 사업용 주파수 중 「전파법」 제11조의 대가 할당 주파수, 제12조에 의한 심사 할당 주파수가 포함되고, 비사업용 주파수 중 주파수 지정 또는 주파수 사용 승인에 의한 주파수가 속한다. 방송통신위원회는 주파수 분배가 변경된 경우, 주파수 이용 실적이 낮은 경우 또는 주파수 대역을 정비해 주파수의 이용 효율을 높일 필요가 있는 경우에는 「전파법」 제6조 제1항 제2호에 따라 주파수 회수 또는 주파수 재배치를 할 수 있다(「전파법」 제6조의2 제1항).

한편, 주파수에 대한 회수 · 재배치를 하는 경우 손실보상 요건에 해당하는지 여부를 판단해 필요한 경우 주파수 이용자에게 손실보상을 하도록 규정하고 있다. 손실보상이라 함은 일반적으로 "적법한 공권력 행사에 의해 국민의 재산권에 대한 직접적인 침해가 가해져 특정 국민에게 특별한 희생이 발생한 경우에 국가나 지방자치단체 또는 공익사업의 주체가 사유재산권의 보장과 전체적인 공평 부담의 견지에서 하는 조절적인 재산적 보상"으로 정의된다. 따라서 주파수 회수 · 재배치에 대한 손실보상은 적법한 공권력 행사에 대한 금전적 보상의 전형적인 내용에 부합한다고 할 것이다. 다만 주파수 회수 또는 주파수 재배치를 할 때 시설자 등의 요청에 따른 경우, 국제전기통신연합이 모든 국가가 공통적으로 수용해야 할 주파수 국제분배를 변경함에 따라 주파수 분배를 변경한 경우 또는 주파수의 용도가 제2순위 업무(해당 주파수를 운용할 때에 제1순위 업무를 보호해야 하고, 제1순위 업무로부터 보호받을 수 없는 업무)인 주파수를 사용하는 경우에는 보상을 하지 않아도 된다고 규정하고 있다(「전파법」 제7조 제1항 단서).

4) 전파진흥 기본계획의 수립

「전파법」에서는 방송통신위원회가 전파 이용의 촉진과 전파와 관련된 새로운 기술의 개발을 촉진시키고 전파방송기기 산업의 발전 등을 위해 5년마다 전파진흥 기본계획을 세우도록 하고 있다(제8조 제1항). 종전의 「전파법」에서는 전파자원에 대한 국가적 수요를 원활히 충족할 수 있도록 '전파 이용 중·장기계획'을 세우도록 하는 유사한 규정이 있었으나, 종전 전파 이용 중·장기계획은 중·장기 전파자원의 수요 전망, 주파수 대역별 용도, 주파수 대역별 이용 현황, 전파자원에 관한 국제적 이용계획의 변경, 새로운 전파자원의 개발 현황, 기타 전파자원의 효율적 이용에 관한 사항 등 주로 주파수에 중점이 맞춰져 있었다. 이에 반해 현행 전파법상의 전파진흥 기본계획은 전파방송산업 육성의 기본 방향, 중·장기 주파수 이용계획, 새로운 전파자원의 개발, 전파 이용 기술 및 시설의 고도화 지원, 전파매체의 개발 및 보급, 우주통신의 개발, 전파 이용 질서의 확립, 전파 관련 표준화에 관한 사항, 전파환경의 개선, 그 밖에 전파방송 진흥에 필요한 사항 등 주파수에 관한 사항뿐만 아니라 전파환경 일반에 관한 포괄적인 내용을 아우르는 개념으로 확대되었음을 알 수 있다(제8조 제3항). 해당 규정 및 정책은 행정법상 '행정계획'에 해당하는 것으로 파악할 수 있으며, 구체적으로는 행정계획의 유형 중에서도 대상 영역의 관점에서는 주파수라는 특정한 전문 부문과 관련된 부문계획, 기간적인 요소에 비춰서는 중기계획에 해당한다.

2 전파자원의 분배 및 할당

1) 개요

주파수 분배는 주파 분배의 원칙을 확립하고 결정한 주파수 분배 내용을 고시해 국민과 사업자 등이 관련 기술 및 서비스 개발을 준비하도록 2000년 1월 신설된 제도다. 우리나라의 주파수 할당 제도도 2000년 전파법 개정

시 도입한 제도로, 2000년 이전에는 이동통신사업을 하는 기간통신사업자를 허가할 때에 부수적으로 사업 수행에 필요한 주파수도 같이 이용할 수 있도록 했던 것을, 경제적 가치가 큰 사업용 주파수를 대가를 받고 할당함으로써 시장 원리에 따라 전파관리를 효율적으로 수행하기 위해 도입했다.

2) 주파수 분배

'주파수 분배'라 함은 특정한 주파수의 용도를 정하는 것을 말한다. 국제전기통신연합(ITU)은 국제공용자원인 주파수의 대역별·지역별 용도에 관해 세계전파통신회의(WRC)의 전파규칙(Radio Regulations: RR)에서 구분하고 있고, 각국 전파 주관청은 ITU의 전파규칙이 정한 범위 내에서 자국 주파수 정책에 따라 주파수의 대역별 세부 용도를 정한다. 따라서 현행 전파법 제9조가 정하는 주파수 분배는 국제적 주파수 용도 지정에 따라 우리나라 전파주관청인 방송통신위원회가 주파수의 대역별 용도를 지정하는 행위임을 이해할 수 있다. ITU 전파규칙상의 국제 주파수 분배는 업무 분배

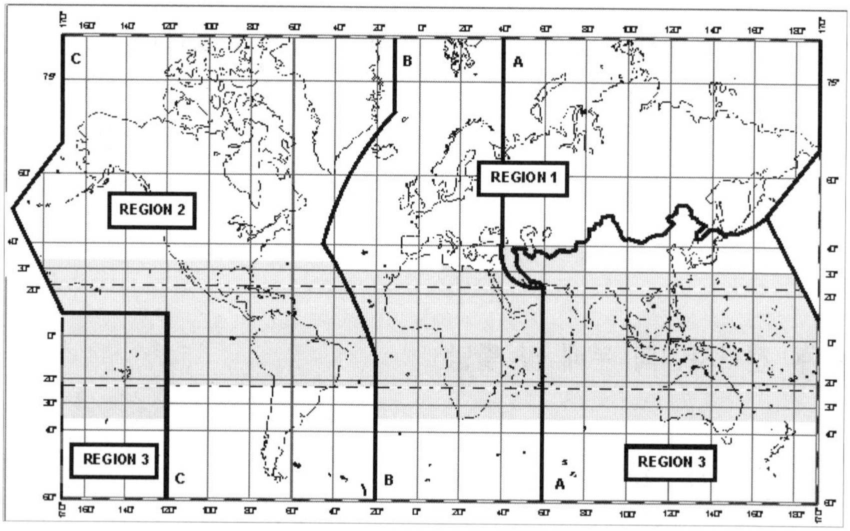

그림 1-6 ITU의 지역별 주파수 분배
자료: ITU.

와 지역 분배로 나뉜다. 업무 분배는 어느 일정한 주파수 대역을 이동, 고정 등 무선통신 업무, 우주무선통신 업무, 전파천문 업무 등에 사용할 수 있도록 조정하는 것이며, 지역 분배는 세계를 세 개의 지역으로 구분하고 각 지역별로 분배하는 것이다.

주파수 분배의 법적 성질과 관련해 주파수 분배는 방송통신위원회의 고시(공고)에 의한 행정행위다. 견해에 따라서는 주파수 분배가 고시의 외형을 가지는 일종의 행정규칙에 불과한 것으로 보일 수 있으나 주파수의 용도가 정해지는 것은 단순한 행정 내부규율에 그치는 것이 아니라 후에 있을 주파수 할당의 전제가 되는 중요한 용도 규율이라는 점에서 '법적 규율성'을 인정할 수 있고, 그 대외적 효력 발생 요건이 일반 행정행위처럼 통지가 아니라 고시라는 수단에 의해 행해지는 행정처분이라고 해석해야 한다. 일반적인 행정행위와 다른 점은 국민의 권리·의무에 직접적으로 영향을 미치는 개별·구체적 규율이 아니라, 아직 구체적인 사업자의 이용권을 염두에 두지 않는 일종의 '물적 행정행위'로서 일반처분성을 갖는다는 것이다. 주파수 할당과 비교해 본다면, 주파수 할당은 개별 사업자에게 특정 주파수 대역을 배타적으로 사용할 수 있도록 상세한 구분을 하는 것이라면, 주파수 분배는 개별 사업자를 상정하지 않고 전파의 용도를 일반적으로 구분하는 것이라는 점에서 주파수 할당과 구별된다.

주파수 분배 시에는 "국방·치안 및 조난구조 등 국가안보·질서 유지 또는 인명 안전의 필요성, 주파수의 이용 현황 등 국내의 주파수 이용 여건, 국제적인 주파수 사용 동향, 전파 이용 기술의 발전 추세, 전파를 이용하는 서비스에 대한 수요" 등 주파수와 관련한 제반 모든 사항을 고려해 분배할 수 있도록 함으로써 행정 주무기관의 주파수에 대한 재량권을 비교적 넓게 부여하고 있다.

3) 주파수 할당

주파수 할당이란 특정한 주파수를 이용할 수 있는 권리를 특정인에게 부여하는 것을 말한다. 전파법에서는 방송통신위원회가 전기통신사업법에 의한 기간통신사업 또는 방송법에 의한 종합유선방송사업이나 전송망사업을 하고자 하는 자가 그 사업을 영위할 목적으로 직접 사용하는 주파수를 그 용도와 기술 방식 등을 정해 할당할 수 있다고 규정하고 있다. 후술하는 주파수 이용권은 주파수 할당을 받은 자가 갖는 권리라는 점에서 주파수 할당은 주파수 이용권의 전제이자 근거가 된다. 개별 무선국의 개설 허가 또는 신고 시에 행하는 주파수 지정도 특정 주파수를 특정인이 이용하도록 하는 제도이지만, 주파수 할당은 개별 무선국이 아니라 일정 대역의 주파수를 정해 특정한 사업자가 다른 사업자에 우선해 이용할 수 있도록 하는 행위라는 점에서 차이가 있다.

주파수 할당은 주파수 분배에 의해 용도가 정해진 주파수를 이용할 권리를 특정인에게 설정해 주는 설권행위로서 강학상 수익적 처분으로서의 특허에 해당하는 재량행위다. 주파수 분배가 일반적 지정의 성격을 갖는 반면, 주파수 할당은 개별 사업자에게 주파수 이용권을 설정해 주는 구체적 조치라는 점에서 구별된다. 방송통신위원회는 주파수 할당의 재량을 행사할 때 당해 사용행위의 공익성, 출원자의 자격, 전파의 특허 사용이 일반 공중에 미치는 영향 등을 개별·구체적으로 판단해 구체적 사안에 가장 합목적적인 결정을 하도록 규정하고 있다. 주파수 할당의 가장 중요한 법적 효과는 전파라는 공물의 특허 사용 관계가 성립된다는 것이고, 그 주된 내용은 주파수 이용권의 발생이라고 할 수 있다.

4) 주파수 재할당

우리나라 전파법에서는 주파수의 이용 기간이 경과된 때에 특별한 경우를 제외하고는 그 시점에서 주파수 사용권을 가진 자에게 재할당을 할 수 있도록 규정하고 있다. 주파수 재할당은 주파수를 할당받아 사업을 영위해 온 사업자의 영업상 이익을 보호하는 동시에 해당 주파수를 통해 서비스를 이용하는 이용자를 보호한다는 의미를 가진다. 그러나 주파수 재할당은 반드시 재할당을 해야 하는 기속적인 성격을 갖지 않으므로 정부가 재할당 여부 및 할당 방식의 변경 등 재할당과 관련한 포괄적인 재량을 갖는다고 보아야 한다. 기존의 주파수 할당과 동일한 내용의 재할당이 이뤄진다면 이는 기존의 특허 사용에 대한 갱신의 의미를 가진다고 할 수 있으나, 주파수 할당의 내용이나 조건에 변동이 있을 경우 이는 새로운 특허행위로 보는 것이 타당하다.

원칙적으로 방송통신위원회는 이용 기간이 끝난 주파수를 이용 기간이 끝날 당시의 주파수 이용자에게 재할당할 수 있으나, 예외적으로 주파수 이용자가 재할당을 원하지 않는 경우, 해당 주파수를 국방·치안 및 조난구조용으로 사용할 필요가 있는 경우, 국제전기통신연합이 해당 주파수를 다른 업무 또는 용도로 분배한 경우, 전파자원의 독과점 방지 등을 위한 조건을 위반한 경우에는 주파수 재할당을 하지 않을 수 있다.

3 주파수 이용권 관리

1) 개요

우리나라의 「전파법」에서는 할당 대가(경매 대가 포함)를 납부하고 주파수를 할당받은 자는 당해 주파수를 배타적으로 이용할 수 있는 권리인 주파수 이용권을 가지는 것으로 규정하고 있다. 이는 전파자원을 활용한 서비스의 내용을 자율적으로 인정하도록 하는 효과를 크게 하기 위해 주파수 대역의 이용권을 부여받은 사업자가 그 이용권의 전부 또는 일부를 제3의 사업자에게 양도 또는 임대할 수 있는 권한을 인정하는 것으로, 할당 대가를 납부해 주파수 이용권을 획득한 경우 재산권적인 이용권이 발생한다는 점을 내포하고 있다.

2) 주파수 이용권

전술한 바와 같이 주파수 할당의 가장 중요한 법적 효과는 전파라는 공물의 특허 사용 관계가 성립된다는 것이고, 그 주된 내용은 주파수 이용권의 발생이다. 물론 권리뿐만 아니라 할당 대가의 납부나 망 투자 등의 의무도 발생한다. 「전파법」은 주파수 이용권을 "주파수를 배타적으로 이용할 수 있는 권리"라고 정의하고 있다.

시장 기반 전파관리 체계 하에서 배타적이고 재산권적인 이용권이 형성되면 주파수 이용권의 양도·임대가 가능해진다. 이는 배타적으로 이용되는 주파수 중 이용권자의 기술 여건이나 경영환경의 변화 등에 따라 발생하는 주파수의 유휴분이 있을 경우 배타적 이용권자가 아닌 다른 이용자에게도 당해 주파수를 이용할 수 있도록 해 전파자원의 이용의 효율성을 제고하기 위함이다. 양도·임대인의 경우는 유휴 주파수 이용권의 처분에 따른 금전적 이익과 주파수 관리에 따른 부담 감소가, 양수·임차인에게는 타인이 독점적으로 이용하던 주파수 자원을 이용할 수 있게 된다는 이점이 발생한다.

주파수 이용권자가 양도·임대 등을 할 수 있는 기간을 제한하는 이유는 당해 주파수를 할당받아 서비스를 제공할 의사가 없이 일단 주파수를 확보한 후에 2차 거래를 통해 수익을 창출하려는 시도를 방지하는 것이다. 당사자가 통제할 수 없는 국가적 재난, 경제적 혼란, 파산 등 그 기업의 퇴출이 불가피한 경우에는 주파수의 양도 등을 예외적으로 허용해 주파수의 효율적 이용을 도모한다. 주파수 이용권은 공물의 특허사용권 부여를 통해 달성하려는 행정 목적의 최소한을 보장하기 위한 장치이기도 하다. 다만, 이러한 배타적 이용권은 이에 상응하는 반대급부, 즉, 할당 대가를 납부해야 형성되는 권리이며, 「전파법」에서는 제11조에 따라 주파수 할당을 받은 자에 한해 부여되는 권리다.

4 무선국 관리

1) 개요

「전파법」 제2조의 정의(제6호) 의하면 무선국은 "무선설비와 무선설비를 조작하는 자의 총체"를 말한다. 따라서 무선국을 개설한다는 의미는 무선설비를 설치한다는 물적 부분과 이를 조작하는 자, 즉 인적 부분을 갖춘다는 의미를 가진다. 다시 말해서 무선국의 개설은 무선통신 업무를 행할 수 있는 지위의 설정이라고 말할 수 있는데, 이는 무선설비 각각의 부품을 고정 또는 결합하고, 공중선을 연결하고, 전원을 접속하는 등의 설치공사를 통해 무선설비로서의 기능을 발휘하도록 완성하고 전파를 발사하는 상태로 해석할 수 있다. 따라서 주파수 분배 및 할당에 관한 내용이 전파를 이용할 수 있는 기본적 토대를 마련하는 것이라면, 무선국의 개설에 관한 내용은 전파를 현실적으로 운용할 때 발생하는 행위와 법적 문제를 규율하기 위한 것이라 할 수 있다. 우리나라의 전파법은 주파수의 할당과는 별도로 무선국에 대한 규정을 정해 일정한 조건에 적합한 경우에만 무선국을 개설해 운용할 수 있도록 하고 있다. 다만 규제의 정도는 그 개설하고자 하는 무선국에 따라 허가, 허가의제, 신고, 신고예외, 사용승인 등 차이를 두고 있다.

2) 무선국 개설의 원칙: 허가, 신고, 허가의제, 미신고

무선국을 개설하려는 자는 대통령령으로 정하는 바에 따라 방송통신위원회의 허가를 받아야 한다(「전파법」 제19조 제1항 본문). 이때의 허가의 의미는 주파수 할당과 마찬가지로 강학상의 특허에 해당한다고 보아야 할 것이다. 기본적으로는 모든 무선국을 개설하기 위해서는 허가를 받아야 하지만 실질적으로 허가가 곤란하거나 당해 기기의 기술 기준 등을 통한 방법으로 이미 허가에 준하는 심사절차를 거친 경우 또는 허가를 통한 관리의 실익이 없는 경우 등에는 허가 이외의 절차를 통해서도 무선국을 개설할 수 있도록 하고 있다.

또한 ① 발사하는 전파가 미약한 무선국이나 무선설비의 설치공사를 할 필요가 없는 무선국, ② 수신 전용의 무선국, ③ 「전파법」 제11조 또는 제12조에 따라 주파수 할당을 받은 자가 전기통신 역무 등을 제공하기 위해 개설하는 무선국 중 국가 간·지역 간 전파 혼신 방지 등을 위해 주파수 또는 공중선 전력을 제한할 필요가 없다고 인정되거나 인명 안전 등을 목적으로 개설하는 것이 아닌 무선국 등 대통령령으로 정하는 무선국은 방송통신위원회에 신고함으로써 개설할 수 있다.

허가받은 것으로 보는 무선국(허가의제 무선국)은 「전파법」 제19조 제2항에서 규정하고 있는 것으로 「전기통신기본법」 제2조 제7호에 따른 전기통신 역무(전기통신설비를 이용해 타인의 통신을 매개하거나 전기통신설비를 타인의 통신용으로 제공하는 것)를 제공받기 위한 무선국이다. 대통령령으로 정하는 무선국을 개설하려는 자가 해당 전기통신 역무를 제공하는 자와 이용 계약을 체결했을 때에는 그 무선국을 방송통신위원회의 허가를 받은 것으로 본다. 「전파법시행령」 제22조에 따르면 방송통신위원회가 할당한 주파수를 이용하는 휴대용 무선국, 즉 우리가 흔히 이용하는 이동전화 단말이 이에 해당한다.

신고하지 않고 개설할 수 있는 무선국(미신고 무선국)은 기본적으로 신고해야 하는 무선국임에도 불구하고 전파가 미약한 무선국 등으로서 ① 표준전계발생기·헤테르다인 방식 주파수 측정장치, 그 밖의 측정용 소형 발진기, ② 「전파법」 제46조에 따른 형식 등록을 한 무선기기로서 개인의 일상생활에 자유로이 사용하기 위해 방송통신위원회가 정한 주파수를 이용해 개설하는 생활무선국용 무선기기, ③ 「전파법시행령」 제21조 제1항 2호의 무선기기(전파천문 업무를 행하는 수신 전용 무선기기) 외의 수신 전용 무선기기, ④ 「전파법」 제46조에 따라 형식 등록을 한 무선기기로서 다른 무선국의 통신을 저해하지 아니하는 출력의 범위에서 특정 구역 또는 건물 내 등 가까운 거리에서 사용할 목적으로 방송통신위원회가 용도 및 주파수와 공중선 전력 또는 전계강도 등을 정해 고시하는 무선기기가 이에 해당한다.

3) 무선국 검사 및 운용

무선국으로부터 발생하는 불필요한 전파 발사를 억제하기 위해서는 무선설비의 성능, 무선설비를 조작하는 자에 대한 적격 여부 검사가 필요하다. 무선국 검사는 무전기가 전파를 발사할 때 주파수 편차, 중심 주파수에서 규정된 대역폭 유지, 무전기가 동작할 때 필요 없는 전파 발사가 되고 있지 않는지 여부, 전파가 규정된 공중선 전력 초과, 무전기 소유자 변동이 없는지 여부 등 전파관리 측면에서 일정 기간마다 확인을 받아 운용토록 해 전파 이용자가 편리하게 사용할 수 있도록 하는 것이다. 무선설비 이용자는 통화가 되지 않을 경우에는 스스로 정비하지만, 성능이 불량한 상태로 사용하게 될 때는 타인에게 방해를 주는지의 여부를 알지 못하고 계속 사용하게 되므로 혼신, 통화 단절 등 통화 접속을 어렵게 하는 원인이 된다. 이러한 문제점을 미연에 방지하기 위해 무선국 검사를 하게 되는 것이다.

무선국의 개설 허가를 받은 자는 무선설비가 준공된 경우 방송통신위원회에 준공 신고를 하고 그 무선설비가 기술 기준 및 무선 종사자의 자격·정원 배치 기준에 적합한지의 여부에 대해 검사를 받아야 한다. 이 준공 신고 시에 하는 검사를 준공검사라고 한다. 방송통신위원회는 준공검사 결과 그 무선설비가 「전파법」 제45조에 따른 기술 기준에 적합하고 무선 종사자의 자격과 정원이 「전파법」 제71조에 따른 자격·정원 배치 기준에 적합하면 지체없이 검사를 신청한 자에게 준공검사증명서를 발급하도록 규정하고 있다. 또한, 개설 허가를 받은 무선국은 5년의 범위에서 무선국별로 대통령령으로 정하는 기간마다 정기검사를 받도록 규정하고 있다.

무선국을 이용한 업무를 효율적으로 수행하기 위해서는 무선국 운용에 관한 원칙을 준수해야 할 필요가 있다. 이를 위해 무선국은 준공검사를 받은 후 운용해야 하며, 허가 무선국의 경우에는 허가증에 기재된 사항의 범위에서, 신고 무선국의 경우에는 신고한 범위 내에서 운용해야 한다.

5 방송주파수 관리

1) 개요

「헌법」 제21조 제1항의 '언론·출판의 자유'가 인쇄 매체인 신문과 마찬가지로 방송에서도 보장됨에도 불구하고 방송 매체에 대해서는 엄격한 법적 규제가 적용되어 왔다. 즉, 방송사업에 대한 허가제를 비롯해 방송의 공적 책임 및 공정성·공공성의 확보, 방송 프로그램에 대한 내용 규제 등의 다양한 방식의 규제가 적용되고 있는 것이다. 방송은 희소한 공물자원인 주파수를 이용하고 사회적 영향력이 막대하다는 점이 규제의 논거로 주장되었고, 현재 학계의 다수적인 입장 및 판례의 견해는 방송 규제의 정당성을 인정하고 있다.

2008년 이전 「전파법」(2008.2.29 법률 제8867호로 일부 개정 이전 법률) 제34조 제1항에 의하면 방송국의 개설 허가를 받고자 하는 자는 방송위원회의 추천을 받아 정보통신부에 신청을 하도록 하고 있었다. 방송국은 방송 업무 또는 위성방송 업무를 행하는 무선국의 하나로서 일반 무선국과는 달리 공익성과 공공성이 강조되고, 사회 문화적 역할 등이 고려되어야 하기 때문에, 지상파 방송사업 또는 위성방송사업을 하고자 하는 자는 방송법에 의해 방송위원회의 추천을 받아 「전파법」이 정하는 바에 따라 정보통신부 장관의 방송국 허가를 받도록 규정하고 있었다. 이렇게 지상파 방송사업자 등에 대한 허가 절차는 먼저 방송위원회 허가 추천을 거친 후 정보통신부 허가로 이원화되어 있었지만, 실질 내용에서는 방송위원회의 사업 허가와 정보통신부의 주파수·기술 허가로 구분되는 것이었다.

그러나 방송과 통신의 융합 현상에 능동적으로 대응하기 위해 기존의 이원화되어 있던 방송위원회와 정보통신부가 방송통신위원회라는 단일한 기구로 통합·출범함에 따라 방송위원회의 추천이라는 내용은 2008년 「전파법」(법률 제8867호) 개정을 통해 자연스럽게 삭제되었고, 방송국 허가에서 방송통신위원회가 단독으로 허가 여부를 판단하게 되는 체제가 정립되었다.

2) 방송국의 개설 허가

현행 「방송법」은 방송 관련 정의 규정을 3단계로 구분하고 있다. 즉, 1단계로 '방송'을 "방송 프로그램을 기획·편성 또는 제작해 이를 공중(개별 계약에 의한 수신자를 포함)에게 전기통신설비에 의해 송신하는 것"이라고 정의하고, 전달되는 서비스의 형태에 따라 텔레비전, 라디오, 데이터, 이동 멀티미디어방송의 네 가지 유형으로 규정하고 있다. 2단계로 '방송사업'을 정의하고 있는데 이는 1단계에서 정의된 방송을 전달하는 수단(매체)의 종류에 따라 구분하는 것이다. 이에 의하면 ① 지상파 방송사업(방송을 목적으로 하는 지상의 무선국을 관리 · 운영하며 이를 이용해 방송을 행하는 사업), ② 종합유선 방송사업(종합유선방송국을 관리 · 운영하며 전송 · 선로설비를 이용해 방송을 행하는 사업), ③ 위성방송사업(인공위성의 무선설비를 소유 또는 임차해 무선국을 관리 · 운영하며 이를 이용해 방송을 행하는 사업), ④ 방송채널 사용사업(지상파방송사업자 · 종합유선방송사업자 또는 위성방송사업자와 특정 채널의 전부 또는 일부 시간에 대한 전용 사용 계약을 체결해 그 채널을 사용하는 사업)으로 각각 구분된다. 3단계는 '방송사업자'에 대한 정의로 1단계와 2단계에서 정한 방송과 방송사업을 하기 위해 「방송법」·「전파법」에 따라 사업권을 얻은 법인이나 개인을 말한다. 이에 따라 방송사업자는 지상파 방송사업자, 종합유선 방송사업자, 위성방송사업자, 방송채널 사용사업자, 공동체 라디오방송사업자의 다섯 종류로 구분된다.

방송국의 허가와 관련한 「방송법」상 규정의 특징은 방송국 허가의 대상을 3단계의 '방송사업자'로 규정하고 있다는 점이다. 즉, 「방송법」 제9조 제1항은 "지상파 방송사업 또는 위성방송사업을 하고자 하는 자는 전파법이 정하는 바에 따라 방송통신위원회의 방송국 허가를 받아야 한다"고 규정하고 있으며, 또한 동조 제11항은 공동체 라디오방송사업을 하고자 하는 자는 전파법이 정하는 바에 따라 방송통신위원회의 방송국 허가를 받아야 한다고 규정하고 있다. 그리고 이러한 허가에 대한 심사 기준을 동법 제10조에서 구체적으로 규정하고 있는데, 그 내용은 ① 방송의 공적 책임 · 공정성 · 공익성의 실현 가능성, ② 방송 프로그램의 기획 · 편성 및 제작계획의 적절성, ③ 지역적 · 사회적 · 문화적 필요성과 타당성, ④ 조직 및 인력 운영 등 경영계획의 적정성, ⑤ 재정 및 기술적 능력, ⑥ 방송 발전을 위한 지원계획, ⑦ 기타 사업 수행에 필요한 사항이다. 이는 전파법이 방송국을 무선국의 한 유형으로 파악하고 주파수를 할당받은 무선국의 시설자가 방송국을 운영할 수 있을 만큼의 기술적 제반 요건을 갖추고 있는지 여부를 중점으로 심사해 허가 여부를 판단하는 것과는 차이를 보인다. 즉, 현행 「방송법」은 방송국의 개설 허가와 관련해, 지상파 방송사업자 등의 방송사업자를 대상으로 이들의 향후 방송국 운용에 대한 계획이나 방향이 적절한 것인지 여부를 중심으로 심사하고 있어, 방송국 운용과 관련된 전파 기술적 측면에 중점을 두고 있는 「전파법」과 일정한 역할 분담을 하고 있는 것으로 평가된다.

「전파법」 제2조는 "방송국이란 공중이 방송 신호를 직접 수신할 수 있도록 할 목적으로 개설한 무선국을 말한다"고 정의해 방송국을 무선국의 한 유형으로 파악하고 있다. 따라서 방송국에 대해서는 무선국과 관련한 전파법상 관련 규정들이 적용될 수 있다. 즉, 방송통신위원회는 「전파법」 제21조 제1항(무선국의 개설 허가)에 따라 방송국의 개설 허가 신청을 받으면 허가 여부에 대한 심사를 해야 하며, 이 경우 허가의 심사 기준과 관련해 방송국도 무선국의 일종이므로 기본적으로는 무선국 개설 허가의 심사 기준이 그대로 적용되고, 추가적으로 방송국의 특수성을 감안해 강화된 심사 기준을 적용하게 된다. 그리고 이와 관련해 '방송국의 개설 허가 및 운용'을 별도로 정해 이러한 방송국의 특수성이 반영된 규율 사항을 정하고 있다.

3) 방송국의 개설 조건

방송국도 무선국이므로 일반 무선국의 허가 시 심사하는 절차를 거치고 있으나 방송국 개설 허가 심사 시에는 기존 방송국과의 혼신을 방지해 양질의 방송환경을 확보하는 것이 중요하므로 방송국의 혼신을 방지하기 위해 개설 조건에 필요한 사항을 적절하게 설정하고, 일반 무선국과는 차별해 그 기준을 규정하고 있다. 정부는 방송국의 설치 장소, 송신공중선의 높이·출력 및 지향 특성 등의 사항에 관해 개설 조건에 관한 규제를 할 수 있으며 방송국 개설 시에는 시설자가 설치하고자 하는 장소에 기존 방송국과의 혼신 발생 등의 문제가 발생될 경우 장소를 이전하는 등의 조치로 혼신을 방지하도록 하고 있다. 방송에 사용되는 주파수는 중파방송, 초단파방송, 텔레비전방송 등 방송의 종류에 따라 다르므로 주파수 특성에 따라 간섭을 줄이기 위해 기술적 조건을 따로 정하고 있다.

제 5 절 국내 전파정책의 변화 과정 및 주요 이슈

1 국내 전파법의 변화 과정

1) 1945년 이전(1915~1961년) 시기

우리나라에서 전파와 관련된 최초의 법률은 1915년 일제 강점기 당시 제정된 「무선통신법」이었다. 이 법에는 무선전신 및 무선전화에 의한 공중통신사업을 총독부 관할 하에 두고 공공용 무선설비와 군용 무선설비를 제외한 비공공용 무선통신설비에 대해 체신 당국의 허가를 득하고 통제를 받도록 하는 규정이 포함되어 있었다. 그 후로 1930년 1월 1일 「무선전신법」을 일부 개정해 전파관리(통제) 및 통신단속권을 강화하고 선박무선설비의 검사 업무를 시작했다.[23] 또한 1939년 10월 「체신성령」 제48호에서는 방송시설에 대한 검사와 검정 증서를 교부하는 방송국 검사 제도가 도입되는 등, 초기의 전파 법령은 전파 이용의 변화를 반영하면서 개정되어 왔다.

2) 전파관리법(1961~1991년) 시기

「무선전신법」 체제는 대한민국 정부 수립 이후에도 유지되어 오다가, 1961년 12월 30일 법률 제924호 「전파관리법」이 제정・공포되면서 폐지되었다. 「전파관리법」에서는 무선국을 개설・이용할 때 체신부 장관의 허가를 얻도록 하고, 공중통신 업무용 무선국의 경우 정부 외의 자는 개설할 수 없도록 했으며, 무선설비의 준공검사 결과 무선국 개설 기준 및 무선 종사자의 자격과 정원이 적합하다고 판단되면 장관의 허가를 얻어 무선설비의 운용 또는 공사를 할 수 있도록 규정했다.

---

23) 그 예로, 1934년 부산, 목포, 청진에 선박무선전신전화의 검사설비를 구축하고 선반국에 대한 검사를 시작했다.

이어 1967년 3월 14일 「전파관리법」을 일부 개정해 공중통신 업무 및 방송 업무용 통신에 대한 전파 장해를 방지하기 위해 전파 장해 방지구역을 지정했다. 이에 따라 전파 장해 방지 구역으로 지정된 구역 내에서는 체신부 장관의 승인을 얻은 후에 건축물 등을 증·개축할 수 있도록 하는 규정이 만들어졌다.

1970년대에 들어서도 지속적인 법 개정이 이뤄졌는데, 1971년 1월 13일에는 일부 개정을 통해 별도로 규정된 일부 무선국의 개설 요건을 완화하고 전파관리의 책임자를 체신부 장관에서 전파관리국장으로 변경했다. 또한 특별법에 의해 설립된 법인이나 외국인과의 합작 투자에 의해 설립된 법인이 개설하고자 하는 무선국의 개설 요건도 완화했다. 아울러 무선국의 가허가 제도를 도입하고 무선종사자협회를 설립하도록 했으며, 전파관리국장은 무허가 및 고주파 이용 설비의 시설자에 대해 설비 제거 등의 조치를 명령할 수 있도록 개정했다. 이어서, 1973년 2월 16일 일부 개정에서는 변경 허가를 얻은 자가 준공 기한의 연장을 신청할 때, 신청 사유가 합당할 경우 1회에 한해 기한 연장을 할 수 있도록 했다. 1976년 12월 31일 일부 개정에서는 무선국 운용 및 종사자에 대한 통신보안 규제를 강화해, 무선국 운용 시 통신보안 사항 준수 및 교육을 의무화하고, 무선 종사자는 통신보안 교육을 받도록 했다.

1980년 12월 31일 일부 개정에서는 어민의 편의를 도모하고자 어선에 시설하는 무선국에 대한 허가 절차를 간소화했다. 그 다음해인 1981년 12월 31일에 「전기통신법」의 개정으로 한국전기통신공사가 공중통신 업무를 제공하게 됨에 따라, 공중통신 업무용 무선국은 공중통신 업무를 취급할 수 있는 자만이 개설할 수 있도록 했으며, 허가 즉시 운용하도록 한 무선국(선박국, 항공기 등)에 한해서는 무선국 운용 개시 신고를 생략하도록 했다. 또한 벌칙 규정을 현실화해 경미한 위반행위에 대해서는 과태료 처분을 할 수 있도록 하고 시설자 지위 승계 규정을 추가했다.

기존의 규제 중심에서 진흥 및 육성 중심의 행정으로 전파정책 수단이 전환됨에 따라 1989년 12월 30일에 「전파관리법」의 일부 개정이 있었는데, 대통령령으로 정하는 일부 무선국은 신고 없이 개설할 수 있도록 했으며,

전자파 장해를 막기 위해 전자파 방지 기준 및 보호 기준을 설정해 형식 검정 및 전자파 장해 검정 대상 기기의 불법 유통을 차단하는 규정을 포함시켰다. 이 밖에도 무선종사자협회를 무선국관리사업단으로 확대·개편했다.

3) 「전파법」(2000~2005년) 1기

1990년대 후반부터 급격한 이동통신 및 무선통신 부문의 발전으로 인해 주파수의 중요성이 부각되기 시작했고, 시장환경의 변화에 따라 전파자원의 효율적이고 공정한 분배 및 관리가 요구되었다. 이에 따라 2000년 1월 21일 「전파법」의 전면 개정이 이뤄졌고, 특히 무선국의 허가, 검사 및 감독 위주의 규제 중심이었던 전파법이 전파자원의 확보, 배분, 이용 및 진흥 중심으로 개정되었다. 특히, 전파자원을 확보하기 위해 주파수 분배 및 할당 등의 근거 규정을 신설하고, 위성 궤도, 주파수 국제 등록, 우주국 개설 조건 등의 우주통신 관련 규정을 마련했다. 또한 전자파 인체 보호 기준, 전자파 강도 측정 기준, 측정 대상 기기 및 방법 등을 규정하고 무선설비의 효율적 이용을 위해 무선국 전부 또는 일부에 대한 공동 사용 규정을 포함시켰다. 이 밖에 이동전화 가입자에 대한 전파 사용료 면제를 포함하는 전파 사용료 부과 기준 개정이 이뤄졌다.

주목할 만한 것은 2000년 IMT-2000 사업자 선정 시 해당 「전파법」에 근거해 최초의 대가 할당을 통한 주파수 할당이 이뤄졌다는 것인데, 이는 주파수의 공물이론에 입각해 국가자산인 주파수가 갖는 가치를 산정해 대가를 부과했다는 의의를 가진다. 다만, 주파수 할당 대가 산식이 마련되어 있지 않았다는 점과, 할당 대가의 성격 및 주파수 이용권의 성격이 명확히 규정되지 않아 할당 대가가 진입 비용인지 이용 대가인지에 대한 논란의 여지를 남겼다.[24]

---

24) 2000년 1월 21일 개정 「전파법」 제11조에 의거해 SK-IMT, KT-IMT에 대해 1조 3천억 원의 할당대가가 부과되었으며, 일시출연금의 형식으로 징수되었다.

4)「전파법」(2005년~) 2기

최근 2000년대 들어「전파법」에 가장 큰 변화와 전파정책의 패러다임을 변화시킨 것은 2000년 1월 21일에 있었던「전파법」전면 개정이었다. 1990년대 후반부터 전파자원의 중요성이 부각되고 사업자 선정에 주파수 할당이라는 개념이 도입되었다. 그 당시 해외 주요국은 3G 주파수를 경매제 등 시장 기능에 근거한 할당 방식을 도입할 계획이었고, 우리나라에서도 시장 기능이 반영되는 주파수 할당 방안이 모색되었다. 이에 기존의 무선국 중심 규제는 주파수와 무선국을 분리해 별도의 법 규정이 적용되도록 하는 방향으로 변했는데, 주파수 관리는 할당 · 지정 · 승인의 3개 방법으로 하되 사업용 주파수(기간통신 역무)는 대가 또는 심사할당을 통해 할당하도록 설계되었다.

2005년 12월 30일에 전파법이 일부 개정되었는데, 주요 사항으로 다음과 같은 내용이 포함되었다. 첫째, 주파수의 효율적 이용을 촉진하기 위해 주파수 회수 · 재배치 제도를 개선했다. 즉, 주파수 이용 현황을 조사해 실적이 저조한 경우와 주파수 분배가 변경된 경우, 사업 허가가 취소된 경우에 주파수를 회수 · 재배치할 수 있도록 규정했다. 둘째, 심사할당으로 할당된 주파수의 이용 기간이 만료된 경우 해당 법 시행일로부터 5년의 이용 기간을 부여하되 일정한 요건에 해당되는 경우에는 대가 할당을 통해 재할당하도록 했다. 셋째, 무선설비의 설치공사가 필요 없는 무선국 중 대통령령이 정하는 무선국은 신고만으로도 개설이 가능하도록 개정했다. 넷째, 기존의 무선국관리사업단을 폐지하고 대신 한국전파진흥원으로 확대 · 개편하도록 했으며, 마지막으로 전파 사용료 제도를 개선해 전파 사용료 면제 대상 범위를 방송발전기금을 납부하는 지상파 방송국으로 확대하고 이 기금을 납부한 위성방송사업자와 주파수 할당 대가를 납부한 기간통신사업자에 대한 전파 사용료 감면 근거 규정을 마련했다.

또한 해상안전 확보와 인명 보호를 위해 선박 검사 대상에서 제외되었던 부유식 해상구조물과 일부 선박에 대해도 최소한의 안전 기준을 준수하도록 하는「선박안전법」의 개정 내용에 근거해 2005년 1월 3일「전파법」을 일부 개정했다.

이 밖에, 무선설비 기기 및 관련 산업의 발전을 촉진하기 위해 「산업표준화법」의 개정 내용을 바탕으로 2007년 5월 25일에 「전파법」이 일부 개정되었는데, 「산업표준화법」에 의해 인증된 기기의 경우 「전파법」에서 규정한 전자파 장해 등록을 면제하도록 했고, 한국산업 표준에서 이미 인증된 경우에는 한국산업 표준을 따르도록 했다. 경매제가 할당 방식의 하나로 도입된 것은 2010년 「전파법」 개정을 통해서다. 이로써 본격적인 시장 기반 주파수 할당의 근거가 마련되었다.

2000년 1월 21일 개정된 「전파법」은 현행 전파법의 핵심 틀을 이루고 있으며, 설비 규제에서 주파수 규제로의 전환이라는 의의를 갖는다. 「전파법」 개정의 역사를 보면 설비 규제의 변화 방향은 규제 완화이고(신고 대상 무선국 확대 등), 주파수 규제 변화 방향은 시장 기능 도입(대가할당 등)이라고 요약될 수 있다. 더욱이 이러한 방향에 입각해 주파수의 이용 효율을 높이기 위한 회수·재배치 제도의 개선, 재할당 제도 개선, 할당 대가 산정의 투명성 제고를 위한 할당 대가 산식 마련, 경매제 도입 등의 후속 조치가 있었다. 따라서 향후 「전파법」 개정 방향은 위의 큰 방향이 유지됨과 동시에 시장 기능에 입각한 주파수 할당과 규제 완화라는 흐름으로 진행될 것으로 예상된다.

2 전파정책의 주요 이슈

1) 디지털 전환과 방송 주파수 관리

2012년 12월 31일 아날로그 방송의 디지털 전환이 이뤄짐에 따라 우리나라의 주파수 정책에 큰 변화가 예상된다. 아날로그 방송이 디지털로 전환되면 신호의 압축 효율이 좋아지기 때문에 전송할 수 있는 신호가 많아지게 되고 인접 채널 간 간섭이 감소되어 전파의 효율성이 높아진다. 따라서 지상파 방송의 디지털 전환이 이뤄지면 더 적은 양의 주파수로 우수한 품질의 방송을 제공할 수 있기 때문에 잉여 주파수가 발생하게 되고, 이러한 잉여 주파수를 다른 용도로 활용할 수 있다.

우리나라는 현재 54~806MHz 대역에서 총 408MHz(68개 채널) 폭을 TV 방송용으로 사용 중이며, 일부 대역은 DMB(7~13번 채널), DTV 임시 대역(61~69번 채널)으로 사용하고 있다. 752~806MHz는 디지털 전환을 위해 2000년부터 DTV 임시 대역으로 사용 중에 있으나, 2012년 12월 31일 이후에는 DTV 채널 배치 계획에 따라 14~51번 채널을 DTV 주파수 대역으로 이용하게 될 예정이며, 52~69번 채널을 재배치할 계획이다.

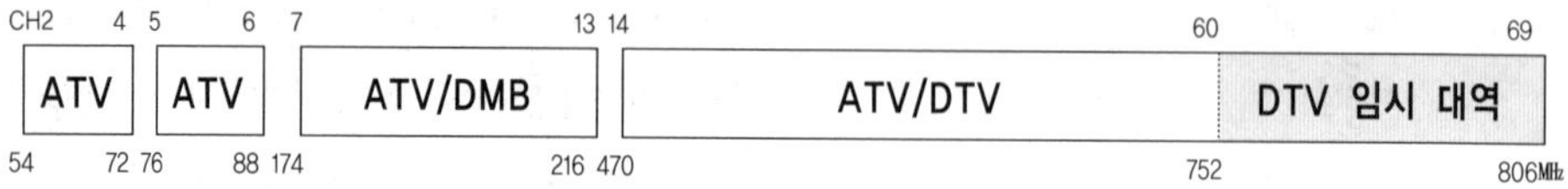

그림 1-7 현재 우리나라의 TV 주파수 이용 현황

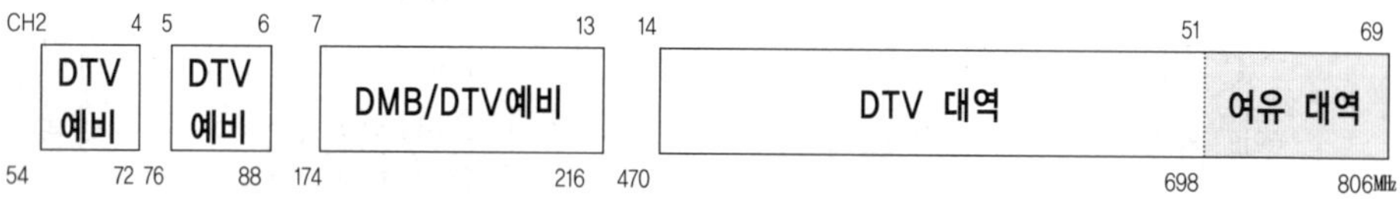

그림 1-8 디지털 전환 이후의 TV 주파수 이용 계획

자료: 방송통신위원회.

주파수 정책 차원에서의 고민은 [그림 1-8]에서 '여유 대역'으로 표시된 주파수(698~806MHz)를 어떻게 이용할 것인지 여부다. 최근의 전파 이용 환경을 살펴보면 스마트폰의 급격한 확산에 따라 데이터 트래픽이 급증하면서 현재 사용 중인 주파수만으로는 한계가 있는 상황이다. 몇몇 연구에 따르면, 2015년까지 현재에 비해 16~24배까지 이동전화 트래픽이 증가할 것으로 예상된다. 따라서 2012년 이후 확보 가능한 700MHz 대역 주파수를 통신용으로 분배·할당해 스마트 시대에 대비하고 주파수 부족 현상을 해소해야 한다는 주장이 있다. 여유 주파수 대역을 통신용으로 분배·할당하게 되면 향후 스마트 미디어의 확산과 모바일 인터넷의 성장에 대응해 필

수 투입 요소인 전파자원의 부족 문제를 일부 해소할 수 있고 여유 대역이 갖는 우수한 전파 특성에 따라 통신사업자들의 투자비를 다른 대역에 비해 상대적으로 절감할 수 있다.

한편, 방송 기술의 발전에 따라 3DTV, 초고화질 TV(Ultra-HD TV) 등 실감형 방송이 본격화되면 기존의 디지털 방식에 비해 더 많은 신호를 전송할 수 있는 충분한 주파수 확보가 요구될 수 있다. 이러한 전망에 근거해 일부에서는 현재 DTV 대역과 인접한 여유 주파수 대역을 방송용으로 확보해 방송의 실감화로 대표되는 최근의 방송 기술 발전 추세에 대응할 것을 주장한다. 또한 차세대 양방향 DMB(DMB 2.0) 역시 기존에 비해 2배의 채널을 사용해야 하기 때문에 마찬가지로 추가 주파수가 필요하다고 주장한다. 이 밖에도 통합·광역화된 공공안전 재난구조(Public Protection Disaster Relief: PPDR) 서비스 및 지휘망을 구축하기 위해 해당 주파수 대역에서 주파수 확보가 필요하다는 논의도 있다.

실제로 미국의 경우 698~806MHz(108MHz 폭)의 여유 주파수를 고정, 방송, 이동용으로 넓게 용도를 부여함으로써 낙찰받은 자가 자신의 사업 목적에 따라 비교적 자유롭게 이용할 수 있도록 했으며, 일부 주파수(D블록; 10MHz 대역폭)에 대해서는 광대역 공공안전용으로 용도를 지정했다.[25] 이후 2008년 1월 24일부터 3월 18일까지 진행된 여유 대역에 대한 경매에서 미국의 주파수 경매 사상 최대 액수인 191.2억 달러에 52MHz 폭의 주파수가 낙찰된 바 있다.[26]

이와같이 통신, 방송, 공공 안전 등 다양한 부문에서 DTV 전환에 따른 여유 주파수를 확보하려는 까닭은 700MHz 대역이 UHF 대역으로서 전파 특성이 우수하고, 108MHz 폭이라는 대규모의 신규 주파수가 공급되기 때

25) D블록의 광대역 공공안전용 대역 경매는 2008년 1~3월 경매에서 최종적으로 유찰되었다.
26) 2000년부터 2005년까지 상위 700MHz 보호대역 2회와 하위 700MHz 대역(3개 채널) 3회, 2008년 1월부터 3월까지 진행된 경매 등 총 6회의 경매를 통해 700MHz 대역의 여유 주파수 대역이 경매할당되었다. 2008년 1월 경매에서는 총 62MHz 폭의 주파수를 대상으로 경매가 진행되었으나 공공안전용 10MHz 대역이 유찰되면서 최종적으로는 52MHz 대역만 할당되었다.

문이다. 이러한 양질의 대규모 주파수를 어떤 용도로 분배·할당할 것인지에 대한 전파정책을 수립할 때는 몇 가지 고려해야 할 점이 있다. 첫째, 전파자원 수급에 대한 미래 예측이 이뤄져야 한다. 우리나라의 전파법에서는 주파수 할당 시 이용 기간을 20년 이내로 규정하고 있어(대가할당 기준) 비교적 장기의 이용 기간을 부여한다. 따라서 미래의 전파 이용 환경이나 수급에 대한 정확한 예측이 전제되어야 할당 이후의 정책 실패를 최소화할 수 있다.[27] 둘째, 어떤 용도로 이용할 경우 주파수 이용자와 산업, 나아가 국민에게 가장 큰 편익을 제공하고 공공의 자원인 전파를 가장 효율적으로 이용할 수 있는지에 대한 판단이 필요하다. 이때 단지 경제적 가치나 경제적 효율성 외에도 사회·문화적 가치를 동시에 염두에 두어야 할 것이다. 정부가 최적의 용도를 정하기 어려울 경우 최근의 추세에 따라 폭넓은 용도를 허용하는 것도 고려해 볼 만하다. 셋째, 용도에 맞는 할당 방식을 채택해 궁극적으로 전파정책의 목적을 달성하도록 해야 한다.

2) 스마트 미디어 환경에서 전파자원 관리

스마트폰의 확산은 무선인터넷 트래픽의 폭증을 야기하고 있는데, 우리나라의 경우 2011년 11월을 기준으로 스마트폰 가입자가 2천만 명을 넘어선 바 있고, 무선 트래픽 폭증으로 일부 통화 장애가 나타나기도 했다. 이러한 추세는 비단 우리나라뿐만 아니라 전 세계적인 추세이며, 모든 나라에서 공통적으로 스마트폰 환경에서 주파수 관리 및 신규 전파자원을 확보하기 위한 노력이 경주되고 있다. 전 세계 모바일 데이터 트래픽이 '09년을 기점으로 음성 트래픽을 추월(Ericsson 집계)한 것으로 나타나고 있는데, 특히 아이폰 출시 이후, 미국 AT&T의 무선데이터 트래픽은 2006년 2/4분기 기준 약 50배 이상이 증가했으며, 주파수 부족에 대한 문제가 지적되고 있다.

이에 따라 기간망(3G망)의 트래픽 대체 및 분산망으로 WiFi의 효용성이

27) 주파수의 2차 시장이 활성화되어 있지 않은 우리나라의 상황에서는 할당정책의 중요성이 매우 크다.

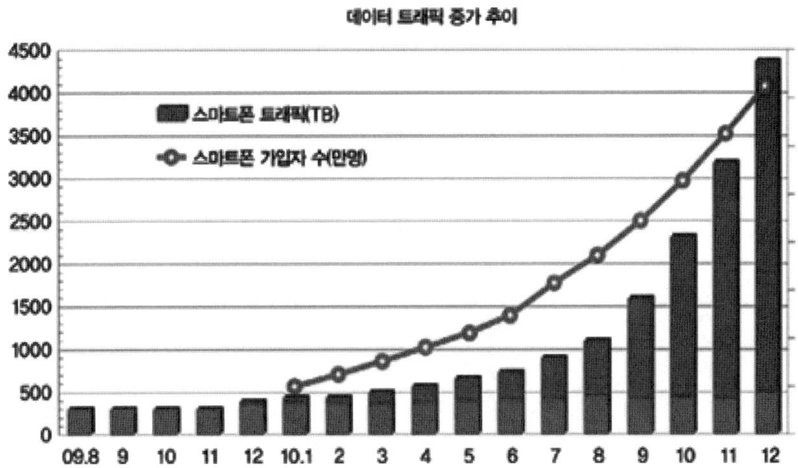

그림 1-9 우리나라의 스마트폰 가입자 및 무선 트래픽 추이

자료: 방송통신위원회.

대두되고 있으며, 멀티플랫포밍[28]과 같은 이용 행태가 나타나는 환경에서는 WiFi 외에도 Femto Cell의 도입 필요성이 강조되고 있다.

현재 무선데이터 트래픽 증가가 전반적인 시장의 추세임에도 불구하고 시장은 포화되고 이용요금이 규제되고 있기 때문에 통신사업자의 수익은 비례적으로 증가하기 어렵다. 무선망중립성(mobile network neutrality) 규제가 어떤 방향으로 진화할지를 미리 예측하기는 어려우나, 전적으로 네트워크 사업자에게 유리하게 정립되지는 않을 것으로 보인다. 이러한 상황에서 WiFi망 자체의 특별한 비즈니스 모델에 대한 복안 없이 3G 망의 우회망으로서만 WiFi를 추가 구축하는 것은 포화되어 있는 시장에서의 수입정체와 더불어 비용을 유발시키는 행위가 될 우려가 있다. 따라서 사업자 측면에서는 데이터 트래픽에 소요되는 비용과 수익 간의 차이를 좁혀 줄 수 있는 기술 및 비즈니스 모델의 도입이 관건이라 할 수 있다.

예를 들어 미국에서 제안된 TV White Space를 이용한 수퍼 WiFi와 같이 비면허 대역을 이용한 네트워크 확장도 하나의 대안이 될 수 있다. 정

28) 다수의 미디어를 넘나들면서 동시에 이용하는 이용 행태를 말한다.

표 1-7 해외 주요 사업자의 무선 트래픽 대응 사례

구분	주요 내용
무선 데이터 총량 설정	• (Orange UK) Separate Fair Usage policies of 750MB/Month apply to both BT Openzone Wi-Fi and Mobile Internet Browsing. (http://shop.-orange.co.uk/iphone/choose-your-plan)
일부 APP 제한	• (AT&T) 3G망(iPhone)에서 TV 신호를 재전송하는 APP(SlingMedia Player) 제한 ※ P2P 파일 공유, 카메라 포스트 및 방송, 지속적인 인터넷 접속이 필요한 APP 사용 제한
WiFi망 구축 확대	• 일본, 소프트뱅크 2009년 WiFi 존 4천 개→1만 개 증설 • 미국, AT&T WiFi 전국망 확대 추진
전송 효율이 높은 차세대 망 전환	• 2009년 AT&T사는 3G와 LTE망을 위한 주파수 거래 - Vulcan Spectrum사로부터 자사의 모바일 데이터망을 증대시키기 위해 24개의 무선 주파수 면허를 구매 ※ AT&T社는 이 주파수들을 사용해 모바일 데이터에 대한 증가하는 고객 수요를 충족시키고, LTE 기술에 기반한 4G망으로 이전하게 될 전망 - 추가 주파수를 배치하고 180억 달러를 투자할 예정이며, 이 중 상당 부분이 무선 인프라에 투자 - iPhone은 AT&T의 신규 가입자 유치의 주요 전략, AT&T의 iPhone 독점 계약 만료 후에도 데이터 네트워크 확보를 통해 가입자 이탈 방지 및 신규 가입자 확보 전략에 활용(KT 전략과 유사) • 소프트뱅크모바일사, 3.9G규격으로 HSPA+채택(LGT 전략과 유사)

자료: 미디어미래연구소(2010).

책적으로는 비면허 대역에 대한 이용 촉진 정책을 통해 주파수의 효율적 이용을 도모할 필요성이 대두된다. 또한 다른 용도 대역의 이동통신용으로의 용도 전환 및 자율화도 적극적으로 고려될 필요가 있다. 주파수의 희소성은 전체 주파수가 아니라 특정 대역, 특정 용도에서 발생하고 있으므로 주파수의 재활용 정책에 대한 중요성이 부각되고 있으며, 이러한 까닭에 앞서 해외 사례에서 살펴본 바와 같이 주로 UHF 대역(3GHz 이하 대역)에서의 전파자원의 재활용 정책이 수립 및 시도되고 있는 것이다.

제 2 장 가상이동망사업자(MVNO) 제도에 관한 연구

제 1 절 서론

국내외 이동통신시장은 설비 기반 경쟁을 통해 폭발적인 성장을 했으나 최근 시장이 포화 상태에 근접함에 따라 정체 상태에 직면하고 있으며, 다른 한편으로는 신규 사업자의 설비 기반 진입이 불가능해지고 있는 상태다. 이에 따라 주요 선진국은 서비스 기반 경쟁을 촉진하기 위해 가상이동망사업자(Mobile Virtual Network Operator: MVNO) 제도를 2000년 전후로 도입했으며, 우리나라도 2010년 전기통신사업법 개정 등을 통해 MVNO 제도를 도입했다.

MVNO란 주파수와 기지국을 보유하지 않고 이동망사업자(Mobile Network Operator: MNO)로부터 망을 임대해 독립적인 브랜드와 요금 체계를 가지고 최종 소비자에게 이동통신 서비스를 제공하는 사업자를 지칭하며, 단순 재판매사업자(reseller)에 비해 통신 서비스 제공에서 더욱 높은 자율성을 가지고 있다.

MVNO 제도 도입 시 고려되어야 할 사항으로는 의무 대상 서비스의 선정, 의무 제공 사업자 및 이용 가능 사업자의 선정, 이용 조건 관련 기준,

MVNO의 권리와 의무 그리고 도매 제공 대가 산정 기준 등이 있다.[1] 이 중에서도 도매 제공 대가 산정 기준은 성공적인 MVNO 제도의 정착을 위해 필수적인 요소라고 할 수 있다. 도매 제공 대가가 너무 높게 책정될 경우에는 MVNO의 진입 자체가 봉쇄될 수 있고, 반대로 도매 제공 대가가 너무 낮게 책정될 경우에는 비효율적인 MVNO의 진입이 가능하고 또한 MNO의 설비투자 유인이 감소하게 될 것이다.

도매 제공 대가 산정 방법으로는 크게 자율적 협상에 의한 방법과 정부 규제에 의한 방법이 있으며, 정부의 도매 제공 대가 규제는 비용 기반(cost-plus) 대가 책정 방식과 소매가격 기반(retail-minus) 대가 책정 방식으로 나뉜다. 비용 기반 대가 책정 방식은 통신산업에서 요금원가 계산, 접속료 산정 등에 광범위하게 사용되는 방식으로 도매설비의 원가에 정해진 투자 보수를 더해 구해진다. 이에 비교해 소매가격 기반 대가 책정 방식은 해외 MVNO 대가에 권장되거나 적용되고 있으며, 소매가격에 일정한 할인율을 적용한 금액을 도매 제공 대가로 정하는 방식이다.[2] 이 경우 도매 제공 대가는 일반적으로 소매가격에서 소매 영업으로부터 발생하는 증분비용 및 이에 수반한 이윤 등을 차감하는 방식으로 정해진다. 그런데, 비용 기반 방식의 경우 도매설비 제공의 장기 증분비용(long-run incremental cost)의 산정에 불확실성과 자의성이 개입될 수밖에 없으며, 특히 동태적인 산업에서는 그 산정이 더욱 어려울 수밖에 없다. 이는 소매가격 기반 방식의 경우에도 비슷하게 성립하지만, 이 방식은 비용 기반 방식에 비해 할인율의 책정 시 관련 산업의 발전 양태 및 수요의 변화에 좀 더 능동적으로 대처할 수 있는 장점이 있다. 즉, 소매가격 기반 방식의 경우 환경 변화 및 정책 목표에 따라 비교적 신축적인 대가 규제가 가능한데 이는 한편으로는 대가 산정의 투명성이 다소 떨어지는 단점의 측면도 있다.

MVNO는 최근의 융합 현상(convergence)과 관련해 세계적으로 많이 진

---

1) MVNO 제도 및 일반적인 재판매 제도 도입 시 고려 사항에 관한 좀 더 자세한 논의는 이상규(2007)를 참조하기 바란다.

2) 영국 Oftel은 retail-minus 방식을 권장하고 있으며, 아이슬란드는 retail-minus 방식으로 대가를 규제하고 있다. 자세한 논의는 변정욱 외(2007) 등을 참조하기 바란다.

입하고 있다. 단순 재판매 사업자와는 달리 MVNO는 독자적인 브랜드 파워를 가지고 있는 기업들이 결합상품 제공 및 독점적 콘텐츠 제공 등 특화된 서비스를 무기로 진출하고 있다.[3] 또한, MVNO가 단순한 재판매 사업자로 진입해 기존 MNO와 가격경쟁을 하기보다는 이동통신 서비스 시장을 심화·확충하는 역할을 수행할 수 있기 때문에 MNO들이 MVNO와 자발적인 도매 제공 대가계약을 맺는 경우도 많이 관찰되고 있다.

여기에서는 MVNO 제도, 그 중에서도 도매 제공 대가에 대해 논의한다. 우선 제2절에서는 국내외 가상이동망사업자 현황을 간단히 정리한다. 제3절에서는 ① MNO와 MVNO간 자발적인 계약이 가능한 원인, 즉 MNO가 MVNO에게 자발적으로 도매 서비스를 제공하는 조건을 분석하고, ② 도매 제공 대가 산정 방식에 관한 기존 연구를 개관한 후, ③ 대가 산정 방식이 소매가격 및 생산량, 소비자 잉여 및 사회후생, 그리고 기존 기업의 투자 유인에 미치는 영향을 분석할 수 있는 새로운 모형을 제시해 비용 기반 대가 책정 방식과 소매가격 기반 대가 책정 방식을 비교한다. 제4절은 결론 및 시사점을 담고 있다.

제 2 절 국내외 가상이동망사업자(MVNO) 현황

1 가상이동망사업자의 정의

가상이동망사업자(Mobile Virtual Network Operator: MVNO)는 주파수와 기지국을 보유하지 않고 이동망사업자(Mobile Network Operator: MNO)의 망을 임대해 독립적인 브랜드와 요금 체계를 가지고 최종 소비자에게 이동통신 서비스를 제공하는 사업자를 지칭한다. MVNO의 이동통신 서비스 제공 방식은 [그림 2-1]과 같다. 기지국(Base Station: BS)과 기지

3) MVNO 현황에 대한 좀 더 자세한 논의는 변정욱 외(2007) 등을 참조하기 바란다.

국 제어기(Base Station Controller: BSC) 등은 MNO의 것을 이용하지만 이동단국 교환기(Mobile Switching Center: MSC)와 이동단말기 위치 인식 장치(Home Location Register: HLR)를 포함한 지능망(Intelligent Networking: IN) 플랫폼을 자체로 가지고 이동통신 서비스를 제공할 수 있다. 이 과정에서 MVNO는 이동단말기의 SIM Card를 통해 자신의 고객을 확인하고, 사용에 따른 요금 계산은 MVNO의 MSC에서 이뤄지며, 사용 고객은 MVNO에게 사용 요금을 지불하게 된다. 그리고 MVNO는 무선망 사용에 따른 대가를 MNO에게 지불한다.

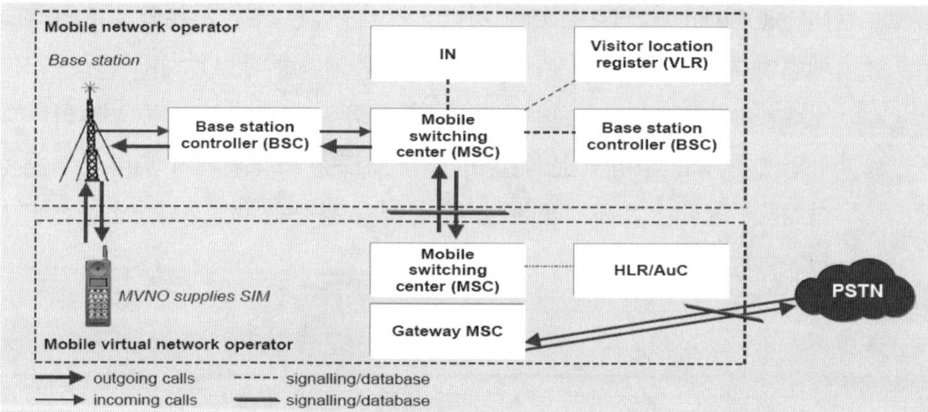

Note: IN = Intelligent Networking, PSTN = Public Switched Telephone Network, HLR=Home Location Register, AuC=Authentication Center

그림 2-1 MVNO 서비스 구조

자료: OVUM(2000).

그러나 각국마다 MVNO의 정의를 달리하며, 정의에 따른 MVNO의 유형 및 서비스에 차이가 있다. 영국의 Oftel은 광의의 개념으로 MVNO를 "고객에게 이동통신 전화 서비스를 제공하고 있으나, 주파수는 보유하지 않은 사업자"로 규정하고 있으며, MNO의 망 임대 범위에 따라 다양한 MVNO 사업모형을 인정하고 있다(Oftel, 1999). 반면 OVUM사는 협의의 개념으로 MVNO를 "고객에게 이동통신 서비스를 제공할 때, 독자적인 모바일 네트워크 코드를 보유하여 독자적인 SIM Card를 발행하고, 이동통신

교환국을 운용하지만 고유의 주파수를 가지고 있지 않은 사업자"로 정의한다(OVUM, 2000). 일본의 총무성은 MVNO를 첫째, MNO로부터 전기통신 역무(도매 전기통신 역무 포함)의 이동통신 서비스를 구매해 이동통신 서비스를 제공하는 전기통신 사업자이면서 둘째, 이동통신 서비스를 하기 위한 자기 소유의 무선국(radio station)을 설치하지 않은 사업자로 정의한다(總務省, 2002). 홍콩의 OFTA는 MNO의 무선통신 인프라에 상호 접속해 고객에게 이동통신 서비스를 제공하는 것으로 정의한다(OFTA, 2001). 그리고 국제전기통신연합(International Telecommunication Union: ITU)은 자사의 고유 주파수와 발급 면허를 가지고 있지 않으면서 이용자에게 이동통신 서비스를 제공하는 사업자로 정의한다.

MVNO는 시스템의 보유 인프라, 브랜드 그리고 가격, SIM 카드 발행 여부 등에 따라 그 유형이 달라진다. <표 2-1>과 같이 망 접속, SIM 보유, 망 설비, 가격, 브랜드 등의 차이에 의해 서비스 제공자(Service Provider:

표 2-1 망 임대 사업자 유형별 특징

	SP	IA	MVNO	
			부분 MVNO (ESP)	완전 MVNO
제공 서비스	• 서비스 가입권 • 호 재판매	• 선택된 호중계 • 발신호만 서비스 • 독자적인 부가서비스 개발 가능	• 서비스가입권 • 호 서비스 (단, 부분 MVNO는 음성 서비스에 대해 전적으로 MNO에 의존)	
가격 정책	• 자체 요금설정권이 제한적임	• 자체 요금설정권이 제한적임	• 자체 요금설정권이 제한적임	• 자체 요금 설정
브랜드	• MNO 브랜드	• 다소 독립적인 브랜드	• 다소 독립적인 브랜드	• 완전히 독자적인 브랜드
보유 인프라	• 과금 설비	• MSC와 전송장비	• 매우 다양함	• MSC, HLR, 전송장비
SIM Card	• SIM Card 미보유	• SIM Card 미보유	• MNO의 SIM Card를 자사상표로 판매	• 자체 SIM Card 발급

자료: ODTR(2000) 재구성.

SP), 간접 접속(Indirect Access: IA), 고급 서비스 제공자(Enhanced Service Provider: ESP), MVNO의 유형이 나뉜다. 영국의 Oftel과 일본의 총무성과 같이 경우 넓은 의미로 MVNO를 보는 경우에는 SP, IA, ESP, MVNO 모두 MVNO에 속한다고 할 수 있겠으나, 좁은 의미로만 본다면 MVNO만 MVNO의 범주에 포함시킬 수 있다. 한편, 아래 구분에서 MNO에 대한 의존도가 가장 낮은 MVNO만을 완전(Full) MVNO라 부르며, ESP를 부분 MVNO라고 부른다.

SP는 MNO에 의존하는 정도가 가장 높으며, MNO의 호(Call) 서비스를 단순 재판매해 단순 재판매 사업자로 불린다. 따라서 자체 교환망을 가지고 있지 않으며, HLR/AuC 등 설비를 보유하고 있지 않다. SP는 독자적인 브랜드를 갖지 못하며, 자체 요금 체계도 가능하나 협상을 통해서만 가능해 MNO로부터 받는 제약이 많다. 현재 국내에서 KT-PCS와 에넥스텔레콤이 대표적인 사례다.

IA는 통신 이용자가 사업자 식별 번호(Predix Code)를 다이얼하여 자신이 가입하지 않은 다른 사업자 망으로 호를 우회하여 서비스를 받는 제도다. 또는 다른 형태의 호를 전달하는 다른 사업자를 미리 선택할 수도 있다. 전자를 사업자 선택제(Carrier Selection: CS) IA라 하며 후자를 사업자 사전선택제(Carrier Pre-Selection: CPS) IA라고 한다. IA는 제공 서비스, 가격정책, 고유 브랜드, 보유 인프라 등 SP보다 더 독립적이고 향상된 기능을 수행할 수 있다. 현재 국내에서 삼성네트웍스의 감 서비스가 대표적인 예다.

ESP(Enhanced Service Provider)는 부분 MVNO로 불리는데 이는 부가 서비스 측면이 강조된 것으로, 음성 서비스보다는 단문 메시지 서비스와 무선 인터넷 등 망과의 밀접성이 떨어지는 부가 서비스를 주로 제공하는 이동통신사업자라 할 수 있다. 부분 MVNO는 호스트 이동통신사업자인 MNO의 MSC와 SIM Card의 사용도 가능 하지만 자체 브랜드 전략을 취하며, 음성 서비스 부문은 MNO에 전적으로 의존하지만 부가 서비스는 자체 서비스 플랫폼을 통해 제공하는 사업자자 할 수 있다. 따라서 자체 교환망(switching network)을 가지고 있지 않으며 HLR/AuC에 대해서도 완전한 통제는 하지 못한다. 그러나 MNO와 분리되어 독자적인 브랜드와 요금 시스템을 가지고 서비스를 제공하며, 고객의 가입 서비스에 대한 높은 수준의 소유권을 보유하고 있다.

완전 MVNO는 SIM Card, 망 설비 보유, 가격, 브랜드, 수익-비용 구조 등 각 부문에서 SP와 ESP의 기능들을 커버하면서 좀 더 독립적이고 향상된 기능을 수행할 수 있으며, MNO와 비교해도 결코 뒤지지 않는 서비스를 제공한다. 기본적인 망 설비(교환망, HLR/AuC 등)와 SIM Card를 모두 보유해, 음성 및 부가 서비스 모두 자신들의 서비스 플랫폼을 통해 제공할 수 있다. 그리고 통신 서비스에 대한 지배권을 가지고 있으며, 가입한 고객에 대한 지배권도 완전하게 소유하고 있다. 따라서 완전히 독자적인 브랜드와 요금 체계를 가지고 서비스를 제공하게 되며, 가입자는 기존 MNO는 상관없이 MVNO와 모든 서비스에 대해 계약을 맺을 수 있다.

완전 MVNO는 착·발 신호 모두에 대한 완벽한 지배력을 갖고 있기 때문에 기존 MNO와 동등한 수준의 수입구조를 가지고 있다. 단, 착·발 신호 모두에 대해 망접속 이용 요금을 MNO에게 지불한다는 측면에서만 차이가 있다.

다양한 MVNO의 유형과 사업모형은 <표 2-2> 및 <표 2-3>과 같다.

표 2-2 이동통신서비스 구성 요소에 따른 MVNO 유형

<table>
<tr><th colspan="3">망 구성 요소</th><th colspan="3">고객 구성 요소</th></tr>
<tr><td>전송망</td><td>HLR/MSC</td><td>플랫폼</td><td>자체 SIM 보유</td><td>상품 개발/독자 브랜드 보유/고객 관리</td><td>고객 가입/요금 청구</td></tr>
<tr><td colspan="5">MNO</td><td>Service Provider 또는 reseller</td></tr>
<tr><td colspan="4">MNO</td><td colspan="2">Skinny(부분) MVNO</td></tr>
<tr><td colspan="2">MNO</td><td colspan="4">Thin(부분) MVNO</td></tr>
<tr><td>MNO</td><td colspan="5">Thick(완전) MVNO</td></tr>
</table>

자료: OVUM(2000) 재구성.

표 2-3 MVNO 사업모형

MVNO 유형	사업모형	예
완전 MVNO	유선 통신사업자들의 one-stop shopping 구현 (이동통신 동시 제공)	Tele2, BT, One.Tel, Energis, AT&T
	3G(또는 2G) 서비스 제공 수단으로 활용	Telia, Quam
부분 MVNO	web-기반 서비스 등을 통한 저비용/저가상품 전략	Sense, Telmore
	비통신 서비스 상품과의 one-stop shopping 구현	HemEl, Mobyson
	기존 비통신 사업의 브랜드, 고객정보 및 유통망 등의 활용	Virgin, MTV
	텔레매틱스, 보안 등 부가 서비스 중심의 서비스 제공	닛산, 도요타, Wireless Car, Secom

자료: 이종화·변정욱(2005).

2 국내 가상이동망사업자 현황

1) 국내 이동통신시장 현황 및 MVNO 도입 배경

방송통신위원회에 따르면, 2011년 11월 현재 국내 이동통신시장은 약 20조 6천억 원의 규모를 가지고 있다(방송통신위원회(2011a). 1984년 5월 국내 첫 이동통신 서비스가 시작된 이래로 1996년 5개의 이동통신 사업자의 경쟁 구도가 형성되었으나 2001년 인수 합병을 통해 현재 SK텔레콤, KT, LGU+로 구성되는 통신 3강 체제가 굳어졌다. 정보통신정책연구원에 따르면, 이 3강 체제를 통한 휴대전화 가입자는 2010년 10월 5천만 명을 돌파했고 현재 인구 대비 휴대전화 가입률은 100%가 넘어 이동통신 시장은 사실상의 포화 상태에 접어들었다고 볼 수 있다(정보통신정책연구원, 2010).

이렇게 포화된 시장에서 새로운 MNO(Mobile Network Operator)의 등장을 통한 MNO 간 경쟁 활성화는 사실상 불가능하다고 할 수 있다. 우선 업계의 특성상 전국적으로 독자적인 통신망을 구축해야 할 텐데, 이를 위해서는 2조 원 이상의 대규모 설비 투자가 수반되어야 하기 때문이다. 또한 이의 투자 금액의 회수 기간이 10년 이상 소요될 것으로 예상되지만 이 점을 고려해 정부가 회수 기간 동안 신규 MNO에게 경쟁에 유리하도록 정책을 조율할 수도 없는 입장이다. 정책적으로 혜택을 줄 경우 오히려 시장경쟁을 축소할 우려가 있어 신규 MNO의 도입 취지에 어긋나기 때문이다.

이에 따라 통신시장의 경쟁을 촉진하기 위한 대안 중 MVNO(가상이동통신망사업자)의 도입이 가장 현실적인 대안 중 하나로 각광받았고, 주요 선진국들이 2000년을 전후로 성공적으로 MVNO를 도입한 긍정적 사례를 바탕으로 국내에서도 2009년 12월 가상이동통신망 사업자 도입 법안이 통과되었다.

2) 국내 MVNO 현황 및 전망

국내 MVNO사업은 지난 2009년 12월 MVNO 도입 법안이 통과되고 2010년 2월 전기통신사업법 개정안이 통과되어 MVNO 진입이 확정되었다. 뒤이어 2010년 9월 MVNO 도입을 위해 전기통신사업법 시행령 및 고시개정안이 확정되면서 MVNO 상용화를 위한 규제 여건이 충족되었다.

표 2-4 주요 법안 통과 및 MVNO 주요 서비스 제공 추이

일시	현황
2009년 12월	가상이동통신망사업자(MVNO) 도입 법안 통과
2010년 2월	전기통신사업법 개정안 통과
2010년 9월	MVNO사업 시행령 발효
2010년 11월	'도매 제공 의무사업자의 도매 제공 의무 서비스 대상과 도매 제공의 조건 · 절차 · 방법 및 대가의 산정에 대한 기준' 제정
2011년 3월	첫 데이터 MVNO서비스 개시(한국정보통신)
2011년 7월	첫 선불형 MVNO서비스 개시 (아이즈비전, 한국케이블텔레콤)
2011년 7월	도매 제공 가이드라인 발표(방송통신위원회)
2011년 11월	첫 후불형 MVNO서비스 개시(한국케이블텔레콤)

출처: 방송통신위원회(2011a), 변정욱 외(2010) 및 각 사.

이러한 법제도적 기반 위에서 신규 사업자들이 시장 진입을 하기 시작했고, 2011년 3월 한국정보통신(KICC)은 SK텔레콤과 '전기통신 서비스 도매 제공에 관한 협정'을 맺고 신용카드 결제 서비스를 제공해 MVNO의 본격 사업 활동이 시작되었다. 이 후 음성 서비스와 문자 서비스에 대해서도 SK 텔레콤과 KT의 네트워크를 사용한 MVNO들이 속속 등장해 국내 MVNO 활동의 활성화 및 다각화에 박차를 가했다. 2011년 7월 현재 MVNO 등록 현황은 <표 2-5>와 같다.

표 2-5 국내 MVNO 현황(2011년 7월 기준)

회사명	최대 주주	주요 서비스
SK텔링크	SK텔레콤	이동통신 서비스
KTIS	KT	이동통신 서비스
한국케이블텔레콤	태광산업	인터넷전화, 국제전화
온세텔레콤	세종텔레콤	시외전화, 국제전화
S로밍	KT하이텔솔루션, LTS	해외로밍
몬티스타텔레콤	개인	인터넷전화, 국제전화
에넥스텔레콤	개인	별정2호
인스프리트	개인	모바일솔루션개발업체
한국정보통신	개인	인터넷 결제
KDC정보통신	KDC네트웍스	시스템 통합
에버그린모바일	그레코스	별정2호
아이즈비전	개인	국제전화선불, 재과금
KD링크	브리스테크	이동통신 판매
CN커뮤니케이션	CNMVNO	별정2호
대성홀딩스	개인	도시가스, 별정2호

주1. SK텔링크와 KTIS는 MVNO등록 및 사업 준비를 마쳤으나 2011년 6월 방송통신위원회의 권고로 시장 진입을 유보하고 있는 상황이다. 두 기업은 각각 SK텔레콤과 KT의 자회사로 현재 국회에서는 MNO의 자회사가 MVNO로 영업할 수 없는 법안을 검토 중에 있다.
출처: 방송통신위원회(2011b) 기초로 재작성.

2011년 7월 기준 SK텔레콤의 자회사 SK텔링크, KT의 자회사인 KTIS를 포함해 총 15개 사가 등록되어 있으며, 2011년 7월 방송통신위원회의 '도매 제공 가이드라인'의 제정으로 MVNO 경쟁 여건이 개선되어 앞으로

MVNO의 양적 증가가 예상된다. '도매 제공 가이드라인'의 골자는 크게 다량 구매 할인과 데이터 전용 MVNO에 대한 추가 할인으로 구성되어 있다(방송통신위원회, 2011b). 이에 따르면, MVNO는 MNO로부터 최대 53%까지 할인된 가격으로 도매 제공을 받을 수 있어 MVNO가 국내에 뿌리내릴 수 있는 환경을 조성했다고 할 수 있다.

이뿐만 아니라 2012년 5월부터 적용되는 개방형 IMEI(International Mobile Equipment Identity) 제도의 도입은 MVNO의 단말기 수급 문제를 크게 개선할 것으로 예상된다. 현재 국내 MVNO는 독자적인 단말기 수급이 어려워 재고 단말기나 중고 단말기에 의존하고 있다. 이러한 단말기의 제약으로 인해 MVNO가 시행할 수 있는 시장 침투전략은 저가 요금으로 한정될 수밖에 없는 실정이다. 최신 단말기나 제조사로부터의 단말기 직접 수급을 통해 소비자에게 어필할 수 있는 방안이 없기 때문이다. 하지만, 개방형 IMEI[4]의 도입될 경우 단말기 유통환경이 개선되어 MVNO의 경쟁력

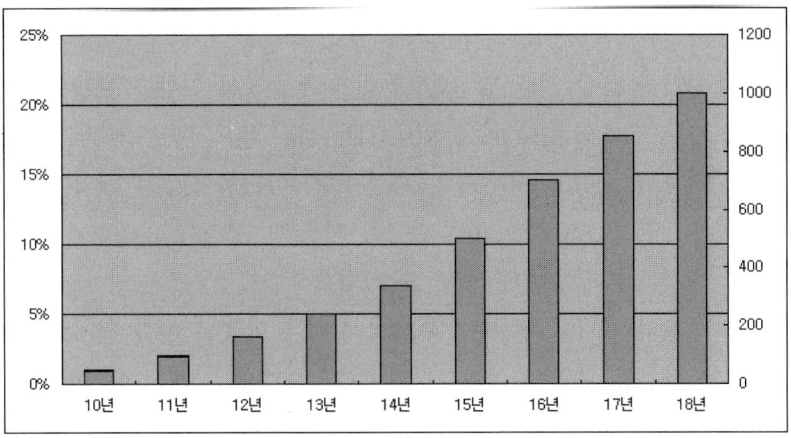

그림 2-2 국내 MVNO 시장 전망

출처: 온세텔레콤.

4) 개방형 IMEI란 기존의 경우 국내 이동통신사가 단말기의 IMEI를 자사의 시스템에 등록하고 등록된 단말기만 통신을 허용하는 폐쇄형 IMEI에 반대되는 개념으로, 단말기의 유통망에 구애받지 않고 소비자가 가입자 식별카드인 USIM(Universal Subscriber Identity Module)만 있으면 자유롭게 단말기를 구매해 사용할 수 있다. 2012년 5월 시행 예정이다.

강화에 큰 영향을 미칠 것으로 판단된다.

법제도적 환경이 마련되고 MVNO의 경쟁력이 강화된다면 국내 MVNO 시장에 대한 전망은 밝다. KT경제경영연구소의 시장 전망에 따르면, MVNO 시장은 2011년 총 매출액 약 4천억 원을 기록할 것으로 예상되고, 앞으로 꾸준한 성장이 예상되어 2015년에는 이동통신시장의 10%의 시장점유율을 확보하고, 2018년에는 가입자 1천만 명으로 20%의 시장점유율을 확보할 것으로 예측된다.

3) 국내 MVNO 사업 환경 및 MVNO의 전략

우선, MNO와의 관계를 살펴보도록 하자. 2011년 현재 국내 MVNO들은 SK텔레콤, KT와 전략적인 관계를 맺고 있다. SK텔레콤의 경우 「전기통신사업법」 제38조 및 「시행령」 제39조의 3항에 의거하여 방송통신위원회에 의해 '도매 제공 의무 사업자'로 선정되어 의무적으로 MVNO에게 네트워크를 제공해야 한다. 반면에 KT의 경우는 의무사업자가 아니지만 경쟁사의 가입자를 자사의 MVNO 가입을 통해 우회적·간접적으로 유치할 수 있기 때문에 최근 MVNO에 대해 우호적인 입장을 표명하고 있다. 통신 3강 구도에서 MNO에게 MVNO는 다른 MNO를 견제할 수 있는 하나의 전략적 대상이 될 수 있기 때문이다. 이러한 KT의 적극적인 유치의 결과 2011년 10월 KT의 네트워크를 사용한 MVNO 가입자가 30만 명으로 SK텔레콤 가입자 수를 앞서고 있다.[5)]

2011년 11월 현재 MVNO의 실적은 발표된 바가 없기 때문에 MVNO의 시장진입 전략을 살펴보도록 하자. 앞에서 살펴보았듯이 국내 이동통신시장은 사실상 포화 상태에 진입했다고 볼 수 있어 MVNO가 성공적으로 통신시장에 안착하기 위해서는 불가피하게 기존 MNO의 가입자를 뺏어올 수밖에 없는 상황이다. 따라서 저가전략, 이종 산업 간의 결합상품의 제시, 틈새시장(niche market) 공략을 사용할 경우 MVNO에게 승산이 있을 것으로 판단되고, 실제 현재 시장에 진입을 시도하는 MVNO들은 위의 전략을

5) 올레모바일 공식 블로그 참고.

사용하고 있다. 각 전략을 사용해 현재 통신시장에 진입하고 있는 기업들을 간략히 살펴보도록 하자.

(1) 저가전략

저가전략은 세계적으로 대다수의 MVNO가 공동적으로 채용하고 있는 전략이다. 이는 MVNO가 MNO로부터 망의 다량 구매 할인 혜택을 기대할 수 있기 때문에 가능한데, MNO는 자사의 통신망을 MVNO에게 판매할 경우 일반 소비자에게 판매할 때 지불하게 되는 판매촉진비 등이 발생하지 않기 때문에 MVNO에 대해 도매가격을 적용할 수 있기 때문이다. 이 전략을 사용하고 있는 대표적인 기업으로는 한국케이블텔레콤(KCT)을 생각해 볼 수 있다. 2011년 10월 시작한 KCT의 음성 통화 및 문자 메시지 후불 서비스는 가입비 무료에 MNO 대비 50% 저렴한 기본료 및 30% 저렴한 통화요금으로 SK텔레콤의 네트워크를 사용한 서비스를 선보이고 있어 소비자들을 공략하고 있다.[6]

(2) 이종산업 간의 결합상품

MVNO로 통신시장에 성공적으로 안착한 대표적 사례로 언급되는 영국 Virgin Mobile의 경우와 마찬가지로 국내의 많은 MVNO는 단순 음성통화 재제공사업에서 벗어나 자사의 콘텐츠를 결합한 상품으로 통신시장에의 연착륙을 노리고 있다. 국내 첫 와이브로(Wibro) 기반 MVNO인 Insprit사는 현재 교육업체의 콘텐츠를 스마트 기기에 적용하는 사업을 준비 중에 있다. 2011년 11월부터 시작한 이마트의 프리텔레콤을 통한 MVNO로서의 활동 또한 유통업체의 강점인 유통망과 MVNO로서의 통신 서비스를 결합한 상품으로 분류해 볼 수 있다. 기존의 MVNO의 경우 유통망의 부족으로 소비자 접근성이 떨어져 외면받아 왔기에 이러한 유통업체의 MVNO로서의 활약은 이마트뿐만 아니라 홈플러스와 롯데마트 등 대형 마트 모두가 2012년 MVNO에 진입할 목표로 계획을 진행하고 있다.

한편, CJ그룹의 지원을 입은 CJ헬로비전은 후발 사업자이지만 저가전략

6) 한국케이블텔레콤(KCT) 홈페이지 참고.

등을 사용하지 않고 보유하고 있는 막강한 콘텐츠 기반으로 기존 이동통신 3사와 정면 승부를 펼칠 것으로 예상된다. 중고 단말기에 의존하는 다른 MVNO와는 달리 삼성 등 제조사로부터 직접 단말기를 수급하고, 사업협정을 맺고 있는 KT의 LTE(Long Term Evolution) 출시에 맞춰 함께 LTE 서비스 시작을 계획하고 있는 등 MVNO로서 큰 성장이 기대된다.

(3) 틈새시장 공략

기존 MNO 서비스의 커버리지 밖에 있는 계층에 대한 서비스 또한 MVNO의 주요 활동 대상이 된다. 해외 로밍 및 단말기 렌탈 서비스로 노하우를 축적한 에스로밍은 국내 거주 외국인을 대상으로 선불 서비스를 시작했다. 대학가를 중심으로 한국으로의 유학생이 증가하는 추세를 반영해 MVNO사업의 규모를 점차 늘리고 다국어 상담 및 서비스센터를 운영하고 대사관과의 연계 서비스를 제공하는 등 틈새시장을 공략하고 있다.

4) 국내 MVNO 시장의 성장 한계점

지금까지 살펴보았듯이 국내 신규 MVNO의 통신시장 론칭전략은 이미 해외 유수의 MVNO들이 통신시장에 성공적으로 진입할 때 사용한 전략과 유사하다.

하지만 과연 이러한 전략이 한국의 시장에서도 유효할지는 미지수다. 가장 큰 이유로 해외 MVNO의 경우는 이동통신시장이 성장기에 있던 1990년대와 2000년대에 시작되었지만, 한국의 경우는 이미 통신 3강 체제가 갖춰지고 사실상 휴대전화 가입률이 100%에 달하고 있는 시장 성숙기가 되어서야 MVNO들이 시장에 진출했기 때문이다.

이와 더불어 제도적 기반도 미비와 MVNO와 MNO의 협상력의 차이 때문에 MVNO의 국내 사업환경을 비관적으로 보는 시각도 있다. 실제로 2010년 7월부터 선불 MVNO 서비스를 제공하고 있는 한국케이블텔레콤과 아이즈비전 가입자 수는 3개월간 각각 1,600명, 3,100명으로 총 4,700여 명에 불과하다(강희종, 2011). 어떠한 MVNO 친화적인 가격 묶음과 도매 제공 대가가 마련되더라도 손익분기점을 넘길 수 없는 가입자 수를 가지고 있는 것이다. 이렇듯 소비자가 가격경쟁력에도 불구하고 MNO에서 MVNO로의 전환을 유보하는 이유는 단말기의 부족과 번호이동제의 미비가 큰 이유가 된다(KT경제경영연구소, 2011). SK텔레콤은 2012년 6월까지 출시 6개월이 지난 재고 단말기를 MVNO가 사용할 수 있도록 했고, 그나마 호환 안 되는 경우가 많아 소비자에 다가가지 못하고 있는 형편이다. 선-후불 간 번호 이동 방법이 마련되지 않은 점도 MVNO 활성화에 큰 걸림돌로 작용한다. 현재 선불 MVNO에 가입하기 위해서는 기존에 사용하던 번호는 사용할 수 없다. 또한 소비자가 MVNO를 통해 이동통신 서비스를 제공받을 때 가용한 부가 서비스가 MNO에 의해 제한되어 있기 때문에 MNO와 MVNO의 대등하지 못한 협상력은 MVNO 활성화에 큰 걸림돌이 된다. 이에 MVNO는 협상력의 강화를 위해 한국MVNO협회 결성을 서두르고 있다.

마지막으로, 모바일 음성 서비스의 경우 이미 국내 통신 3사의 정액요금제도가 안정적으로 포지셔닝을 하고 있고, 모바일 데이터시장의 경우도 3사의 무제한 요금제로 인해 MVNO들이 가격경쟁력으로 우위를 점할 여지가 적다는 점도 극복되어야 할 점이다.

3 해외 가상이동망사업자 현황

무선통신시장 조사기관인 Wireless Intelligence에 따르면 2010년 전 세계적으로 600개 이상의 MVNO가 영업하고 있어 2000년 이후로 지속적인 증가세를 보이고 있다. 이 증가세는 한동안 지속될 것으로 예상되어 2013년에는 MVNO가 수적으로 MNO를 넘어설 것으로 예상된다.

1) 유럽의 MVNO 현황

서유럽의 많은 국가의 경우 1990년대 말 또는 2000년대 초에 MVNO가 나타나기 시작해 통신시장에 성공적으로 연착륙했다. 반면 동유럽의 MVNO들은 기존 MNO들과의 경쟁에서 고전을 면치 못하고 있다. 폴란드, 헝가리, 불가리아 등 의 국가에서 MVNO의 시장점유율은 2010년 3분기

표 2-6 전 세계 MVNO 현황

지역	활동 중인 MVNO 수
아프리카	5
남아메리카	4
아시아-태평양	72
유럽(동부)	34
유럽(서부)	357
북아메리카	72
기타	58
합계	602

출처: Wireless Intelligence(2010).

기준 4% 미만을 차지하고 있어(Atlas Research and Consulting, 2011) 동유럽의 통신시장에서 MVNO의 역할은 상당히 제한적이라고 할 수 있다. 서유럽 통신시장에서 MVNO는 지속적인 성장을 통해 현재 10% 내외의 시장점유율을 유지하고 있다. 다른 <표 2-6>에서 알 수 있듯이 서유럽 국가들의 MVNO 수가 357개로 전 세계 MVNO 수의 절반 이상을 차지하고 있다. 서유럽 국가 중에서도 독일이 다른 유럽 국가들에 비해 MVNO의 사

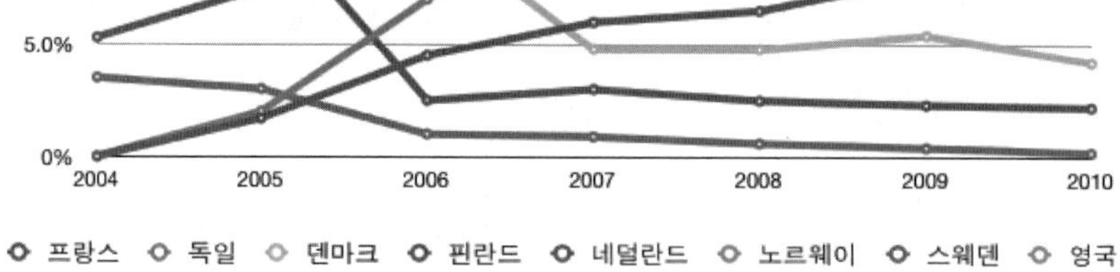

그림 2-3 서유럽의 MVNO 현황

출처: Wireless Intelligence(2010).

업 개시가 늦어졌음에도 불구하고 총 103개의 MVNO를 보유하고 있어 빠른 성장을 보이고 있다.

2) 미국의 MVNO 현황

미국의 경우 2010년 61개의 MVNO가 활동 중이며 America Movil의 Tracfone이 가장 큰 MVNO 그룹으로 Tracfone Wireless, NET10, SafeLink Wireless, Straight Talk 등 여러 브랜드를 구성해 영업을 하고 있다. Tracfone은 미국 전역에 걸쳐 다양한 MNO와 임대 협상을 맺고 있어 다양한 서비스로 미국 이동통신시장에서 5%의 시장점유율을 가지고 있다. IE Market Research에 따르면 Tracfone은 미국 내에서 지속적인 성장을 하여 2012년 약 6%의 시장점유율을 가질 것으로 예상된다(IE Market Research, 2011). 이 성장은 경기 침체로 인한 선불 서비스 수요의 증가가 견인차 역할을 할 것으로 예측된다.

성공적인 MVNO의 대표 주자인 Virgin Mobile USA는 Virgin Group과 Sprint사의 합작 투자(Joint Venture) 형태인데, 2009년 7월 Sprint사가 약 5억 달러에 인수되어 더 이상 MVNO 브랜드가 아니다.

미국 시장에서는 앞에서 살펴본 이마트의 MVNO 진출 등 대형 유통업체가 MVNO로 진출하는 사례가 다수 관찰된다. 우세한 유통망, 뛰어난 소비자의 접근성과 축적된 자본을 활용한 대형 유통업체들은 단순 통신 서비스뿐만 아니라 자사의 콘텐츠를 포함해 통신시장에 확실하게 포지셔닝하고 있다. 그 예로, 북미지역 최대 가전제품 유통업체인 베스트바이(Best Buy)사의 'Best Buy Mobile'과 Wal-Mart의 'Wal-Mart Family Mobile'을 생각해 볼 수 있다.

미국의 경우 2000년 이후 월마트(Wal-Mart) 등 소매 유통업체들 간의 경쟁이 심화되는 상황에서 인터넷 쇼핑몰이 급부상함에 따라 기존의 사업으로는 성장이 정체됨에 이르게 된다. 이에 기존 유통업체들은 새로운 성장 동력을 모색했고, 베스트바이와 월마트는 기존의 유통망을 활용한 MVNO로의 활동을 시작하게 된다.

단말기의 유통 판매에 머무르지 않고 2007년 MVNO으로 통신시장에 진입을 선언했고, 2011년 6월 Sprint사의 네트워크를 임차해 MVNO사업을 본격화했다. 특히, 베스트바이사가 기존에 제공하고 있던 온라인 음악 다운로드 서비스와 온라인 영화 판매 서비스를 이 MVNO에 접목해 다양한 엔터테인먼트 콘텐츠를 제공하는 MVNO로 소비자에게 접근하고 있다. 또한 베스트바이사는 최근 기업을 대상으로 정보 서비스를 제공하는 Mind Shift Technology사를 인수해 모바일 사업 영역의 확장에 박차를 가하고 있어 향후 귀추가 주목된다.

월마트 또한 2011년 9월 T-Mobile의 네트워크를 임차해 'Wal-Mart Family Mobile'라는 명칭의 MVNO 브랜드를 론칭하고 저가전략으로 소비자를 공략하고 있다. 상품은 지정된 번호에 대한 무제한 음성 통화와 문자 서비스를 기본으로 하고, 지정번호가 하나인 경우 45달러, 추가 지정번호당 25달러의 추가 요금으로 다른 MNO에 비해 저렴한 가격으로 시장을 공략하고 있다.[7]

제 3 절 도매 제공 대가 산정 방식의 경제적 분석

1 도입

가상이동망사업자(MVNO) 제도는 이동통신시장에서 설비 기반 경쟁(facility-based competition)의 한계점을 극복하기 위해 도입된 제도다. 즉, 이동통신시장은 대규모의 초기 투자비, 오랜 설비 구축 기간, 자연독점성, 투자의 불확실성 등으로 인해 신규 진입이 용이하지 않기 때문에 경쟁이 제한적일 수 있다. 따라서, 설비의 신규 구축 없이 기존 사업자의 설비를 임대하고 이를 이용해 최종 소비자에게 서비스를 제공하는 사업자를 허용

7) Wal-Mart Family Mobile 홈페이지 참조.

함으로써 진입장벽을 낮추고 그 결과 경쟁 촉진 및 소비자 후생 증진 효과를 달성하고자 하는 서비스 기반 경쟁(service-based competition) 제도가 MVNO 제도다.

MVNO 제도는 재판매 제도의 일종이라고 볼 수 있다. 재판매(resale)란 재화나 서비스를 '사서 다시 파는' 행위를 의미한다. 그런데, 앞 절에서 살펴보았듯이 MVNO는 다른 사업자의 설비 또는 서비스를 구매해 별도의 부가가치 창출 없이 판매하는 단순 재판매사업자(reseller)보다는 훨씬 많은 자율성을 가지고 있다. 다음 항에서는 MNO들이 MVNO와 자발적인 계약을 맺는 이유가 무엇인지를 분석하는 문헌을 소개한다. 이 논문들은 MVNO 제도가 도입되었을 경우 소매가격 및 MNO의 이윤이 어떻게 변하는지에 대해서도 논의하고 있다.

한편, MVNO 제도에서 고려되어야 할 사항으로는 의무 대상 서비스의 선정, 의무 제공 사업자 및 이용 가능 사업자의 선정, 재판매 이용 조건 관련 기준, 재판매 사업자의 권리와 의무 그리고 도매 제공 대가 산정 기준 등이 있다. 이 중에서도 도매 제공 대가 산정 기준은 성공적인 MVNO 제도의 정착을 위해 필수적인 요소라고 할 수 있다. 제3항에서는 대가 산정 방식에 관한 기존 연구를 비판적으로 개관한다. 이어서 제4항에서는 사회후생과 투자 유인을 분석할 수 있는 대가 산정 방식 모형을 도입하고, 비용기반(cost-plus) 가격 책정 방식과 소매 가격 기반(retail-minus) 가격 책정 방식을 비교한다.

2 MVNO 제도 도입 효과에 대한 분석

MVNO 제도는 기본적으로 시장에 더 많은 기업이 진입할 수 있는 환경을 조성함으로써 경쟁을 촉진하고자 하는 제도다. 따라서, 기존의 이동망사업자는 자신의 시장을 보호하기 위해 MVNO의 진입을 최대한 억제하고자 하는 유인이 있을 것이다. 그런데, 해외 사례에서 볼 수 있듯이 실제로 많은 MNO이 MVNO들과 자발적으로 도매 제공 계약을 체결하고 있다. 그 이유는 무엇일까?

MVNO는 단순 재판매사업자보다 훨씬 많은 기능을 수행한다. MVNO는 이동통신 서비스 이외의 통신 서비스 또는 통신 서비스가 아닌 다른 사업 영역에서 자신의 브랜드 파워 및 평판(reputation)을 이용해 이동통신 서비스를 판매한다. MVNO는 이렇게 자신의 브랜드 평판을 이용해 다소 다른 또는 새로운 고객집단에게 이동통신 서비스를 판매할 수 있기 때문에 MNO-MVNO 간 계약이 자발적으로 이뤄질 수 있다. 이하에서는 MNO-MVNO 간 자발적 계약관계(voluntary relationship)가 가능한 원인, 즉 MNO가 MVNO에게 자발적으로 도매 서비스를 제공하는 조건에 대해 분석하고자 한다.

1) 배너지와 디폰(Banerjee & Dippon, 2009) 모형

이 논문은 이러한 자발적 계약이 발생하는 이유는 MVNO가 단순 재판매사업자와는 달리 이동통신 서비스 시장을 확대하고 심화시켜 부가가치를 창출할 수 있기 때문이라고 설명하고 있으며, MNO-MVNO 관계의 가장 중요한 두 가지 요소로서 ① MVNO의 브랜드 평판의 가치와 ② 도매 제공 대가의 수준임을 지적한다.

(1) 기본 모형: 독점기업

가장 기본적인 모형으로 MNO가 가격을 설정하고 이윤을 극대화하는 독점자이며, 시장에서 동질적인 소매 서비스를 제공하는 경우를 생각하자. MNO는 도매 서비스를 제공하지 않으며, 어떠한 MVNO도 하류 소매시장에 진입하려고 하지 않는다고 가정한다. MNO의 판매량(q_R)은 오로지 자신이 책정한 가격(P_R)에 의해서만 영향을 받는다. MNO는 서비스 증분비용(incremental cost of service)이 C_R로 주어졌을 때 자신의 이윤 π^M을 극대화하는 소매가격을 정한다.

$$\text{Max} \ \ \pi^M = (P_R - C_R)q_R(P_R) \qquad (1)$$

따라서, 이윤을 극대화하는 소매가격은

$$P_R^* = C_R \frac{\epsilon^M}{1+\epsilon_R^M} \quad (2)$$

로 주어진다. 여기에서 ϵ_R^M은 소매가격에 대한 소매 수요 탄력성이다. 이윤을 극대화하는 가격 P_R^*가 양수가 되는 경우는 C_R이 양수이고, $|\epsilon_R^M|$이 1보다 클 경우임을 알 수 있다. 한편, 다음과 같이 (2)로부터 표준적인 탄력성의 역수 법칙(standard inverse elasticity rule)을 유도할 수 있다.

$$\frac{P_R^* - C_R}{P_R^*} = -\frac{1}{\epsilon_R^M}$$

이 마크업(mark-up)은 탄력성의 절대값이 무한대로 갈수록 0에 수렴한다. 또한, 탄력성 절대값이 $(1, \infty)$의 범위 내에 있으므로, 이윤극대화 가격의 마크업 백분율 역시 $0 \sim 100$ 퍼센트 범위 내에 있다.

(2) 도매 제공 및 소매경쟁 모형

이제 MNO는 소매 서비스와 도매 서비스를 모두 제공하고 이 판매를 통한 결합 이윤을 극대화한다. MNO는 두 개의 시장에서 모두 가격 설정자로 행동한다. MVNO는 도매 서비스를 MNO로부터 할인된 가격에 구매함으로써 소매시장에 생산자로부터 활동할 수 있는데, 이때 도매 서비스 가격은 $P_W = (1-\phi)P_R$의 공식을 따른다. 여기에서 P_W는 도매 서비스 가격을, ϕ는 도매 서비스 할인율을 나타낸다.

MNO의 도매 서비스 판매량은 자신이 선택한 소매 서비스 가격과, 도매 서비스 할인율에 따라 변화하는 도매 서비스 가격의 함수다. MVNO의 소매 서비스 시장 수요는 MVNO의 브랜드 인지도 τ에 영향을 받는다. τ는 '이동변수(shift variable)'로 기능하여, τ의 상승은 각 가격 하에서의 소매수요를 상승시킨다. 이상을 종합하면, 도매 서비스 수요함수는 $q_W = q_W(P_W(\phi), P_R; \tau)$로 나타낼 수 있다.

이 모형은 MVNO가 가격순응자(price taker)라고 가정한다. 따라서, MVNO의 가격은 MNO의 가격이 오르고 내릴 때 같이 오르고 내린다. 그

런데 소매 서비스 가격 P_R이 상승할 때 두 기업의 소매시장 수요가 동시에 줄어들지만, MVNO의 경우 자신의 브랜드 인지도로 인해 이 효과를 경감시킬 수 있게 된다. 수학적 기호로 이를 나타내기 위해 소매 서비스 가격 P_R에 의한 도매 서비스 수요의 탄력성(교차탄력성)을 ϵ_{WR}^M이라 하자. $\tau_1 \geq \tau_2$의 경우, 브랜드 인지도로 인한 효과는 $|\epsilon_{WR}^M|_{\tau=\tau_1} \leq |\epsilon_{WR}^M|_{\tau=\tau_2}$로 표현할 수 있다.

이러한 환경 하에서, MNO의 문제는 다음과 같다.

$$
\begin{aligned}
&\max_{\{P_R,\phi\}} \pi^M \\
&= (P_R - C_R)q_R(P_R) + [(1-\phi)P_R - C_W]q_W(P_W(\phi), P_R;\tau) \\
&\quad - (P_R - C_R)q_W(P_W(\phi), P_R;\tau) \\
&= (P_R - C_R)q_R(P_R) + [C_R - C_W - \phi P_R]q_W(P_W(\phi), P_R;\tau)
\end{aligned}
\tag{3}
$$

(3)의 두 번째 줄의 첫 번째 항과 세 번째 항은 MNO가 소매 서비스 시장에서 얻는 이윤을 의미한다. MNO가 소매 서비스 독점 가격 P_R을 설정했을 때, 소매 서비스 총 시장 규모는 $q_R(P_R)$이다(첫 번째 항).

그런데 MNO가 $q_W(.)$만큼 MVNO에게 도매 서비스를 제공하는 경우, 그 도매 서비스 수요만큼 MNO는 소매 서비스 시장을 상실하게 된다(세 번째 항). 한편 중간 항은 MNO가 도매 서비스 시장으로부터 얻는 이윤이다. MNO는 MVNO에게 $q_W(.)$를 $P_W = (1-\phi)P_R$의 도매 서비스 가격으로 제공한다.

P_R과 ϕ에 대한 1계 조건식을 통해 MNO의 이윤을 극대화하는 ϕ^*와 P_R^*는 다음을 만족함을 보일 수 있다.

$$
\phi^* = \left(\frac{C_R - C_W}{P_R}\right)\left(\frac{\epsilon_W^M}{1+\epsilon_W^M}\right) + \frac{1}{1+\epsilon_W^M} \tag{4}
$$

식 (4)에서 $|\epsilon_W^M|$이 무한대로 가까워질수록, ϕ^*가 $\frac{C_R - C_W}{P_R}$에 가까워진다는 것을 알 수 있다. $C_R - C_W$는 도매 서비스를 소매시장으로 가지고 갈

때 부담해야 하는 비용이기 때문에 도매 서비스 할인율은 MNO의 도매 서비스 시장 수요탄력성이 완전 탄력적일 때 최고치가 된다. 일반적으로 이러한 상황은 도매 서비스 시장에 대한 경쟁 수준에 제한이 없을 때 발생한다. 이러한 극한 상황에서 도매 서비스 가격은 최소값을 갖게 되고, MNO는 도매 서비스 제공 비용 외 다른 비용 부담을 전가시키지 않는다. 반대로 ϵ_W^M이 낮아지면, 도매 서비스 할인율이 감소하고, 도매 서비스 가격을 상승한다. 이상의 분석으로부터 도매 서비스 시장이 경쟁적일수록 MVNO의 시장진입을 활성화될 수 있음을 알 수 있다. 한편, 도매 서비스 할인율이 감소하는 정도 역시 도매 서비스 시장 수요탄력성 ϵ_W^M이 감소할 수 있는 수준에 따라 제한된다. MNO가 도매 서비스의 독점 사업자인 경우에도, 손해를 보지 않기 위해서는 독점가격을 설정하는 구간에서 가격탄력성의 절대값이 1보다 높아야 한다. 그러나 어떤 경우에는 ϵ_R^M의 값이 -1로 떨어지기도 전에 도매 할인율이 0에 도달하기도 한다.

$$P_R^* = \frac{(C_R - C_W)q_W\left(\frac{\epsilon_W^M}{1+\epsilon_W^M}\right) - C_R\epsilon_R^M q_R}{\left(\frac{1+\epsilon_{WR}^M}{1+\epsilon_W^M}\right)q_W - (1+\epsilon_R^M)q_R} \qquad (5)$$

식 (5)에서 보는 바와 같이 MNO의 이윤을 극대화하는 소매가격은 소매시장 판매량, 도매시장 판매량, 소매 서비스 및 도매 서비스를 제공하는 데 드는 증분 비용, 각 시장에서의 가격탄력성, 소매 서비스 가격에 대한 도매 서비스 시장 수요의 교차탄력성의 함수다.

MNO가 소매 서비스와 도매 서비스를 모두 제공하는 경우, 일반적인 결과는 다음과 같다. MNO가 소매 서비스 시장 가격을 올리고자 할 때 두 가지 효과를 기대할 수 있다. 일단, MNO의 소매 서비스 가격 상승으로 인해 소매 서비스 수요가 감소한다. 또, MNO의 소매 서비스 가격 상승이 MVNO의 소매 서비스 가격까지도 상승시켜 MVNO의 소매 서비스 수요가 위축되고, 이로 인해 MVNO의 도매 서비스 수요가 감소한다.

그러나 이 논문의 모형의 경우, MVNO의 브랜드 인지도라는 새로운 요인을 추가함으로써 위의 시나리오를 변형될 여지가 있다. 소매가격이 상승하며 소매 수요가 감소하지만, MVNO의 브랜드 인지도와 교차 판매 능력(cross-selling ability)이 이러한 효과를 경감시킬 수 있기 때문이다. 이와 같은 이유로 MVNO의 브랜드 인지도가 존재하면, MNO가 소매 가격을 높게 설정해도, 그 소매가격이 소매 서비스 수요를 크게 위축시키지 않는 '유지 가능(sustainable)'한 상태가 된다. 모형에서 절대값이 1보다 작은 수치의 교차탄력성 ϵ_{MR}^{M}이 브랜드 인지도 효과를 수학적으로 나타낸다. 낮은 ϵ_{MR}^{M}로 인해 MNO가 소매가격을 높게 해도 도매 서비스 수요가 크게 줄지 않게 되는 것이다.

(3) 비교정태분석

이제 MNO의 이윤극대화 소매가격이 MVNO가 있을 때와 없을 때 어떻게 변화하는지 알아보고자 한다. 이에 앞서 우선 단순재판매에 대해 생각해 보면, 일견 단순재판매는 소매시장에 경쟁을 도입하는 것이기 때문에 소매가격이 하락할 것이라고 생각할 수 있으나, MNO가 이러한 점을 우려해서 도매 제공 대가를 높게 산정할 수 있고 그 결과 오히려 소매가격이 상승할 가능성도 존재한다. 회플러와 슈미트(Höffler & Schmidt, 2007)와 정인석(2008)은 재판매 사업자 진입 시 소매가격과 사회후생에 대한 이러한 분석을 하고 있는 논문이다.

한편, MVNO는 자체의 브랜드 파워가 있어서 단순 재판매의 경우보다는 훨씬 복잡한 효과들이 발생할 것이다. 직관적으로 MVNO의 브랜드 인지도 효과로 인한 수요 경감 효과로 인해 MNO가 도매 서비스를 제공하는 경우에는 도매 서비스를 제공하지 않은 경우에 비해, 소매가격을 많이 올릴 필요는 없을 것으로 생각되나, MNO의 도매 서비스 가격탄력성이 낮은 경우 등의 경우에는 이 예상이 맞아떨어지지 않는다.

일반적으로 MNO가 MVNO와 협력 관계를 맺는 경우, 그렇지 않은 경우에 비해 더 높은 소매가격을 매기느냐는 질문은 수요 및 공급 관련 모수(parameters)에 따라 달려 있다. 예를 들어, MVNO 존재 여부에 따른

MNO가 설정하는 이윤극대화 소매 가격의 변화는 소매 서비스, 도매 서비스 각각의 가격탄력성과, 그 둘 간의 교차탄력성에 의해 달라진다. 소매 서비스만 제공할 때(pure retail operation)의 소매가격을 P_{R1}^{*}, 소매 서비스와 도매 서비스를 모두 제공하는 경우(MNO-MVNO 관계 형성할 때)의 소매가격을 P_{R2}^{*} 라고 표시할 때, 다음이 얻어진다.

$$P_{R2}^{*} - R_{R1}^{*} = \frac{(C_R - C_W)\epsilon_W^M(1+\epsilon_W^M) - C_R\epsilon_R^M(1+\epsilon_{WR}^M)}{(1+\epsilon_{WR}^M) - \dfrac{q_R}{q_W}(1+\epsilon_R^M)(1+\epsilon_W^M)} \qquad (6)$$

위에서 언급한 세 가지 탄력성의 크기에 따라 이 수치는 0보다 작을 수도, 클 수도 있다. 이는 소매가격이 MNO-MVNO 관계가 존재하는 경우가 그렇지 않은 경우에 비해 필연적으로 높다는 결론을 이끌어 낼 수 없음을 의미한다.

그렇다면 식 (6)에 미치는 MVNO의 브랜드 인지도의 효과는 어떠하겠는가? 만약 교차탄력성 ϵ_{WR}^M 수준이 낮고, 각 시장에서의 가격탄력성 ϵ_R^M, ϵ_W^M 의 절대값 역시 1을 초과하지 않는 경우, 분모가 양수일 수 있다. 이때, MNO는 소매 서비스만 제공할 때에 비해 소매가격을 더 높게 책정할 수 있다. 이는 더 높은 소매 가격으로 인해 MNO의 소매 서비스 수요가 위축됨에도 불구하고, MVNO의 브랜드 인지도가 상당히 높아서(즉, 교차탄력성 ϵ_{WR}^M 수준이 낮아서) 그러한 수요상실분을 상쇄하기 때문이다. 결국, 도매 서비스 수요 위축을 최소로 하면, MNO는 더 높은 소매 서비스 가격을 매겨 이윤을 극대화할 수 있게 된다.

이상의 논의에서 MNO가 브랜드 효과가 없는 일반적인 소매 서비스 제공자와 협력 관계를 자발적으로 맺지 않는 이유를 알 수 있다. 이런 점에서 정책에 의한 의무적인 MNO-MVNO 관계 설정이 어떤 경우에는 MNO에게 상당히 불리하게 작용할 수 있다. MVNO와의 협력 관계를 형성할 때 얻는 이윤이 소매 서비스를 단독으로 제공했을 때보다 더 낮게 되는 경우, MVNO에게 통신 서비스 제공을 강요하는 정책에 크게 반발할 것이다.

(4) 기본 모형의 확장

이제 기본 모형을 확장해 MNO가 차별화된 소매 서비스를 제공하는 독점사업자인 경우를 분석하고자 한다. 우선, MVNO는 존재하지 않는다고 하자. 차별화된 서비스는 고급 소매 서비스(U)와 저급 소매 서비스(L)로 구분된다. MNO는 두 서비스로부터 얻는 결합 이윤을 극대화하는 가격 P_U와 P_L을 설정한다. 이러한 환경에서 이윤극대화 가격은 두 서비스 공급량(q_U, q_L), 각각의 증분비용(C_U, C_L), 각 시장에서의 가격탄력성(ϵ_U^R, ϵ_L^M), 교차탄력성(ϵ_{UL}^M, ϵ_{LU}^M)에 의해 결정되는 것을 보일 수 있다.

이제 MNO가 MVNO의 진입을 유도하기 위해 도매 서비스를 제공한다고 하자. MNO는 고급 서비스 U에 대해서는 독점적인 공급자로 남고, 저급 서비스 L에 대해서만 MVNO에게 할인된 도매가격으로 제공한다고 가정한다. 이 문제에 대해 위와 유사하게 MNO의 최적화 문제를 풀 수 있다. 만약 U와 L이 대체적이지 않으면, 즉, $\epsilon_{UL}^M = 0$ 혹은 $\epsilon_{LU}^M = 0$이면 MNO 관점에서 두 서비스 시장은 분리 가능하다. 그래서 U에 대해서는, L과 관련한 수요나 공급 요인과 무관하게, 기본 모형에서처럼 독점가격 $P_U^* = C_U\epsilon_U^M/(1+\epsilon_U^M)$을 매긴다. 반면에, L의 경우는 다소 복잡하게 나오나, 이 역시 MNO가 도매 서비스 제공을 그만둘 경우에는 U와 비슷하게 탄력성 역수의 법칙을 만족시키게 된다.

자발적인 MNO-MVNO 관계를 설명하기 위해서는 MNO가 그러한 관계로부터 얻을 수 있는 이익이 있는지를 살펴보아야 한다. 이 논문에서 다뤄진 논의는 궁극적으로 실증분석에 의해 파악될 수 있을 것이다. 상품 차별화 모형의 경우도, 동질적인 서비스를 제공하는 경우와 비슷하게 다음과 같은 설명을 시도할 수 있다.

MNO-MVNO의 관계가 MNO에게 이익이 되는지를 결정짓는 가장 중요한 요소는 L의 소매 서비스 가격이 미치는 L의 도매 서비스 수요의 교차탄력성, ϵ_{WL}^M의 크기에 달려 있다. 즉, ϵ_{WL}^M의 절대값이 작을수록 MNO는 MVNO와의 관계에서 더 큰 이윤을 얻을 것이다.

(5) 분석의 함의

이 논문에서는 MNO가 왜 자발적으로 MVNO에게 도매 서비스를 제공해 전략적 협력 관계를 도입하는지를 설명하고자 한다. 일견 MNO-MVNO의 관계는 MNO의 소매시장에서의 수요를 줄이는 결과를 야기하므로, 이윤 추구에 위반하는 행위로 보인다. 그러나 MVNO가 단순 재판매업자를 넘어서 제품 차별화 능력을 가졌을 때, MNO-MVNO 간 협력 관계로 MNO의 이윤이 개선될 여지가 있다.

그런데, 이 논문에서는 MNO가 MNO-MVNO 관계를 통해 더 큰 이윤을 얻을 수 있는 충분 조건만 살펴보았다. 만약 이러한 충분 조건이 만족되지 않으면 이 협력 관계는 나타나지 않을 수 있고, 이 관계를 강제하는 통신정책은 사회후생을 약화시킬 수 있다. 또, 만약 MNO-MVNO 협력 관계가 나타나지 않은 이유로, 그 관계 형성을 위한 충분 조건이 아직 부재하거나, 혹은 그 조건이 형성되었음에도 당사자들 간에 이를 파악하지 않았기 때문인 것일 수도 있다.

2) 드웬터와 하우캡(Dewenter & Haucap, 2007) 모형

이 논문도 MNO가 자발적으로 MVNO에게 설비를 제공하는 조건, 즉 설비를 제공함으로써 MNO의 이윤이 증가하는 조건에 관한 연구다. 이 논문은 쿠르노(Cournot) 경쟁, 차별적 베르트랑(differentiated Bertrand) 경쟁, 스탁켈버그(Stackelberg) 경쟁에 대해 다루고 있으며, 자발적인 계약 체결 여부는 서비스가 얼마나 차별화되어 있느냐는 문제와 경쟁의 양태에 의존적임을 보인다.

서비스가 차별적일수록 시장을 확대/심화하기 때문에 MNO가 자발적 계약을 체결하고자 하는 유인이 증가한다는 점은 앞의 배너지와 디폰(Banerjee & Dippon, 2009) 논문과 같다. 또한, MNO가 계약을 체결하고자 하는 유인이 쿠르노 > 베르트랑 > 스탁켈버그 순서다. 특히 쿠르노 경쟁에서는 시장이 충분히 크다면 동질적 제품을 생산하는 MVNO에게도 계약을 체결하고자 하는 유인이 존재함을 보이고 있다.

(1) 쿠르노 경쟁

동질적 제품을 생산하는 복점기업 상황을 고려하자. 2개의 대칭적인 MNO이 수량 경쟁을 하고 있다. 통신 서비스에 대한 역수요 함수는 선형으로 $p = A - bQ$로 주어져 있다고 가정하자. 여기서 p는 가격을 Q는 총생산량을 표시한다. MNO는 MVNO에 허가권을 주어 자신의 네트워크를 이용해 통신 서비스를 할 수 있도록 협력 관계를 맺을 수 있다. MVNO는 자신들의 가격을 정하고, 쿠르노 방식으로 네트워크 사업자 MNO들과 경쟁을 한다.

MNO가 2부 가격제를 도입함으로써 MVNO의 모든 잉여를 취득할 수 있다고 가정하자. 이는 MNO-MVNO 간 관계에서 MNO가 모든 협상력을 지녀, 'take-it-or-leave-it' 식의 제안을 제시하는 것으로 해석할 수 있다. 한편, n은 네트워크 1(첫 번째 MNO)을 이용하는 MVNO의 숫자를 나타내고, m은 네트워크 2(두 번째 MNO)을 이용하는 MVNO의 숫자를 나타낸다. 모든 MVNO는 서로 대칭적이다. 따라서, 전체 생산량은 다음과 같다.

$$Q = q_1 + q_2 + \sum_{i=1}^{n} q_i + \sum_{j=1}^{m} q_j$$

MVNO와의 협력 관계를 맺고 네트워크 접속 서비스를 제공하는 데 드는 고정비용을 f라 가정하자. 논의를 간단히 하기 위해 통신 서비스를 제공하는 데 드는 한계비용은 0이라 가정한다. 앞서 언급한 선형의 역수요 함수 가정 및 두 MNO가 MVNO들의 모든 잉여를 취한다는 가정으로부터, 쿠르노 경쟁 하에서 첫 번째 MNO의 이윤은 다음과 같다.

$$\pi_1 = \frac{(1+n)A^2}{b(n+m+3)^2} - nf \qquad (7)$$

π_2도 유사하게 구할 수 있다. 대칭적 균형(symmetric equilibrium)으로서 $m = n$를 설정해 문제를 풀면, 다음과 같이 개별 MNO의 이윤을 극대화하는 MVNO의 숫자를 구할 수 있다.

$$m = n = \frac{1}{2}(A^{\frac{2}{3}}(bf)^{-\frac{1}{3}} - 3) \tag{8}$$

$A^* \equiv 3\sqrt{3bf}$로 정의할 때, $A > A^*$인 모든 경우에 (8)의 값이 양수가 됨을 쉽게 확인할 수 있다. 이는 시장 규모가 '너무 작지만 않으면' 이윤을 극대화하는 MVNO의 숫자가 0보다 크다는 것을 의미한다. 즉, 통신시장이 충분히 클 때 두 MNO들은 MVNO에게 자발적으로 네트워크를 제공할 유인을 갖고 있다.

같은 맥락으로 $f^* \equiv A^2/(27b)$로 정의할 때, 모든 $f < f^*$에서 두 MNO들은 MVNO에게 네트워크를 제공할 유인을 가지고 있다. 즉, MVNO에게 네트워크를 제공하는 데 드는 고정비용이 아주 높지만 않으면 MNO와 MVNO 간의 협력 관계가 자발적으로 생겨날 것이다.

협력이 존재하면 현재의 비타협적인 행위의 균형 상태보다 더 높은 결과를 얻을 수 있는 상황을 일컫는 '죄수의 딜레마'가 이 경우에도 발생할 수 있다. 만약 동시에 두 MNO들이 MVNO에 네트워크를 제공하기를 거부한다면 그 둘의 이윤은 $\pi^D(m = n = 0) = A^2/(9b)$이 되고 이 수치는 식 (7)에 제시되어 있는 수치에 비해 더 높을 수 있다. 그러나 $A > A^*$, $f < f^*$의 조건이 성립하면, MVNO에게 네트워크를 제공하는 것이 각 MNO의 우월전략이 된다. 요컨대, 만약 MNO 간 담합이 없다면, 두 MNO가 모두 네트워크를 제공할 것이고, 그 결과 시장 가격은 낮아지고, 각각의 이윤이 산업 전체의 이윤이 모두 감소하게 된다.

샐런트, 스위처와 레이널즈(Salant, Switzer & Reynolds, 1983)의 연구에서는 분할 유인(incentives to divest or divisionalize)은 집중도가 약한 산업일수록 더 크게 나타남을 보였다. 이를 감안하면, MNO의 네트워크 제공 유인이 MNO의 경쟁이 더 치열할 경우 더 커질 것이다. 유사한 논리로, 제품 차별화는 시장집중도를 약화시키므로, 제품 차별화가 일어나면 MNO의 네트워크 제공 유인이 커질 것이다.

그러나 만약 MNO가 MVNO의 잉여를 모두 취할 수 없게 되면, 네트워크 제공 유인이 감소할 것이다. 만약에 잉여를 $\alpha < 1$만큼 부분적으로만 취

득할 수 있다면, MVNO와의 협력 관계가 자발적으로 일어나게 만드는 시장 규모 $A^{**}(\alpha)$와 고정비용 $f^{**}(\alpha)$의 수치가 모든 잉여를 취할 수 있는 경우에 비해, 각각 더 높고 더 낮을 것이다.

(2) 베르트랑 경쟁

이제 두 MNO들이 베르트랑 방식으로 가격을 설정한다고 가정하자. 데네케레와 데이비슨(Deneckere & Davision, 1985)의 연구에서 논의된 것과 같이 제품이 차별화되어 있고 기업의 숫자가 고정되어 있을 때의 합병은 언제나 높은 이윤을 보장한다. 이는 여기에서는 MVNO에 네트워크 접속을 용인하는 것이 MNO 입장에서 바람직하지 않다는 것을 함의한다.

그러나 이런 논의는 분할화로 인해 제품 차별화가 더 가속화되지 않고, 또 역으로 시장 집중도가 높아질 때 제품 차별화 수준이 낮아지지 않는다는 가정을 전제로 한다. MVNO와 관련한 주요 논의 중 하나는 MVNO가 제품 차별화를 가속화시킬 수 있다는 것이므로, 이 논문에서는 MVNO의 시장 진입으로 다양한 제품이 시장에 공급된다고 가정한다.

기존 사업자 MNO의 숫자를 M으로 네트워크 접속을 허가받은 MVNO의 숫자를 V로 표시하고, 기업 1(첫 번째 MNO)의 역수요 함수가 다음과 같이 주어졌다고 가정하자.

$$p_1 = A - bq_1 - b\theta(\sum_{i=1}^{M} q_i + \sum_{j=1}^{V} q_j) \qquad (9)$$

기업 1의 잔여 수요는 다음과 같이 나타낼 수 있다.

$$q_1 = \frac{A(1-\theta) - p_1(1+(N-2)\theta) + \theta\sum_{i=2}^{N} p_i}{b(1-\theta)(1+\theta(N-1))} \qquad (10)$$

여기서 N은 $M+V$다. MVNO들은 네트워크 제공자와 상관없이 가격 결정을 하므로 MNO은 자신의 수요만 고려해서 이윤을 극대화한다. 극대화 1계 조건을 적용하면 다음과 같은 균형가격이 도출된다.

$$p_i = \frac{(1-\theta)A}{2+\theta(N-3)}, \ \forall i \tag{11}$$

이제 네트워크 사용을 허가받은 MVNO가 부재하다고 가정하고, 즉, $N=M$이라고 하고, MVNO에게 시장진입을 허가할 유인이 있는지 파악해 보자. 이때 MNO의 이윤은 다음과 같다.

$$\pi_i = \frac{A^2}{b}\frac{(1-\theta)(1+\theta(M-2))}{(1+\theta(M-1))(2+\theta(M-3))^2}, \ \forall i \tag{12}$$

MNO가 MVNO의 잉여를 모두 취할 수 있다는 가정 하에 MVNO의 시장 진입을 자발적으로 허용할 유인이 없는 경우는 $\pi_i(M) > 2\pi_i(M+1)$이 만족될 조건인데, (12)을 참고하면 이 조건은 다음과 같다.

$$\frac{A^2}{b}\frac{(1-\theta)(1+\theta(M-2))}{(1+\theta(M-1))(2+\theta(M-3))^2} > 2\frac{A^2}{b}\frac{(1-\theta)(1+\theta((M+1)-2))}{(1+\theta((M+1)-1))(2+\theta((M+1)-3))^2}$$

나아가 위의 조건을 통해 $\Delta > 0$이면 $\pi_i(M) > 2\pi_i(M+1)$이 얻어지는 특정식 Δ을 얻을 수 있다. 즉 $\Delta > 0$이면 MNO는 자발적으로 MVNO에게 네트워크를 제공하지 않는데, 이는 제품들이 매우 유사한 대체재라 MVNO들의 경쟁 효과가 크기 때문이다. 그러나 만약 θ가 작으면 MVNO를 추가로 진입하게 하는 것이 MNO에게 더 높은 이윤을 줄 수 있다.

예를 들어 독점 MNO가 제품 차별화된 MVNO를 자신의 네트워크에 유인할 수 있다고 가정하자. 이때, 네트워크 접근권을 부여함으로써 이러한 MNO가 독점의 경우보다 더 높은 이윤을 얻기 위해서는 $\theta < 0.61171$의 조건이 만족되어야 한다. 한편, 만약 $M=2$인 경우라면, 같은 결과를 얻기 위해서는 $\theta < 0.71143$의 조건이 만족되어야 한다. 그러므로 MNO 시장이 복점인 경우에 상대적으로 더 낮은 제품 차별화 수준이 MVNO 시장 진입에 필요하다고 하겠다. 마지막으로 최소 3개의 MNO가 시장에서 경쟁하고 있다고 가정하자. MNO들은 $\theta < 1$이기만 하면 MVNO에 네트워크 허가권을

부여할 유인이 존재한다.

만약 MNO들이 MVNO의 잉여를 모두 취할 수 있다는 가정이 없고 대신 부분적으로만 취할 수 있다면, 네트워크를 허가할 유인이 줄어들게 될 것이다. 또한, 네트워크를 제공하는 고정비용이 커질수록 이러한 유인은 감소한다.

이 모형에서 최적 수준의 MVNO를 정하는 문제는 복잡해서 구하지 않았으나, 적어도 우리는 베르트랑 경쟁 하에서 MNO들이 MVNO에게 네트워크를 제공할 유인이 있음을 확인했다. MNO가 독점이나 복점인 경우에는 충분히 제품 차별화가 진전되는 경우에만 MVNO의 네트워크 접근을 허가할 유인이 생기는 반면, MNO 개수가 3개 이상인 경우에는 네트워크 제공할 비용이 심각하게 높지만 않으면 MVNO를 시장에 끌어들이게 된다.

(3) 스탁켈버그 경쟁

지금까지는 기업들이 동시에 의사결정을 내린다고 가정되었으나, 이는 네트워크 허가를 미리 받은 기업들이 먼저 행동을 취하는 현실과 맞지 않는다. 이제 순차적인 결정을 반영하기 위해 스탁켈버그 경쟁 방식을 생각해 보자.

MVNO에게 네트워크 접근권을 부여할지 결정하기 전에 M개의 MNO가 동시에 수량 결정을 내린다. MVNO는 추종자로서 선도자인 MNO들의 가격을 관찰한 후 의사결정을 내린다. 제품들이 서로 동질적이며 역수요 함수가 $p = A - bQ$로 주어져 있다고 가정해 보자. M개의 MNO들이 쿠르노 방식으로 경쟁한다고 가정하면 각 MNO가 선택하는 수량은 다음과 같다.

$$q_L = \frac{A}{(M+1)b} \tag{13}$$

스탁켈버그 추종자로서 행동하는 V개의 MVNO들은 역시 쿠르노 방식으로 경쟁을 하고 있다고 가정하면, 각자 다음과 같은 수량을 선택한다.

$$q_F = \frac{A}{(M+1)(V+1)b}$$

한편, MVNO가 없는 경우 MNO의 이윤은

$$\pi_L = \frac{A^2}{(M+1)^2 b} \tag{14}$$

이 된다. 만약에 어떤 MNO가 V의 MVNO에게 네트워크를 제공하면 소매 가격은 다음 수준으로 하락한다.

$$p = \frac{A}{(M+1)(V+1)}$$

네트워크를 제공한 MNO가 MVNO의 잉여를 모두 취할 수 있을 때 이 네트워크를 제공한 MNO의 전체 이윤은 다음과 같다.

$$\begin{aligned}\pi_{HOST} &= \left(\frac{A}{(M+1)b} + V\frac{A}{(M+1)(V+1)b}\right)\frac{A}{(M+1)(V+1)} \\ &= \frac{(2V+1)A^2}{(M+1)^2(V+1)^2 b}\end{aligned} \tag{15}$$

MNO의 이윤 (14)와 (15)를 비교하면, 네트워크를 제공할 때 MNO의 이윤이 감소함을 쉽게 알 수 있다. MVNO가 시장에 진입할 때 일으키는 경쟁 효과가 MVNO를 시장으로 유인할 때 얻게 되는 이득을 상쇄해 네트워크를 제공하는 MNO의 이윤이 낮아지기 때문이다. MVNO가 스탁켈버그 시장에서 추종자로 행동할 때 얻는 시장점유율이 매우 낮아서 MVNO에게 네트워크를 제공한 MNO이 취할 수 있는 잉여도 그만큼 적고, 결과적으로 MNO가 MVNO에게 네트워크 접근을 허용할 유인이 사라진다.

그러나, 만약 제품 차별화를 고려하면 덜 극단적인 결론이 유도될 것이다. 예를 들어 2개의 MNO와 1개의 잠재적 MVNO가 존재하는 상황을 고려하면, $\theta < 0.7153$인 경우에 MNO는 네트워크 제공 유인을 갖는다. 또, 수량결정모형이 아닌 가격결정모형을 고려하는 경우, MNO가 자발적으로 네트워크를 제공하게끔 하는 결정 수준 θ^*이 존재함을 쉽게 보일 수 있다. 또한, $\theta > \theta^*$인 경우에도 내쉬 균형이 존재하는데, 이 경우는 적어도 2개의 MNO와 단 한 개의 MVNO가 존재할 때로, 각 MNO가 MVNO에게 네트워크를 제공하는 것이 서로가 서로에 대한 최선의 반응이 된다. 또한, 각자 네트워크를 제공하지 않는 것 역시 내쉬 균형이 된다.

이 논문을 정리하면 다음과 같다. MNO가 MVNO에게 자발적으로 네트워크를 제공할 유인은 경쟁 양식과 제품 차별화에 따라 크게 달라진다. 일반적으로 제품 차별화가 심화된 경우 MNO는 자발적으로 MVNO에게 네트워크를 제공한다. 또한, 쿠르노 경쟁을 하는 경우에는 시장이 충분히 크기만 하면, 제품이 서로 동질적이라 해도 MNO는 언제나 MVNO에게 네트워크 접근을 자발적으로 허용할 유인을 갖는다. 반면에 자발적으로 네트워크를 제공할 유인이 베르트랑 경쟁의 경우 감소하고, 스탁켈버그 경우에 더 감소한다. 베르트랑 및 스탁켈버그 경쟁에서는 제품 차별화가 충분히 진전되는 경우에만 MNO가 MVNO에게 네트워크를 제공할 유인을 갖는다.

3 대가 산정 방식에 관한 기존 연구 분석

여기에서는 MNO가 MVNO에게 도매설비를 제공할 때의 대가 산정 방식에 관한 기존의 논의를 소개한다. 대가 산정 방식을 선택할 때의 가장 중요한 고려 사항으로는 ① 소비자 후생 및 사회후생의 증진, ② 효율적인 신규 진입의 촉진 및 ③ 적절한 설비 투자 유인 제공 등이라 할 수 있다.

도매 제공 대가 관련 논쟁으로 유명한 것은 미국 시내전화 시장의 재판매 도매 제공 대가 결정에 관한 비어드 외(Beard et al., 1998), 케이저맨과 메이요(Kaserman & Mayo, 1997), 그리고 칸 외(Kahn et al., 1999)의 논의가 있는데, 우선 이를 간단하게 요약하고자 한다.

비어드 외(Beard et al., 1998)는 미국 ILEC의 재판매에 대한 논의를 소개하고 있으며, ① 재판매가 소비자후생을 증진시키는지, ② 재판매가 설비 사업자의 설비투자 유인을 감소시키는지, ③ 재판매가 설비 기반 진입에 저해 요인으로 작용하는지에 대한 논의를 전개하고 있다.

첫 번째 쟁점과 관련해 재판매가 신속하고 지리적으로 광범위하게 경쟁을 도입할 수 있는 수단이며, 재판매는 저비용/다양한 품질 제공이 가능하게 한다는 점을 지적하고 있으며, 또한 뒤에서 좀 더 자세히 언급하듯이 재판매를 통한 진입은 향후 설비 기반 진입을 촉진할 수 있다는 점도 지적한다. 두 번째 쟁점과 관련해 '투자로부터의 보수가 투자로부터 발생하는 장기 증분비용보다 작지 않다면 투자 동기가 있다'는 점을 지적한다. 세 번째 쟁점과 관련해 우선 MCI, Sprint 등 국제/장거리 사업자들도 일단 재판매를 통해 진입해 고객 기반 확보, 브랜드 인지도 제고 후 설비 기반 진입을 했다는 점을 지적한다. 한편, 도매가격 할인이 0에서 점점 커질수록 설비 기반 투자 가능성은 처음에는 증가하다가 나중에서 감소하는 역 U자형 커브 형태를 보인다. 따라서, 적절한 도매가격 할인 규모에서 재판매를 통한 진입은 향후 설비 기반 진입을 용이하게 하고, 도매가격 할인 규모가 지나치게 크면 설비투자 진입을 하지 않게 된다고 저자들은 주장한다.

이 논문은 또한 ACPR(avoided cost pricing rule)을 간단하게 소개하고 이에 대한 ILEC의 입장에 대한 반론을 제시하고 있으며, 이는 '회피비용 가격 방식(Avoided Cost Pricing Rule)을 제시하ㄱ 있는 케이저맨과 메이요(Kaserman & Mayo, 1997)와 연관되어 있다.

케이저맨과 메이요(Kaserman & Mayo, 1997)에 따르면, 회피비용은 기존 기업들이 소매활동을 중단함으로써 회피할 수 있는 모든 비용으로 정의되어야 한다. 개념적으로 회피비용은 다음의 세 가지 요소로 구성된다: ① 효율적 사업자가 소매활동을 함으로써 발생하는 장기 증분비용(즉 소매 단계의 증분비용), ② 기존 기업들이 소매 서비스를 제공할 때 비효율성으로 발생하는 추가적 비용, ③ 소매 서비스 제공 단계의 기존 기업의 초과 이윤(예를 들어, 독점이윤).

따라서 회피비용 가격 방식에 따르면 도매 제공 대가는 아래 식과 같이 소매요금에서 소매활동의 (장기 증분)비용, 비효율에 기인한 추가적 비용, 소매 부분의 초과 이윤을 제외함으로써 결정된다.

$$P_W = P_R - TSLRIC_R - X_R - \pi_R$$

여기에서 P_W는 도매 제공 대가, P_R은 소매요금, $TSLRIC_R$은 소매 영업으로 발생하는 단위당 장기 증분비용(Total Service Long-Run Incremental Cost), X_R은 소매 영업 부문에서의 비효율성으로 발생하는 추가적 비용을 단위당 화폐가치로 환산한 것, π_R은 소매시장에서의 단위당 초과 이윤을 나타낸다. 이러한 ACPR의 적용은 효율적 재판매 진입을 촉진하고 비효율적 진입을 저지한다고 저자들은 주장한다.

예를 들어, 도매 서비스 제공의 증분비용이 7원, 소매 서비스 제공의 (효율적) 증분비용이 5원, X비효율성이 단위당 2원, 초과 이윤이 2원이면 소매가격은 16원이며 도매 제공 대가는 7원이 되고, 이 대가에서 기존 기업보다 효율적인 기업만이 진입하게 된다. 한편, 도매 서비스 제공의 증분비용이 7원, 소매 서비스 제공의 (효율적) 증분비용이 5원, 그리고 X비효율성과 초과 이윤은 모두 0이라고 하고, 또한 소매가격이 통제되어 소매가격이 10원인 경우에는 기업이 사실상 2원의 손실을 보고 있는 상태인데, 이 경우에도 도매 제공 대가는 ACPR에 의해 5원 = 10원 - 5원이 되어야 한다고 저자들은 설명하는데, 그 이유는 도매설비에 대한 적절한 보상이 원래 이뤄지고 있지 않았으며 이를 신규 진입 사업자가 부담할 필요가 없고 이렇게 책정되어야만 효율적 진입을 보장할 수 있기 때문이다. 하지만 이런 경우 X비효율성이 단위당 2원, 초과 이윤이 -4원으로 해석할 여지가 있다고 필자는 생각한다. 그리고 이 경우 ACPR은 비용 기반 가격 책정과 사실상 차이가 없다고 생각된다.

ACPR은 ECPR(Efficient Component Pricing Rule: 효율적 요소 가격 방식)과 차이가 있다. ECPR은 도매 제공 대가를 소매가격에서 도매설비의 장기 증분비용을 뺀 부분으로 책정하므로 제공 사업자에게 제공으로 인해 발생하는 이윤의 상실분(loss of profit)을 보전하게 되어 있으며, 달리 표현하면 도매 제공 대가는 도매설비의 비용 더하기 제공으로 인한 기회비용이라고 할 수 있다.

$$P_W = P_R - TSLRIC_W = TSLRIC_W + opportunity\ \cos t$$

여기에서 $TSLRIC_W$은 도매 영업으로 발생하는 단위당 장기 증분비용이다. ACPR은 모든 비용의 측정이 정확하다고 할 때에 도매설비를 '도매설비의 장기 증분비용 + 정상 이윤'에 제공하게 되는 것이어서, 비용 기반 가격 책정과 별 차이가 없다고 볼 수 있다.

비어드, 케이저맨과 메이요(Beard, Kaserman, & Mayo, 1998)는 ACPR과 관련해 ① 회피비용은 효율적 도매 서비스 제공자가 회피할 수 있는 모든 비용을 포함해야 하고, ② 이와 같은 회피비용은 기존 기업이 모든 소매 단계의 활동을 중단하고 도매 서비스만을 제공한다는 가상적 상황을 통해 계산해야 하며, ③ 회피비용은 장기적 관점에서 계산되어야 한다고 주장한다.

이에 대해 기존 기업들의 논리는 ① 회피비용은 기존 기업이 소매 서비스에서 도매 서비스로 전환함에 따라 실제로 회피할 수 있는 비용만을 포함해야 하며, ② 회피비용은 기존 기업이 도매 서비스와 소매 서비스 모두를 제공한다는 가정 하에서 계산되어야 하며, ③ 단기(가변)비용만 회피비용으로 포함되어야 한다고 주장한다.

비어드, 케이저맨과 메이요(Beard, Kaserman, & Mayo, 1998)는 이에 대해 다소 자세하게 논의하고 있다. 첫 번째 이슈와 관련해 회피비용이란 사업자가 비용의 동인(cost-causing)이 되는 행위를 중지할 경우 더 이상 지불하지 않아도 되는 비용을 의미하며, 이때 사용되는 비용은 비용을 최소화하는 효율적인 사업자에게 발생하는 비용을 의미한다. 만약 서비스 제공자가 비효율적이어서 비용 동인이 되는 행위를 중지하고서도 불필요한 투입 요소를 계속 구매하거나 불필요한 행위를 지속한다면, 이러한 사업자가 비용 동인 행위를 중지하더라도 실제로 회피하는 비용은 효율적 사업자가 회피할 수 있는 비용보다 작게 된다. 따라서 회피비용을 과소 상정하는 결과를 초래하게 된다는 것이 비어드, 케이저맨과 메이요의 주장이다.

경쟁시장에서는 기업은 회피할 수 있는 모든 비용을 실제로 회피하므로 '회피가능 비용(avodable cost)'과 '회피된 비용(avoided cost)'은 동일해진다. 따라서 회피비용은 경쟁적 상황에서 효율적인 사업자가 회피할 수 있는 모든 비용을 포함해야 한다는 것이 비어드, 케이저맨과 메이요의 주장이다. 하지만 일반적으로 통신 서비스 소매시장은 경쟁적이지 못하므로 기존 기업의 소매활동이 효율적이지 못할 가능성이 있으며, 기존 기업의 입장에선 가급적 적은 폭의 도매 할인을 원하므로 기존 기업이 실제로 회피하는 비용만을 회피비용으로 인정할 경우 회피비용은 과소 책정될 우려가 있다. 또한, 실제 회피하는 비용만 인정할 경우 기업들이 실제 비용을 충분히 줄이지 않는 '도덕적 해이(moral hazard)'가 발생할 수밖에 없다고 이들은 주장한다.

두 번째 이슈의 경우, 비어드, 케이저맨과 메이요는 기존 기업이 모든 소매 단계의 활동을 중단하고 도매 서비스만을 제공할 경우를 기준으로 하여 회피비용을 산정해야 한다고 주장하며, 이는 회피비용을 산정할 때 기존 기업의 산출량 수준과 관련된 이슈다. 비어드, 케이저맨과 메이요는 주어진 도매 서비스 산출량을 제공함으로써 발생하는 소매 회피비용은 기존 기업이 소매활동을 중단함으로써 발생하는, 즉 소매 산출량이 0이라고 가정할 때 회피할 수 있는 모든 비용이며, 그 후 도매 산출량이 전체 산출량에서 차지하는 비중을 소매 회피비용에 곱해 주어진 도매 서비스 산출량 제공에 따른 최종적 소매 회피비용을 계산해야 한다고 주장한다. 예를 들어, 기존 기업의 전체 산출량 중에서 10%를 도매 서비스로 제공하며, 소매활동을 중단함으로써 절감하는 회피비용이 10,000원이라면 도매 서비스 10% 제공에 따른 소매 회피비용은 10,000 × 0.1 = 1,000원이 된다.

한편, 이러한 비례적 방법으로 회피비용을 산정할 경우, 소매활동이 수확불변(constant return to scale)이라면 소매 회피비용을 정확히 산정하게 되지만, 수확 체감(decreasing return to scale)일 경우는 기존 기업에게 실제 회피되는 비용보다 적은 회피비용을 산정해 과다 보상(overcompensation)하는 결과를 초래하며, 수확 체증(increasing return to scale)일 경우는 그 반대의 결과를 초래한다.

이에 대해 기존 사업자의 주장은 다음가 같다. 기존 사업자가 소매 영업과 도매 영업을 모두 행하면서, 도매 제공으로 인해 감소하는 소매 서비스에 대해서만 회피비용을 산정해야 하며, 재판매 사업자의 진입에 의해 감소하는 기존 사업자의 소매 서비스는 전체 산출량에서 상당히 작은 비중을 차지하므로 도매 제공으로 인한 회피비용은 실제로는 매우 작다. 예를 들어 광고비의 경우 도매 제공에 의해 일부 소매 판매량이 감소해도, 감소분이 매우 작으므로 여전히 전과 동일한 수준의 광고가 필요하다. 만약 비어드, 케이저맨과 메이요와 같이 소매 산출량이 0이라 가정하고 회피비용을 산출한다면 광고비의 대부분은 회피비용에 포함되게 되므로 양자 간에는 상당한 차이를 나타내게 된다.

세 번째 이슈는 회피비용 산정 시 고정비용을 어떻게 처리할 것인가 하는 문제이며, 기존 기업은 고정비용이 소매로부터 도매로 전환하더라도 여전히 발생하는 비용이므로 이를 회피비용에서 제외해야 한다고 주장하지만, 경제적으로 적절한 비용은 기업이 효율적으로 운영될 경우 기대되는 최소비용(forward-looking minimum costs)이며, 이러한 비용은 장기적 관점에서 산정되어야 한다는 것이 비어드, 케이저맨과 메이요의 주장이다. 이와 관련해, 칸(Khan, 1999)은 도매 제공 대가를 산정할 때에 기존 사업자의 투자 동기를 고려해야 함을 강조한다.

한편, 도매 제공 대가에 대한 국내 논문으로는 강병민 외(2009)가 있다. 이 논문은 MVNO에 관한 이슈들을 잘 정리하고 있는 논문으로서, 도매 제공 대가에 대해서는 소매요금 차감 기준(retail-minus)이나 원가 기반 기준(cost-plus) 모두 정확한 계산으로는 적정 대가 수준을 산정하는 데에 차이가 없으나, 산정 용이성 및 지속적인 적용가능성 측면에서 cost-plus 방식이 좋다고 주장한다. 이 논문은 대가에 대한 구체적인 산정 방안도 제시하고 있다.

그런데, 위의 논의들은 기본적으로 비용 기반 산정 방식이라고 할 수 있다. ACPR도 도매 및 소매비용에 기초한 논의이고 바로 위 논문에서의 retail-minus 방식도 사실상 원가에 기초한 계산 방식이라고 할 수 있다. 달리 말해, 도매 및 소매 관련 비용에 관한 자료가 정확하다면 도매비용에서부터 더해가는 cost-plus 방식이나 소매가격에서부터 빼가는 retail-minus 방식 모두 회계적 계산 방식이며, 투자보수율 및 이윤 등에 관한 동일한 기준 하에서는 동일한 도매 제공 대가를 책정하게 된다.

다음으로는 비용 기반 가격 책정 방식과 소매가격 가격 책정 방식의 장단점을 모형을 통해 분석한 사멘토와 브랜다오(Sarmento & Brandao, 2007)의 논문을 소개하고자 한다. 이 논문은 cost-plus 방식과 retail-minus 방식을 규제가 없는 경우와 비교해 투자 및 소비자 후생에 미치는 영향을 분석하고 있으며, 적절한 파라미터 가정 및 적절한 할인(minus) 수준에서 retail-minus 방식이 cost-plus 방식보다 투자를 촉진하고 소비자 후생을 증진한다는 점을 모형을 통해 밝히고 있다. 이 논문은 소매시장 경쟁과 기존 기업의 투자 유인 간의 역상관 관계(trade-off)를 고려한 것이다.

이 논문은 스타켈버그 복점 경쟁모형을 고려하고 있다. 상류 기존 사업자가 선도자(leader)로서 수량을 정하면, 다른 기업이 이를 관찰하고 추종자(follower)로서 자신의 수량을 결정한다. 또, 저자들은 네트워크 질을 향상시키기 위한 투자가 상류 기업에 의해 이뤄진다고 가정한다.

다음의 간단한 경쟁틀을 고려하자. 상류 독점기업은 기존 사업자로서 하류 기업에게 네트워크 접속 서비스를 제공한다. 소매시장에서는 독립적 기업과 상류 독점기업의 부속기업(subsidiary firm) 간의 복점경쟁을 한다. 스타겔버그 경쟁을 고려하므로, 부속 기업이 선도자로서 행동한다.

상류기업은 네트워크 품질을 개선하기 위한 네트워크 투자에 대한 결정을 한다. 네트워크 질이 높게 하려면 비용이 들지만, 소비자에게 돌아가는 최종재의 가치를 상승시켜 소매시장 수요가 높아지게 된다. 그리고, 모형을 단순화하기 위해 ① 최종 서비스 1단위 생산을 위해 1단위 투입물이 필요하다고 가정하고 또한 ② 독점사업자의 중간재의 품질은 자신의 부속기업과 독립적인 하류기업에 공급할 때 모두 동일하다고 가정해, 사보타주(sabotage)의 문제를 다루지 않기로 한다.

동질적 최종재 시장에서 역수요 함수는 $p = 1 + \beta I - (q_1 + q_2)$로 주어져 있다. 여기에서 q_1, q_2는 각각 기존 기업 1(수직 통합기업)과 신규 진입기업 2의 최종재 생산량을 나타내고, I 는 기업 1에 의한 투자 수준을 나타낸다. βI는 수요함수의 기울기를 영향을 주지 않지만, I가 변화함에 따라 수요함수의 수직축의 절편의 크기를 변화시킨다. 여기에서는 I가 증가할 때 수요함수가 상향으로 평행 이동하고, I가 감소할 때 수요함수가 하향으로 평행 이동한다고 가정한다.

설비의 한계비용(증분비용)은 c이고, 설비 품질(quality) 투자함수는

$C(I)=((\varphi I^2)/2)$의 2차함수 형태로 주어진다. 도매 제공 대가는 w이고, 다른 비용은 일반성의 상실 없이 모두 0으로 표준화한다. 기업 1과 기업 2의 이윤함수는

$$\pi_1=(p-c)q_1+(w-c)q_2-\frac{\varphi I^2}{2}\ ,\ \pi_2=(p-w)q_2$$

로 주어진다. 게임의 진행 순서는 다음과 같다.

[단계 1)] 먼저, 상류기업이 투자 수준 I를 정한다.

[단계 2] 상류기업이나 규제 당국이 도매 제공 대가 w을 정한다.

[단계 3] 소매시장의 가격과 기업들의 산출량이 두 하류기업 간 스탁켈버그 경쟁에 의해 정해진다.

다음의 세 가지 상황을 고려해 보자.

[상황 A] 비규제 상황: 도매 제공 대가가 오로지 수직 통합기업에 의해 정해짐.

[상황 B] 비용 기반 기준: 규제 당국이 정한 도매 제공 대가는 도매 서비스 한계비용(c)과 투자비용의 부담분(α)의 합으로 정의됨. 즉, 도매가격은 $w=c+\alpha C(I)$로 주어지며, 특히 논문은 $\alpha=1/I$로 가정go $w=c+\varphi I/2$로서 도매 제공 대가를 설비 제공의 한계비용 더하기 투자의 평균비용으로 책정됨.

[상황 C] 소매가격 할인 기준: 도매가격은 $w=(1-x)p$로 주어지며, 단 $w\geq c$가 만족해야 함. 여기에서 x는 할인율이 됨.

역진귀납법으로 3단계부터 풀어보면, 기업 2의 최적 반응함수는 $q_2=((1+\beta I-w-q_1)/2)$이므로, 선도자로서 기업 1이 이를 고려해 자신의 이윤을 극대화하는 생산량을 결정한 결과는 다음과 같다.

$$q_1=\frac{1+\beta I-c}{2},\ \ q_2=\frac{1+\beta I-2w+c}{4},\ \ p=\frac{1+\beta I+2w+c}{4}$$

먼저, 규제가 없는 상황 A를 분석하자. 규제 당국의 역할이 부재한 상황에서, 수직 통합 독점기업 1은 이윤을 극대화하는 도매 제공 대가 w를 선

택한다. 그 결과, $w=((1+\beta I+c)/2)$가 도출되는데, 이것과 3단계의 결과를 이용하면 다음이 얻어진다.

$$q_1=\frac{1+\beta I-c}{2},\quad q_2=0,\quad p=\frac{1+\beta I+c}{2}$$

즉, 도매가격 규제가 없는 경우 수직 통합 독점기업은 자신의 독점력을 하류시장으로까지 이전하여, 시장 봉쇄($q_2=0$)를 초래한다. 상류, 하류시장에서 모두 독점력을 행사하게 된 기업 1은 이제 (단계 1)에서 이윤을 극대화하는 투자 수준 $I^A=(\beta(1-c))/(2\varphi-\beta^2)$을 설정한다. 극대화 2계 조건을 만족하고, I^A의 값이 양수임을 보장하기 위해 $2\varphi-\beta^2>0$이라는 조건이 필요한데, 이는 φ가 충분히 높아야 함을 의미한다. 이를 가정하면, 상황 1의 최종적인 게임의 해는 다음과 같다. 여기서 CS는 소비자 잉여를 나타낸다.

$$q_1^A=\frac{\varphi(1-c)}{2\varphi-\beta^2},\quad q_2^A=0,\quad p^A=\frac{\varphi(1+c)-\beta^2 c}{2\varphi-\beta^2},$$
$$\pi_1^A=\frac{\varphi(1-c)^2}{2(2\varphi-\beta)^2},\quad CS^A=\frac{\varphi^2(1-c)^2}{2(2\varphi-\beta^2)^2}$$

다음으로, 원가 기반 가격책정 방식인 상황 B를 살펴보자. 이윤을 극대화하는 투자 수준은 $I^B=((1-c)(\beta+\varphi)/(4\varphi-\beta^2+\varphi-2\beta\varphi))$다. 이 값의 분모가 양수라는 가정을 하면 상황 B의 최종적인 결과값들은 다음과 같다.

$$w^B=c+\frac{\varphi(1-c)(\beta+\varphi)}{2(4\varphi-\beta^2+\varphi-2\beta\varphi)},\quad p^B=\frac{1+3c}{4}+\frac{(1-c)(\beta+\varphi)^2}{4(4\varphi-\beta^2+\varphi^2-2\beta\varphi)},$$
$$q_1^B=\frac{\varphi(1-c)(4+\varphi-\beta)}{2(4\varphi-\beta^2+\varphi^2-2\beta\varphi)},\quad q_2^B=\frac{\varphi(1-c)(2-\beta)}{2(4\varphi-\beta^2+\varphi^2-2\beta\varphi)},$$
$$\pi_2^B=\left(\frac{\varphi(1-c)(2-\beta)}{2(4\varphi-\beta^2+\varphi^2-2\beta\varphi}\right)^2,$$
$$CS^B=\frac{1}{32}\left[3-3c+(3\beta-\varphi)\frac{(1-c)(\beta+\varphi)}{4\varphi-\beta^2+\varphi^2-2\beta\varphi}\right]$$

마지막으로, 소매가격 기반 가격 책정 방식인 상황 C를 살펴보자. 기업 1은 $w=p(1-x)$를 $w \geq c$라는 조건 하에서 설정한다. $p=((1+\beta I+2w+c)/4)$이므로, $w=((1-x)(1+\beta I+c)/2(1+x))$이 되나, 이 식과 $c \leq w$를 결합하면, $x \leq ((1+\beta I-c)/(1+\beta I+3c)) \equiv \bar{x}$라는 동치 조건을 얻는다. 기업 1의 이윤을 극대화시키는 투자 수준은

$$I^C=\beta(((1+2x-x^2)-c(1+2x+3x^2))/(2\varphi(1+x)^2-\beta^2(1+2x-x^2)))$$

로 얻어진다. 상황 C의 최종적인 결과 값들은 다음과 같다.

$$w^C=\frac{(1-x^2)(\varphi+c\varphi-c\beta^2)}{2\varphi(1+x^2)-\beta^2(1+2x-x^2)},\quad p^c=\frac{(x+1)(\varphi+c\varphi-c\beta^2)}{2\varphi(1+x)^2-\beta^2(1+2x-x^2)},$$

$$q_1^C=\frac{\varphi(1-c)(1+x)^2-2c\beta^2x^2}{2\varphi(1+x)^2-\beta^2(1+2x-x^2)},\quad q_2^C=\frac{(x+1)(\varphi+c\varphi-c\beta^2)x}{2\varphi(1+x)^2-\beta^2(1+2x-x^2)},$$

$$CS^C=\frac{(\varphi+3\varphi x+2\varphi x^2-c\beta^2x-3c\beta^2x^2-c\varphi x-c\varphi)^2}{2[2\varphi(1+x)^2-\beta^2(1+2x-x^2)]^2}$$

이 결과값은 $x \leq \bar{x}$의 조건이 만족될 때만 유효한데, 이는 앞서 보인 바와 같이, 소매가격 할인 기준 방식에서는 도매 제공 대가가 도매 서비스 한계비용보다 낮을 수 없다는 제약에서 도출되었다.

상황 A, B, C의 결과를 비교하는 기준으로 시장 봉쇄 여부, 투자 수준, 소비자 잉여의 세 가지 측면을 고려할 수 있다. 시장 봉쇄 측면에서 규제가 없다면 기존 기업이 도매 제공 대가를 높게 책정하여 기업 2는 시장에 진입하지 못한다. 반면, 원가 기반 및 소매가격 할인 기준 규제를 적용할 때 기업 2는 진입해 양의 이윤을 얻는다.

투자 수준 측면에서 상황 A(비규제)와 상황 B(원가 기반)의 결과값을 비교하면, $2\varphi-\beta^2<\beta(2+\varphi-2\beta)$가 만족되는 경우는, 규제가 없을 때 기업 1이 선택하는 투자 수준이 더 높은 것으로 나타난다. 이때 제시된 조건은 투자비용함수가 증가함수이고 볼록성을 갖지만, 그 증가 정도가 투자가 수요에 미치는 영향을 초과하지는 않는다는 것을 의미한다. 만약에 투자비용의 증가가 이로 인한 투자가 수요에 미치는 영향에 의해 상쇄되지 않는다

면, 최적 투자 수준은 기업 1이 진입기업과 투자비용을 분할해 부담하는 경우에 더 높아지게 된다. 즉, 상황 B에서의 투자 수준이 상황 A에서의 투자 수준보다 크다. 상황 C와 상황 B를 비교해 보면, 만약 x가 너무 크지 않다면 소매가격 할인 기준의 경우가 기존 기업이 선택하는 투자 수준이 더 높다. 상황 A와 상황 C를 비교하면, 규제를 하지 않는 편이, 그 기업의 최적 투자 수준이 높다. 그러므로, 소매가격 할인 기준이 비규제 및 원가 기준 규제 시의 결과의 중간적 수치를 갖는다. 정리하면 위의 파라미터 가정 하에서 그리고 너무 크지 않은 할인율 x 하에서, 규제가 없는 경우에 가장 투자가 많고, 다음으로 소매가격 기반 방식이고 마지막으로 비용 기반 방식이다.

소비자 잉여 측면에서 상황 A와 상황 B의 소비자 잉여를 비교해 보면, 만약 $2\varphi-\beta^2<((2(4\varphi-\beta^2+\varphi^2-2\beta\varphi))/(6+\varphi-2\beta))$의 조건이 만족되면, 규제를 하지 않는 경우가 원가 기반 규제 상황보다 소비자 잉여가 더 높게 된다. 이 조건은 투자비용함수가 증가함수이고 볼록하지만, 수요에 대한 투자의 영향을 압도할 만큼 강한 볼록성을 지니지 않는다는 조건이다. 상황 A와 상황 C을 비교하면, 만약 x가 너무 크지 않는다면, 소매가격 기반 가격 책정이 비규제 상황에 비해 소비자 잉여를 증가시킨다. 정리하면 위의 파라미터 조건 하에서 그리고 너무 크지 않은 할인율 x 하에서, 소매가격 기반 방식에서 소비자 후생이 가장 크고 다음으로 규제가 없는 경우이고, 마지막으로 cost-plus 방식이다. 이상의 논의를 종합하면 <표 2-7>과 같다.

소매가격 기반 가격 책정은 비용 기반 가격 책정에 비해 도매 제공 대가 설정에서 더 많은 재량권을 허용한다. 전자의 경우 도매 제공 대가는 원

표 2-7 가격 책정 방식의 비교

상황	시장 봉쇄	투자 수준	소비자 잉여
A (비규제)	YES	***	**
B (비용 기반)	NO	*	*
C (소매가격 기반)	NO	**	***

가비용뿐만 아니라 수요의 특징, 소매시장에 발생하는 과점 경쟁 방식에 의해 영향을 받는다. 또한, 기존 사업자는 네트워크 품질을 향상시키면 소매시장 수요가 향상되므로, 이에 대한 투자 유인을 갖는다. 또한 소매가격 기반 가격 책정은 원가 기반 방식과 달리 많은 정보를 필요로 하지 않는다는 장점이 있어서 규제 당국이 기업의 비용구조에 대해 정확한 정보를 가지지 않아도 되기 때문에, 정보를 파악하는 데서 실질적인 어려움을 갖게 되는 규제 당국으로서는 상당히 유리한 측면이 있다. 특히 비용에 대해 높은 불확실성이 존재하는 시장의 경우 특히 그러하다. 결론적으로, 상류시장에서의 경쟁 수준이 낮은 이행 단계에서는, 투자 수준이 더 높고 소매시장 경쟁이 촉진되며 소비자 잉여 역시 증가한다는 점에서 소매가격 기반 가격 책정이 효과적인 도매 대가 산정 방안이라고 이 논문은 주장한다.

한편 이 논문은 단순한 투자함수 형태를 가정하고 있으며, 파라미터값에 대해 다소 자의적인 가정을 하고 있다는 점이 문제점이라 할 수 있다.

4 산정 방식 분석모형[8]

1) 도입

앞에서는 대가 산정 방식에 대한 기존 논의와 모형들을 살펴보았다. 강병민 외(2009)는 비용 기반(cost-plus) 대가 책정 방식과 소매가격 기반(retail-minus) 대가 책정 방식 모두 비용 등에 관한 정확한 계산 하에서는 적정 대가 수준을 산정하는 데에 차이가 없으나, 산정 용이성 및 지속적인 적용가능성 측면에서 비용 기반 방식이 좋다고 주장하며, 또한 대가에 대한 구체적인 산정 방안도 제시하고 있다. 그러나, 이 논문은 기본적으로 회계학적인 접근 방식을 택한 분석으로서 대가 산정 방식이 소매시장에서의 경쟁, 소비자 잉여 및 사회후생, 그리고 기존 기업의 투자 유인에 미치는

8) 이 절의 내용은 윤기호(2010)에서 발췌한 것이다.

영향 등을 분석하기에는 한계가 있다.

이에 비해 사멘토와 브랜다오(Sarmento & Brandao, 2007)는 비용 기반 대가 책정 방식과 소매가격 기반 대가 책정 방식을 경제학적 모형을 통해 분석하고 있으며, 소매시장 경쟁과 기존 기업의 투자 유인 간 역상관 관계(trade-off)를 명시적으로 고려하고 있는 논문이다. 이 논문은 스탁켈버그 복점모형에서 기존 기업의 네크워크에 대한 투자가 수요곡선을 상향 이동시켜 소비자 후생을 증진시키는 효과가 있다고 가정하고 있으며, 분석 결과로는 적절한 파라미터값에 대한 가정 하에서 소매가격 기반 방식이 비용 기반 방식보다 투자를 더 촉진하고 소비자 후생을 더 증진시킴을 보이고 있다는 점이다. 그러나, 이 논문은 단순한 모형 설정과 더불어 파라미터에 대한 다소 자의적인 가정 등으로 인해 일반성이 떨어진다는 단점이 있다.

여기에서는 과점시장 분석도구로 가장 널리 활용되는 호텔링(Hotelling) 모형을 통해 비용기반 대가 책정 방식과 소매가격 기반 대가 책정 방식이 소매가격 및 생산량, 소비자 잉여 및 사회후생, 그리고 기존 기업의 투자 유인에 미치는 영향을 비교 분석하고자 한다.

2) 모형 및 주요 결과

최종 생산물 시장에서 경쟁하는 두 기업이 있다. 기업 1은 상류시장(upstream market)에서 독점적으로 생산 요소를 공급하는 기존 사업자이며, 동시에 하류시장(downstream market)에서 최종 생산물을 공급한다. 기업 2는 신규 사업자로서 기업 1로부터 요소를 구입해 최종 생산물 시장에서 기업 1과 경쟁한다. 예를 들어, 기업 1은 이동통신시장에서 필수 자원인 주파수를 보유하고 이동통신 서비스를 제공하는 기존 통신회사라고 볼 수 있으며, 기업 2는 기업 1로부터 주파수를 임대해 이동통신 서비스를 제공하는 가상이동망사업자(MVNO)라고 볼 수 있다.

하류시장에서의 경쟁은 수평적 제품 차별화 모형인 호텔링 모형으로 분석하고자 한다. 소비자들은 [0,1] 구간에 균등하게(uniformly) 분포되어 있고, 기업 1은 0의 좌표에 그리고 기업 2는 1의 좌표에 위치한다.

좌표 l에 위치한 소비자는 기업 1로부터 구매할 때에 tl만큼의 수송비용(transportation cost)을 부담하고, 달리 말해, 비효용(disutility)을 느끼고, 기업 2로부터 구매할 때에 $t(1-l)$의 수송비용을 부담한다. 소비자는 최대한 한 단위의 최종 생산물을 구매하고 이 경우 v만큼의 총효용을 누린다.

기업 1의 상류 요소(upstream input) 생산의 한계비용은 b이고, 하류시장에서 생산의 한계비용은 c_1이다. 기업 2의 하류시장에서 생산의 한계비용은 c_2다. 기업 1이 기업 2에 상류 요소를 제공할 때의 도매가격(wholesale price), 즉 도매 제공 대가를 w로 표시하고, 기업 1과 기업 2의 소매가격(retail price), 즉 최종 생산물의 가격을 각각 p_1과 p_2로 표시하자.

비용 기반 대가 책정에서 도매 제공 대가는 $w=(1+y)b$가 되고, 소매가격 기반 대가 책정에서 도매 제공 대가는 $w=(1-x)p_1$이 된다. 여기에서 y는 비용 기반 요소로서 도매설비에 대한 적정 이윤으로 해석할 수 있고, x는 소매가격 기반 요소로서 할인율이다.

(1) 비용 기반 대가 책정(cost-minus pricing)

도매가격이 비용에 기반해 책정되어, $w=(1+y)b$라고 하자. 기업 1과 기업 2의 소매가격이 주어졌을 때, 기업 1로부터 구매하는 것과 기업 2로부터 구매하는 것이 무차별한 소비자의 좌표 $\hat{l}$에서 $p_1+t\hat{l}=p_2+t(1-\hat{l})$이 만족하므로, $\hat{l}=\frac{1}{2}+\frac{p_2-p_1}{2t}$가 성립한다. 따라서 기업 1의 이윤은

$$\pi_1=(p_1-b-c_1)\frac{t+p_2-p_1}{2t}+yb\frac{t+p_1-p_2}{2t}$$

다. 여기에서 첫 번째 항은 기업 1이 소매시장에서 얻게 되는 이윤이고, 두 번째 항은 도매시장에서 얻게 되는 이윤이다. 도매시장에서의 단위당 이윤은 $w-b=(1+y)b-b=yb$이고, 소매시장에서 기업 1의 생산량은 $(t+p_2-p_1)/(2t)$, 기업 2의 생산량은 $(t+p_1-p_2)/(2t)$다. 기업 2의 이윤은

$$\pi_2=(p_2-(1+y)b-c_2)\frac{t+p_1-p_2}{2t}$$

다. 각 기업은 자신의 가격을 선택해 이윤을 극대화하게 되며, 균형가격, 균형수량 및 균형이윤은 다음과 같다.

$$p_1 = t + (1+y)b + \frac{2c_1 + c_2}{3};\ p_2 = t + (1+y)b + \frac{c_1 + 2c_2}{3};$$
$$q_1 = \frac{1}{2} + \frac{c_2 - c_1}{6t};\ q_2 = \frac{1}{2} + \frac{c_1 - c_2}{6t};$$
$$\pi_1 = \frac{(3t + c_2 - c_1)^2}{18t} + yb;\ \pi_2 = \frac{(3t + c_1 - c_2)^2}{18t}$$

한편, 두 기업이 모두 존재하는 균형을 위해서는 두 기업의 생산량이 모두 0보다 크거나 같아야 하는데, 이 조건은 $|c_2 - c_1| < 3t$가 되고, 두 기업의 하류시장에서의 한계비용이 지나치게 다르지 않아야 한다는 조건이며, 이 논문에서는 이 조건이 성립하는 것으로 가정한다.

균형의 중요한 특징은 각 기업의 생산량이 도매가격 w와 무관하다는 점이다. 즉, 도매가격이 어떤 수준에 책정되더라도 최종 생산물 시장에서의 생산량은 변하지 않는다는 것으로, 그 이유는 기업 1의 입장에서 상류 요소의 기회비용이 $w = (1+y)b$가 되기 때문이다. 이를 조금 자세히 살펴보자. 기업 1의 이윤은

$$\begin{aligned}\pi_1 &= (p_1 - b - c_1)q_1 + (w - b)q_2 = (p_1 - b - c_1)q_1 + (w - b)(1 - q_1) \\ &= (p_1 - w - c_1)q_1 + (w - b) = (p_1 - w - c_1)q_1 + yb\end{aligned}$$

로 표현할 수 있는데, 호텔링 모형에서 $q_1 + q_2 = 1$이므로 기업 1 입장에서 상류 요소 한 단위를 기업 2에게 공급하지 않고 자신이 직접 한 단위 더 생산할 때의 기회비용은 물리적 비용 $b + c_1$과 기회비용 $w - b$의 합이 된다. 즉, 기업 1은 상류 요소의 한계비용을 w인 것처럼 인식하고 자신의 소매가격 p_1을 선택하는 것이다. 이러한 균형의 특징은 '생산-구매 결정' 분석을 수행한 새핑턴(Sappington, 2005)의 모형에서 가장 먼저 보고되었다. 한편, 이러한 특징은 도매가격 w가 소매가격 p_1과 독립적이기 때문에 성립하는 것으로 아래 소매가격 기반 대가 책정에서는 성립하지 않는다.

균형에서의 소비자 잉여는

$$cs = \int_0^{q_1}(v-p_1-tl)dl + \int_{q_1}^1 (v-p_2-t(1-l))dl$$
$$= tq_1^2 + v - p_2 - \frac{t}{2}$$

이고, 사회후생은

$$sw = \int_0^{q_1}(v-tl-b-c_1)dl + \int_{q_1}^1 (v-t(1-l)-b-c_2)dl$$
$$= cs + \pi_1 + \pi_2$$

이다. 파라미터 y의 변화에 대한 비교 정태분석 결과는 다음과 같다.

$$\frac{\partial p_1}{\partial y} = \frac{\partial p_2}{\partial y} = b;\ \frac{\partial q_1}{\partial y} = \frac{\partial q_2}{\partial y} = 0;\ \frac{\partial \pi_1}{\partial y} = b;\ \frac{\partial \pi_2}{\partial y} = 0;\ \frac{\partial cs}{\partial y} = -b;\ \frac{\partial sw}{\partial y} = 0$$

즉, (i) 생산량 q_1과 q_2는 변하지 않고, (ii) 가격 p_1과 p_2는 b의 비율로 증가하고, (iii) 기업 1의 이윤 π_1은 b의 비율로 증가하고 기업 2의 이윤 π_2는 변하지 않으며, (iv) 소비자 후생 cs는 b의 비율로 감소하고 사회후생 sw는 변하지 않는다. 사회후생이 변하지 않는 이유는 각 기업의 생산량이 변하지 않아 실질적인 변화가 없기 때문이고, 이러한 경우 모든 가격이 b의 비율로 증가하기 때문에 소비자 후생이 b의 비율로 감소하게 되는 것이다.

(2) 소매가격 기반 대가 책정(retail-minus pricing)

이제 도매가격이 소매가격에 기반해 책정되어, $w=(1-x)p_1$이라고 하자. 파라미터 x는 할인율로서, $0<x<1$이라고 가정한다. 무차별한 소비자의 좌표 $\hat{l}$는 여전히 $\hat{l} = \frac{1}{2} + \frac{p_2-p_1}{2t}$ 이 되므로, 각 기업의 이윤은

$$\pi_1 = (p_1-b-c_1)\frac{t+p_2-p_1}{2t} + ((1-x)p_1-b)\frac{t+p_1-p_2}{2t};$$
$$\pi_2 = (p_2-(1-x)p_1-c_2)\frac{t+p_1-p_2}{2t}$$

가 된다. 균형가격, 균형수량 및 균형이윤은 다음과 같다.

$$p_1 = \frac{(4-x)t + 2c_1 + xc_2}{x(2+x)};\ p_2 = \frac{(4-2x+x^2)t + (2-x)c_1 + 2xc_2}{x(2+x)};$$

$$q_1 = \frac{1+2x}{2(2+x)} + \frac{c_2 - c_1}{2t(2+x)};\ q_2 = \frac{3}{2(2+x)} + \frac{c_1 - c_2}{2t(2+x)};$$

$$\pi_1 = \frac{x[(1+2x)t + c_2 - c_1]^2}{2t(2+x)^2} + \frac{(1-x)[2(2+x^2)t + (2-x)c_1 + 2xc_2]}{x(2+x)} - b$$
$$= 2xtq_1^2 + (1-x)(p_2 + t) - b;$$
$$\pi_2 = \frac{(3t + c_1 - c_2)^2}{2t(2+x)^2}$$

한편, 두 기업이 모두 존재하는 균형을 위해서는 $c_2 - c_1 \le 3t$, $c_1 - c_2 \le t(1+2x)$가 성립해야 되고, 이 논문에서는 이 조건이 성립하는 것으로 가정한다.

도매 제공 대가가 소매가격에 기반하는 경우에는 기업 1이 자신의 소매가격 p_1을 낮추면 하류시장에서 좀 더 가격경쟁력을 가지게 되는 효과와 더불어 상류시장에서의 수입이 감소하는 두 가지 효과가 발생한다. 기업 1은 이 두 가지 상반된 효과를 고려해 최적 가격 선택을 하게 되는데, 균형 결과에서

$$q_2 - q_1 = \frac{1-x}{2+x} + \frac{c_1 - c_2}{t(2+x)}$$

이어서 균형생산량이 q_2로 편향되어 있음을 알 수 있으므로 (예를 들어, $c_1 = c_2$이면 모든 $x < 1$에 대해 $q_2 > q_1$이 성립한다.) 기업 1이 도매시장에서의 수입을 위해 소매가격을 높게 책정하려는 유인이 있음을 알 수 있다. 또한, 도매가격이 소매가격에 연동되어 있는 이유로 인해, 앞 소절의 비용 기반 대가 책정의 경우와는 다르게 생산량이 도매가격 수준, 즉 할인율 x에 의존적이게 된다.

균형에서의 소비자 잉여 및 사회후생은 앞의 경우와 마찬가지로

$$cs = \int_0^{q_1}(v-p_1-tl)dl + \int_{q_1}^1 (v-p_2-t(1-l))dl$$
$$= tq_1^2 + v - p_2 - \frac{t}{2}$$
$$sw = \int_0^{q_1}(v-tl-b-c_1)dl + \int_{q_1}^1 (v-t(1-l)-b-c_2)dl$$
$$= cs + \pi_1 + \pi_2$$

가 된다. 파라미터 x의 변화에 따른 가격 및 수량의 변화는 다음과 같다.

$$\frac{\partial p_1}{\partial x} = -\frac{t(8+8x-x^2)+4(1+x)c_1+x^2c_2}{x^2(2+x)^2} < 0;$$
$$\frac{\partial p_2}{\partial x} = -\frac{2t(4+4x-2x^2)+(4+4x-x^2)c_1+2x^2c_2}{x^2(2+x)^2} < 0;$$
$$\frac{\partial (p_2-p_1)}{\partial x} = \frac{3t+c_1-c_2}{(2+x)^2} \geq 0;$$
$$\frac{\partial q_1}{\partial x} = \frac{3t+c_1-c_2}{2t(2+x)^2} \geq 0;$$
$$\frac{\partial q_2}{\partial x} = -\frac{3t+c_1-c_2}{2t(2+x)^2} \leq 0;$$

즉, 할인율 x가 증가하면 (i) p_1과 p_2가 감소하는데 p_2보다 p_1이 더 많이 감소함을 알 수 있으며, 그 결과 (ii) q_1은 증가하고 q_2는 감소하게 된다. 이는 할인율 증가로 인해 도매시장에서의 수입이 상대적으로 줄어들게 됨에 따라 기업 1이 좀 더 적극적으로 소매시장에서 경쟁한다는 것을 의미한다. 기업의 이윤에 대해서는

$$\frac{\partial \pi_1}{\partial x} < 0; \quad \frac{\partial \pi_2}{\partial x} = -\frac{(3t+c_1-c_2)^2}{t(2+x)^3} < 0$$

임을 보일 수 있는데, 기업 1의 이윤의 경우 $|c_2-c_1| < 3t$라는 두 기업 모두 존재(co-existence) 가정 하에서 $\partial \pi_1/\partial x$이 x에 대한 증가함수이고, 또한 $x=1$일 때 $\partial \pi_1/\partial x < 0$이 성립하는 것을 보일 수 있기 때문이다. 소비자 잉여에 대해서는

$$\frac{\partial cs}{\partial x} = 2tq_1\frac{\partial q_1}{\partial x} - \frac{\partial p_2}{\partial x} > 0$$

이 성립하고, 사회후생에 대해서는

$$\frac{\partial sw}{\partial x} = \frac{\partial q_1}{\partial x}(t + c_2 - c_1 - 2tq_1) = \frac{\partial q_1}{\partial x}\frac{(1-x)t + (1+x)(c_2 - c_1)}{2+x}$$

가 되어 $c_1 \le c_2 + t(1-x)/(1+x)$인 경우에 그리고 그 경우에만 $\partial sw/\partial x \ge 0$이 됨을 알 수 있다. 특히, (i) $c_1 \le c_2$인 경우에는 모든 x에 대해 $\partial sw/\partial x \ge 0$이고, (ii) $c_1 > c_2 + t$인 경우에는 모든 x에 대해 $\partial sw/\partial x \le 0$이며, (iii) $c_2 < c_1 \le c_2 + t$인 경우에는 x가 $\hat{x} = (t - c_1 + c_2)/(t + c_1 - c_2)$보다 작으면 $\partial sw/\partial x \ge 0$, 그리고 x가 $\hat{x}$보다 크면 $\partial sw/\partial x \le 0$다.

(3) 대가 책정 방식 비교

두 대가 책정 방식의 균형 결과를 비교하기 위해 비용 기반 대가 책정 방식의 각 변수들에는 상첨자 y를, 그리고 소매가격 기반 대가 책정 방식의 각 변수들에는 상첨자 x를 사용하기로 하자.

우선 소비자 잉여를 살펴보면, 주어진 임의의 파라미터 수준 y에 대해, $cs^x - cs^y$는 x가 0에 수렴할 때 $-\infty$에 수렴하고, $x = 1$에 수렴할 때 $(1+y)b$에 수렴함을 쉽게 보일 수 있다. 그러므로, cs^x가 x에 대한 증가함수이기 때문에, 주어진 y에 대해 0과 1 사이에 x의 임계값이 있어 x가 이보다 작으면 비용 기반 대가 책정 방식의 소비자 잉여가 소매가격 기반 대가 책정 방식의 소비자 잉여보다 더 크고, x가 이보다 크면 그 반대가 성립함을 알 수 있다. 또한, y가 증가함에 따라 x의 임계값이 감소함을 알 수 있다. 즉, y가 증가할수록 소매가격 기반 대가 책정 방식에서의 소비자 잉여가 더 큰 경우가 늘어난다.

다음으로 사회후생을 살펴보면,[9)]

9) $sw(q_1) = (t + c_2 - c_1)q_1 - tq_1^2 + v - b - c_2 - t/2$이므로, 각 대가 책정 방식에서의 균형생산량

$$sw^x - sw^y = -\frac{(1-x)(3t+c_1-c_2)[3t(1-x)+(7+5x)(c_2-c_1)]}{36t(2+x)^2}$$

이기 때문에, (i) $c_1 \le c_2$인 경우에는 모든 x에 대해 $sw^x < sw^y$, 즉 비용 기반 대가 책정 방식에서의 사회후생이 더 크고, (ii) $c_1 > c_2 + t$인 경우에는 $x=1$로 수렴할 때 $sw^x - sw^y$이 0으로 수렴하고, 이 경우 $\partial sw^x/\partial x \le 0$이며 또한 $\partial sw^y/\partial x = 0$이므로 모든 x에 대해 $sw^x > sw^y$이 성립한다. 마지막으로, (iii) $c_2 < c_1 \le c_2 + t$인 경우를 살펴보면 우선 sw^x가 최대가 되는 $\hat{x} = (t-c_1+c_2)/(t+c_1-c_2)$에서

$$sw^x - sw^y = \frac{(c_1-c_2)^2}{9t} > 0$$

임을 알 수 있고, 또한 $x=1$로 수렴할 때 $sw^x - sw^y$이 0으로 수렴하고 x가 $\hat{x}$보다 클 때 $\partial sw^x/\partial x \le 0$이므로 이 영역에서는 $sw^x - sw^y > 0$임을 알 수 있다. 한편, x가 0으로 수렴할 때 $sw^x - sw^y$는

$$-\frac{(3t+c_1-c_2)[3t-7(c_1-c_2)]}{144t}$$

로 수렴하므로 만일 $7(c_1-c_2) \ge 3t$이면, 모든 x에 대해 $sw^x - sw^y > 0$임을 알 수 있다. 그렇지 않을 경우에는, 즉 $7(c_1-c_2) < 3t$인 경우에는 $sw^x - sw^y = 0$이 되는 내부해인 $\bar{x} = [3t-7(c_1-c_2)]/[3t+5(c_1-c_2)]$보다 작은 x에서는 $sw^x - sw^y < 0$이고, $\bar{x}$보다 큰 x에서는 $sw^x - sw^y > 0$이 된다.

이상의 논의로부터 기업 1의 하류시장 생산비용 c_1이 기업 2의 c_2에 비해 클수록 소매가격 기반 대가 책정 방식에서의 사회후생이 비용 기반 대가 책정 방식에서의 사회후생보다 더 커짐을 알 수 있다. 한편, 사회후생의 상대적인 대소는 파라미터 y와는 무관한데, 그 이유는 비용 기반 대가 책정

을 대입하면 그 차이를 본문과 같이 구할 수 있다.

방식에서의 사회후생이 y와 무관하기 때문이다.

이제 기업 1의 상류 요소에 대한 투자 유인을 살펴보자. 상류 요소에 대한 투자는 상류 요소의 생산의 한계비용 b를 감소시킬 것이다. 비용 기반 대가 책정에서는 $\partial\pi_1^y/\partial b = y$이므로 기업 1이 상류 요소 비용을 절감하고자 하는 유인이 없고, 오히려 상류 요소의 한계비용을 증가시키는 것이 이윤을 증가시키는 방향으로 작용한다. 그 이유는 상류 요소의 한계비용에 y 비율만큼의 적정 이윤을 더해 보상이 이뤄지기 때문이다. 반면, 소매가격 기반 대가 책정에서는 $\partial\pi_1^x/\partial b = -1$이므로 기업 1이 상류 요소에 대한 강한 투자 유인을 가지게 된다. 따라서, 소매가격 기반 대가 책정이 기업 1의 투자를 촉진하는 방식임을 알 수 있다.

제 4 절 결론 및 시사점

우리는 MVNO 시장이 동태적인 시장으로서, 제품 차별화를 통한 경쟁이 성립하는 시장이지 비용효율성 경쟁이 성립하는 시장이 아니라는 사실을 각국 사례 및 이론적 모형을 통해 알 수 있었다. 즉, MVNO가 충분히 차별적인 서비스를 제공할 수 있을 때에 상호 이익이 되는 관계가 성립하게 된다.

이 장에서 비교 분석한 도매 제공 대가 산정 방식의 경제적 효과를 요약하면 다음과 같다. 비용 기반 대가 책정 방식에서 도매 대가가 증가하면 ① 가격 p_1과 p_2가 같은 비율로 증가하지만 ② 생산량 q_1과 q_2는 변하지 않는다. 그 이유는 도매 대가가 도매 제공을 받는 기업 2뿐만 아니라 도매 제공을 하는 기업 1의 입장에서도 상류 요소의 실질적 한계비용이 되기 때문이다. 또한 도매 대가가 증가하면 ③ 기업 1의 이윤은 증가하고 기업 2의 이윤은 변하지 않으며, ④ 소비자 잉여는 감소하고, ⑤ 사회후생은 변하지 않는다.

소매가격 기반 대가 책정 방식에서 도매 대가가 증가하면, 즉, 할인율이 감소하면 ① 가격 p_1과 p_2가 증가하는데, p_2보다 p_1이 더 많이 증가하여,

② 생산량 q_1은 감소하고 생산량 q_2는 증가하게 된다. 이는 도매 대가가 증가할 경우 도매 수입의 중요성이 커져서 기업 1이 소매시장에서의 경쟁을 완화하려는 유인이 존재하기 때문이다. 비용 기반 대가 책정 방식과는 달리 소매가격 기반 대가 책정 방식에서는 도매 대가가 소매가격에 연동되어 있는 이유로 인해 도매 대가가 변할 때 기업들의 생산량이 따라서 변하게 되는 것이다. 또한 도매 대가가 증가하면 ③ 기업들의 이윤이 증가하며, ④ 소비자 잉여는 감소하고, (v) 사회후생은 기업 1과 기업 2의 소매시장에서의 상대적 효율성에 따라 증가할 수도 감소할 수도 있다.

도매 대가가 증가하면 소매가격과 기업의 이윤이 증가하는 반면 소비자 잉여는 감소한다는 사실은 두 대가 책정 방식에서 공통적으로 성립한다. 그런데, 사회후생의 경우에는 기업 1의 하류시장 생산비용 c_1이 기업 2의 c_2에 비해 클수록 소매가격 기반 대가 책정 방식에서의 사회후생이 비용 기반 대가 책정 방식에서의 사회후생보다 더 커진다는 사실이 성립한다는 것을 알 수 있었다. 그리고, 소매가격 기반 대가 책정이 기업 1의 투자를 촉진하는 방식이라는 사실도 알 수 있었다.

한편, 비효율적 MVNO의 진입을 저지하는 문제는 어떤 대가 책정 방식에서든 기본적으로 대가 수준의 문제다. 즉, 비용 기반 대가 책정 방식에서는 대가 수준이 도매 관련 장기 증분비용 및 적정 이윤에 맞춰 책정되고, 소매가격 기반 대가 책정 방식에서는 대가 수준이 소매가격에서 소매 관련 장기 증분비용 및 적정 이윤 등을 차감한 수준에 맞춰 책정되면 되는 것이다. 그런데, 이와 관련해 대가 수준이 적절히 책정되어 비효율적인 MVNO는 진입할 유인이 없다고 한다면 상대적으로 효율적인 MVNO들이 진입하게 될 것이고, 이 경우, 앞의 논의에 의해 소매가격 기반 대가 책정 방식이 비용 기반 가격 책정 방식에 비해 사회후생을 증진시킬 가능성이 커지게 된다.

비용 기반 대가 책정 방식은 우리나라를 비롯한 세계 각국에서 접속료 산정 등에 많이 쓰이지만, 도매설비 제공의 장기 증분비용(long-run incremental cost)의 산정에 불확실성과 자의성이 개입될 수밖에 없으며, 특히 변화하는 산업에서는 그 산정이 더욱 어려울 수밖에 없다는 사실은 잘 알려져 있다. 이에 비해 소매가격 기반 대가 책정 방식은 할인율의 책정 시 관련 산업의 발전 양태 및 수요의 변화에 좀 더 능동적으로 대처할 수 있는 장점이 있다. 즉, 환경 변화 및 정책 목표에 따라 비교적 신축적인 대가 규제가 가능하다. 해외 사례에서 알 수 있듯이 MVNO 제도의 성공적인 정착을 위해서는 독자적인 브랜드 파워를 가진 기업들이 제품 차별화 및 결합상품 제공 등을 통해 진입할 수 있는 환경을 조성하는 것이 필요하며, 이렇게 관련 시장이 융합화(convergence) 현상으로 인해 변화하는 경우에는 소매가격 기반 가격 책정 방식(retail-minus pricing)을 규제의 진지한 대안으로 고려해야 한다.

제 3 장 망중립성 규제*

제 1 절 서론

이 장에서는 망중립성 논의의 전개 과정을 개괄하고 망중립성 규제 효과에 대한 최근의 경제학적 분석 결과 등의 논의를 통해, 망중립성의 의미와 현 시점에서 한국의 바람직한 망중립성 정책 방향을 제시하고자 한다.

이 장의 구성은 다음과 같다. 제2절은 망중립성이 주요 정책 과제로 부상하게 된 기술적 및 사회·경제적 배경을 설명함으로써, 망중립성이 어떠한 맥락에서 어떠한 의미로 해석될 수 있는지를 논의한다. 특히 망중립성 규제에 대한 전 세계적 관심과 논의의 계기가 된 미국의 컴캐스트(Comcast) 사례와 2010년 12월에 채택된 FCC의 망중립성 규칙을 중심으로 망중립성 규제의 찬성과 반대 논거를 살펴보기로 한다.

제3절은 망중립성 규제 효과에 대한 경제학적 분석 결과를 소개한다. 분석의 주요 내용은 망중립성 규제 여부가 소비자의 망접속료와 CAS (Content, Application or Service) 제공업자들에 대한 우선전송권 사용료

* 이 글은 2011년 7월 17일 이용경 의원실 제출 보고서인 "바람직한 망중립성 정책 방향에 관한 연구"를 수정 및 보완한 것이다.

등에 미칠 영향과 ISP(Internet Service Provider)들의 투자 유인에 미칠 영향으로 구분할 수 있다.

제4절은 국내 망중립성 관련 사례와 법령들을 개괄하고 국내 관련 시장 환경을 살펴봄으로써, 제2절에서 논의된 미국에서의 망중립성 논의 전개라는 맥락과 제3절에서 논의된 이론적 분석을 기초로, 현재 한국의 시장 및 기술환경에서 제기될 수 있는 망중립성 정책 과제와 바람직한 망중립성 정책 방향을 논의한다.

제5절에서는 이상의 논의를 요약하고 향후 연구 과제와 정책 이슈들을 정리한다.

제 2 절 망중립성 논의의 전개

1 망중립성의 의미

망중립성(network neutrality)에 대한 본격적인 논의가 시작된 것은 10년 미만이지만, 최근 급속한 인터넷 관련 기술의 발전에 따라 망중립성의 의미 또한 급격히 바뀌고 있다.

망중립성이라는 개념을 처음 사용한 것은 컬럼비아대학교 법학전문대학 교수인 팀 우(Tim Wu)의 2003년 "망중립성, 광대역 차별(Network Neutrality, Broadband Discrimination)"이라는 논문에서였는데, 그가 최초로 제시한 망중립성의 개념은 패킷 전송에 차별이 없어야 한다(No discrimination in the treatment of packets)는 것이었다. 이러한 초기 의미의 망중립성은 ISP들이 콘텐츠나 애플리케이션의 발송지(source), 소유권자(ownership) 또는 목적지(destination)에 기초해 웹 콘텐츠들을 차단(blocking)하거나 전송 속도를 증가 또는 감소시키는 행위를 금지한다는 것으로 해석되었다. 따라서 초기 의미의 망중립성은 광대역 인터넷(broadband Internet)이 유선전화망과 같이 'E2E(end-to-end)' 원칙을 따라야 한다는 것으로, 인터넷은 모든 패킷을 동일한 순위(equal priority)로 전송하는 '최선망(best efforts network)'이어야 한다는 것이다.

그러나 최근 들어 '광대역 집약적(broadband-intensive)' CAS(Content, Appliciation, or Service) 사용의 급증으로 초기 의미의 망중립성은 더 이상 적용하기 어려운 상황이 되었다. 광대역 집약적 CAS들이란 '대역폭 집약적(bandwith-intensive)' 또는 '시간에 민감한(time-sensitive)' 온라인 CAS를 지칭하는데, VoIP(Voice over Internet Protocol), 비디오 인터넷 전화, 비디오 스트리밍 서비스, 온라인 게임, P2P 파일 공유를 이용한 비디오 서비스 등을 포함한다. 이에 반해, 이메일과 전통적인 데이터 전송은 광대역 집약적 CAS에 포함되지 않는다. 이러한 광대역 집약적 CAS들은 전송 지연(delay)에 민감하므로, QoS(Quality of Service)를 유지하기 위해서는 전송 지연의 최소화가 중요하다.

표 3-1 전 세계 소비자의 인터넷 사용 유형 추정치(단위: petabyte per month)

	2010	2011	2012	2013	2014	2015
파일 공유 (file sharing)	4,968	6,017	7,277	8,867	11,040	13,797
인터넷 비디오	4,672	8,079	12,146	17,583	24,357	33,620
웹, 이메일, 데이터	2,393	3,113	4,146	5,325	6,769	8,592
비디오 전화	308	442	659	905	1,251	1,736
온라인 게임	49	68	95	133	187	290
VoIP	138	147	153	157	160	168
기타	0	1	1	3	8	11

출처: Cisco Visual Network Index: Forecast and Methodology, 2010-2015.

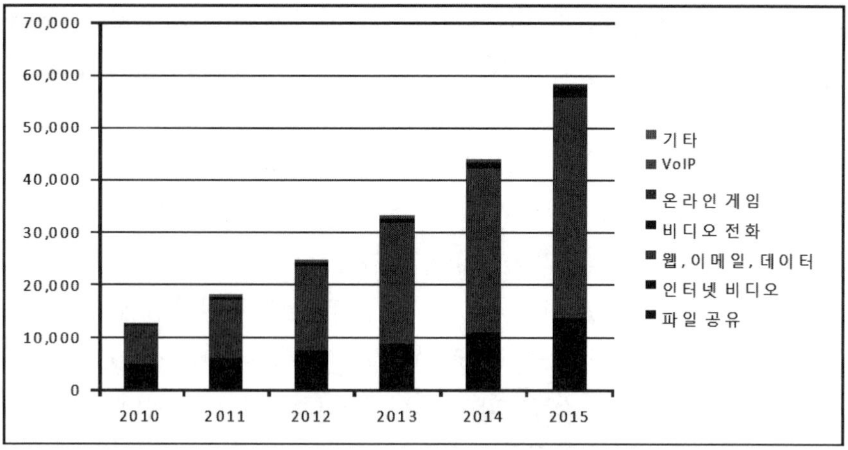

그림 3-1 전 세계 소비자의 인터넷 사용 유형 추정치(단위: petabyte per month)

출처: Cisco Visual Network Index: Forecast and Methodology, 2010-2015.

<표 3-1>과 [그림 3-1]에서 알 수 있듯이, "Cisco Visual Network Index: Forecast and Methodology, 2010-2015"는 2010년에 인터넷 비디오, 파일 공유, 비디오 전화의 사용량을 각각 37%, 40%, 2.5%로 예상하고, 2015년에는 58%, 24%, 3%로 예상하고 있다. 이에 반해, 전송 지연에 민감하지 않은 웹·이메일·데이터 등의 사용량은 2010년에 19%와 2015년 15%에 불과할 것으로 예상하고 있다. 즉, 현재도 광대역 집약적 CAS 사용이 전체 인터넷 이용의 대부분을 차지하며, 광대역 집약적 CAS 사용이 지속적으로 증가할 것으로 예상된다는 것이다. 실제, 광대역 집약적 CAS 이용자들은 초고속 인터넷 접속(broadband connection)을 사용하더라도 원하는 만큼 충분히 빠른 서비스를 받지 못하는 현상이 이미 발생하고 있는 실정이다.

한편 광대역 집약적 CAS의 QoS를 보장할 수 있는 기술적 혁신도 함께 이뤄지고 있는데, DPI(Deep Packet Inspection) 기술의 발전으로 인해 ISP가 패킷이 담고 있는 데이터의 헤더(header)뿐 아니라 내용도 분석할 수 있고, 이러한 분석을 바탕으로 패킷들 전송 순위를 정하거나 특정 패킷의 차단도 할 수 있게 된 것이다. 즉, ISP들은 광대역 집약적 CAS들의 전송에

우선순위를 부여함으로써 서비스의 QoS를 보장할 수 있는 망관리(network management)를 할 수 있게 되었다.

이러한 시장환경의 변화와 기술 진보의 결과로, 망중립성의 논의는 ISP가 termination fee를 CAS 제공 사업자에게 부과하도록 허용하는가라는 문제와 패킷 전송의 우선순위를 정하는 데 합리적 망관리의 범위가 무엇인가라는 문제로 바뀌고 있다.

망중립성 논의와 관련해 유의해야 할 또 하나는 컴캐스트 사례 이후 주로 논의하는 망중립성 개념은 종래 EU에서 주로 논의되었던 동등 접근, 상호 접속 또는 소비자에 대한 차별 금지와는 다른 것이라는 점이다. [그림 3-2]에서 볼 수 있듯이, 인터넷 이용자(소비자)의 ISP(ISP_1)와 CAS 제공업자의 ISP(ISP_2)는 동일하지 않는 것이 통상적인데, 현재 논의되는 망중립성 규제란 소비자의 ISP(ISP_1)가 CAS 제공업자에게 termination fee를

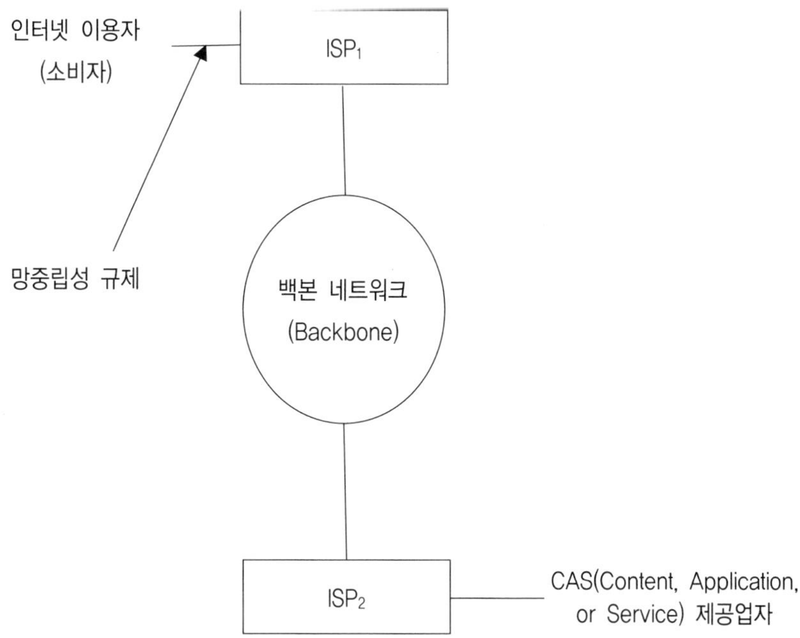

그림 3-2 인터넷의 기본 구조와 망중립성 규제

부과하는 것이나 CAS 제공업자가 소비자에게 전송하는 패킷의 우선순위를 관리할 수 있는 것에 대한 규제라고 할 수 있다.

한편, 망중립성 논의는 유선 광대역 인터넷을 염두에 둔 것이었으나, 최근에는 망중립성의 원칙을 무선 인터넷으로 확대하려는 논의도 이뤄지고 있다. 그러나 무선망의 경우에는 가용한 주파수 대역이 한정되어 있다는 특징을 가지므로, 망관리의 필요성이 유선망의 경우보다 더 크다는 특징을 가진다. 이러한 맥락에서, CAS 제공업자인 Google과 ISP인 Verizon이 2010년 8월에 공동 제언(joint proposal)을 통해 규제 당국이 망중립성을 무선 인터넷(wireless Internet) 접속에는 강제하지 않아야 한다는 입장을 표명한 바 있다. 그러나, 무선 인터넷의 망관리 전략이 반경쟁적 행위로 악용될 우려도 경계해야 할 것인데, 예를 들어 무선 ISP와 기존의 CAS 제공업자의 전략적 제휴 또는 합병이 경쟁 CAS 사업자를 배제하거나 신규 진입을 막는 진입장벽으로 작동할 수 있음을 유의할 필요가 있다.

2 컴캐스트 사례

망중립성 논의 전개에서 핵심적 사건으로 컴캐스트(Comcast) 사례를 들 수 있는데, 컴캐스트 사례는 명시적인 망중립성 규칙(rule on network neutrality) 제정의 필요성을 제기하고 망중립성의 구체적 의미에 대한 논의를 촉발했다.

2007년 10월 19일에 AP(Associate Press)는 미국 최대의 유선방송사업자인 컴캐스트가 BitTorrent 프로토컬을 사용하는 파일 공유 P2P 사이트들에 대한 접속을 방해한다고 보도함으로써, 컴캐스트의 패킷 전송 전략이 세간의 주목을 받기 시작했다. AP의 보도에 대해 컴캐스트는 망 정체 현상(network congestion)을 완화하기 위한 합리적 망관리(reasonable network management)의 일환으로 발생한 일이었다고 주장했으나, FCC(Federal Communications Commission)는 2008년 8월에 "FCC 08-183 Memorandum Opinion and Order"에서, 유선방송선(cable lines)을 통해 광대역 인터넷 접속 서비스를 제공하는 컴캐스트가 P2P 응용 프로그램들(peer-to-peer applications)의 접속을 선택적으로 타깃(target)해 방해했음을 인정했다.

FCC는 컴캐스트의 행위가 합리적 망관리에 해당되지 않으며, 컴캐스트가 고객들에게 자사의 이러한 관행을 공개하지 않았음을 지적하고, 30일 이내에 비합리적 망관리의 구체적 내용을 공개하고, 2008년 말까지 이러한 비합리적 관행을 종결할 이행계획(compliance plan)을 제출하도록 명령했다. FCC의 결정에 불복한 컴캐스트는 연방 항소심 법원(federal appeals court)에 항고했는데, 2010년 4월 6일에 연방 항소심 법원은, ISP들이 모든 종류의 콘텐츠에 대해 자신들의 망을 개방할 것을 강제할 수 있는 권한을 FCC가 가지고 있지 않다고 판결함으로써, FCC의 컴캐스트 결정을 번복하게 된다.

미국 연방 항소심 법원의 판결은 컴캐스트의 행위에 대한 위법성보다는 FCC가 컴캐스트의 망관리 관행에 대한 규제 권한을 가지고 있는지 여부에 초점을 두고 있다. 2005년에 FCC는 인터넷 전송을 Telecommunications Services에서 Information Services로 유형을 변경했는데, 그 결과 ISP들은 더 이상 전통적 통신 서비스에 적용되던 비차별 제약(non-discrimina-tionrestrictions)의 적용을 받지 않게 되었다. 따라서 미국 연방 항소심 법원은 FCC의 규제 권한이 없다고 판단한 것인데, 이는 Brand X 사건에서 인정한 FCC의 보충적 관할권(ancillary jurisdiction)을 인터넷 규제에서는 인정하지 않았음을 의미한다.

3 2010년 12월에 채택된 FCC의 망중립성 규칙

컴캐스트 사건의 항소심이 진행됨에 따라, FCC는 2009년 10월 22일에 "Net Neutrality NPRM(Notice of Proposed Rulemaking)"을 발표하고, 이해당사자들에게 이에 대한 의견들을 제출해 줄 것을 요구했다. 이러한 일련의 규칙 제정 절차를 거친 후 2010년 12월에 마침내 FCC는 민주당 추천 위원 대 공화당 추천 위원의 3 대 2 표결(along party lines)로 "Report And Order, In the Matter of Preserving the Open Internet Broadband Industry Practice, GN Docket No. 09-019 & WC Docket No. 07-52, December 21, 2010"을 공식적으로 채택했다. 그 주요 내용은 ① 투명성(transparency), ② 차단 금지(no blocking), ③ 비합리적 차별 금지(no unreasonable discrimination), ④ 무선망들은 비합리적 차별 금지 규칙의 적용에서 제외됨(exempted wireless networks from the last rule.) 등이다.[1)]

먼저, 투명성이란 유선과 무선 광대역 ISP들의 망관리 관행(network management practices), 성과(performance) 그리고 광대역 인터넷 접속 서비스의 약관(commercial terms of the broadband Internet access services)을 공개해야 한다는 것이다. FCC는 이를 위해 다음과 같은 정보들이 일부 내지 전부 공개되는 것을 기대한다고 부연하면서도, 투명성 규칙의 적용에 유연성을 허용하는 것이 현재로서는 최선이라는 점을 명시하고 있다. FCC는 일부 내지 전부 공개되는 것을 기대한다고 언급한 망관리 관행, 성과 그리고 광대역 인터넷 접속 서비스의 약관에 대한 구체적인 내용들은 다음과 같다.

Network Practices(망관리 관행)

◇ *Congestion Management*: If applicable, descriptions of congestion management practices; types of traffic subject to practices; purposes served by practices; practices' effects on end users' experience; criteria used in practices, such as indicators of congestion that trigger a practice, and the typical frequency of congestion; usage limits and the consequences of exceeding them; and references to engineering

1) FCC의 "Report And Order, In the Matter of Preserving the Open Internet Broadband Industry Practice, GN Docket No. 09-019 & WC Docket No. 07-52, December 21, 2010" 부록 A에 수록된 망중립성 규칙은 부록 1을 참고하라.

standards, where appropriate.

◇ *Application-Specific Behavior*: If applicable, whether and why the provider blocks or rate-controls specific protocols or protocol ports, modifies protocol fields in ways not prescribed by the protocol standard, or otherwise inhibits or favors certain applications or classes of applications.

◇ *Device Attachment Rules*: If applicable, any restrictions on the types of devices and any approval procedures for devices to connect to the network. (For further discussion of required disclosures regarding device and application approval procedures for mobile broadband providers, see paragraph 98, *infra*.)

◇ *Security*: If applicable, practices used to ensure end-user security or security of the network, including types of triggering conditions that cause a mechanism to be invoked (but excluding information that could reasonably be used to circumvent network security).

Performance Characteristics(성과 특성)

◇ *Service Description*: A general description of the service, including the service technology, expected and actual access speed and latency, and the suitability of the service for real-time applications.

◇ *Impact of Specialized Services*: If applicable, what specialized services, if any, are offered to end users, and whether and how any specialized services may affect the last-mile capacity available for, and the erformance of, broadband Internet access service.

Commercial Terms(약관)

◇ *Pricing*: For example, monthly prices, usage-based fees, and fees for early termination or additional network services.

◇ *Privacy Policies*: For example, whether network management practices entail inspection of network traffic, and whether traffic information is stored, provided to third parties, or used by the carrier for non-network management purposes.

◇ *Redress Options*: Practices for resolving end-user and edge provider complaints and questions.

차단 금지 규칙은 유선 광대역 ISP들이 합법적 콘텐츠, 응용 프로그램, 서비스 또는 무해한 기재를 차단할 수 없고, 또 무선 광대역 ISP들은 자사의 음성이나 비디오 전화 서비스와 경쟁하는 합법적 웹사이트나 응용 프로그램들을 차단할 수 없음을 의미한다.

비합리적 차별 금지는 유선 광대역 ISP들은 합법적 망 트래픽의 전송을 비합리적으로 차별할 수 없음을 의미하는데, FCC는 무선망들은 비합리적 차별 금지 규칙의 적용에서 제외된다고 선언하고 있다.

FCC는 합리적 차별과 비합리적 차별에 대한 지침을 다음과 같이 제시하고 있다. 먼저, 트래픽의 차별적 처리(differential treatment)가 소비자에게 투명하게 알려질수록 그러한 차별적 처리는 합리적인 차별이 될 개연성이 높다는 것이다. 둘째, 소비자의 통제와 선택의 최대화 여부가 합리적 차별의 평가에 가장 중요한 요소라는 점이다. 셋째, 동일한 특정 용도의 CAS들을 차별하지 않는 트래픽의 차별적 처리(use-agnostic discrimination)는 합리적일 개연성이 높다. 넷째, 표준화 기구 등에 의해 채택된 표준 관행의 준수 여부도 합리적 차별의 평가 기준이 될 수 있다. 이외에도 합리적인 망 관리의 기준으로 망의 보안 또는 통합성, 이용자가 원하지 않는 트래픽(Network Security or Integrity and Traffic Unwanted by End Users), 망 혼잡(network congestion) 등을 제시하고 있다.

FCC는 나아가 전화 서비스를 제공하는 ISP가 VoIP 응용 프로그램이나 서비스의 품질을 저하시키는 행위나 블로거의 메시지에 동의하지 않는다는 이유로 ISP가 특정 블로그의 트래픽 전송 속도를 저하시키는 행위 등을 비합리적 차별의 예시로 나열하고 있다. 또한 ISP와 제3자가 계약을 통해 특정 트래픽의 전송을 다른 트래픽의 전송에 비해 우선권을 직간접적으로 부여하는 행위(이른바, 'pay for priority')에 대해서는 비합리적 차별일 수 있다는 우려를 표명하고 있다. 특히 FCC는 ISP의 기존 설비 기반 VoIP (existing facilities-based VoIP)와 pre-IPTV(Internet Protocol-video offerings)와 같은 특화된 서비스(specialized services)가 광대역 인터넷 서비스와 유사할 경우에 이러한 특화된 서비스의 제공이 망중립성 규제를 무력화할 수 있음에 유념해야 한다고 주의를 환기시키고 있다.[2] 그러나 이른바 인터넷 종량제는 망중립성 규칙을 위반하는 것이 아니라는 입장을 견지하고 있다(The framework we adopt today does not prevent broadband providers from asking subscribers who use the network less to pay less, and subscribers who use the network more to pay more.).

마지막으로, FCC는 망중립성 규제가 반경쟁적인 차별에만 적용되어야 한다는 주장에 반박하며, 이 규칙이 ISP의 반경쟁적 행위 여부와 무관하게

2) 112. In the Open Internet NPRM, the Commission recognized that broadband providers offer services that share capacity with broadband Internet access service over providers' last-mile facilities, and may develop and offer other such services in the future. These "specialized services," such as some broadband providers' existing facilities-based VoIP and Internet Protocol-video offerings, differ from broadband Internet access service and may drive additional private investment in broadband networks and provide end users valued services, supplementing the benefits of the open Internet. At the same time, specialized services may raise concerns regarding bypassing open Internet protections, supplanting the open Internet, and enabling anticompetitive conduct.339 For example, open Internet protections may be weakened if broadband providers offer specialized services that are substantially similar to, but do not meet the definition of, broadband Internet access service, and if consumer protections do not apply to such services. In addition, broadband providers may constrict or fail to continue expanding network capacity allocated to broadband Internet access service to provide more capacity for specialized services. If this occurs, and particularly to the extent specialized services grow as substitutes for the delivery of content, applications, and services over broadband Internet access service, the Internet may wither as an open platform for competition, innovation, and free expression. These concerns may be exacerbated by consumers' limited choices for broadband providers, which may leave some end users unable to effectively exercise their preferences for broadband Internet access service (or content, applications, or services available through broadband Internet access service) over specialized services.

ISP가 인터넷에서 승자와 패자를 선택해서는 안 된다는 좀 더 일반적인 명제에 기초하고 있음을 천명하고 있다(Rather, the rule rests on the general proposition that broadband providers should not pick winners and losers on the Internet—even for reasons that may be independent of providers' competitive interests or that may not immediately or demonstrably cause substantial consumer harm.).

하원 선거에서 승리한 공화당은 2011년 4월 8일에 하원에서 표결로 이러한 FCC의 망중립성 규칙을 무효로 하는 법안을 통과시켰으나, 오바마 행정부는 망중립성 규칙을 무효로 하는 법안이 상원을 통과하더라도 거부(veto)할 것임을 천명했다. 2011년 11월 16일에는 상원에서 FCC의 망중립성 규칙을 반대하는 결의(resolution)가 부결되었으며, 마침내 2011년 11월 20일에 FCC의 망중립성 규칙이 공식적으로 발효되었다. 한편 Verizon은 FCC가 인터넷 트래픽을 규제할 권한이 없다고 주장하며, 소송을 제기한 상태다.

4 EU와 그 외 국가들에서 망중립성 논의

컴캐스트 사건 이후 미국을 중심으로 전개되기 시작한 망중립성 규제 논의는 EU와 몇몇 국가에도 망중립성 규제 도입에 영향을 미치고 있다.[3)]

먼저, EU는 2009년에 통신 규제 지침을 개정해 망중립성 안전장치를 일부 반영했다. 그 주요 내용은 다음과 같다.

◇ 투명성 원칙 강화: 서비스·애플리케이션 접근 및 이용 제한 조건, 대역 제어 등 트래픽 관리 절차, 단말 부착 제한 등에 대한 정보를 명확하고, 포괄적이고 쉽게 접근할 수 있는 형태로 제공해야 함(USD 20조의 1 & 2).

3) 아래 내용은 KISDI(2011)를 참고한 것이다.

◇ 규제기관에 대해 최소 품질 설정 권한 부여: 최소 품질 보장은 서비스 품질을 강등시키거나, 트래픽의 속도를 방해・지연시키는 행위를 금지하는 것을 목적으로 함(USD 22조의 3).

◇ 이용자 통제권의 강화: 규제기관이 최종 이용자가 선택한 애플리케이션 및 서비스를 구동하는 능력을 높이고, 정보에 접근하거나 정보를 유통하는 이용자의 능력을 증진시킴으로써 이용자 이익을 증진하도록 한다는 내용을 추가(FD 8조의 4(g)).

◇ e2e 접속 보장의 확대: 차단 금지와 관련해서는 접근 지침의 적용 대상을 "정보사회 서비스와 방송 콘텐츠 서비스를 전송하기 위한 경우를 포함하는 전기통신 서비스"로 확대[4](AID 2(a)).

EU의회(EU Parliament)는 2011년 10월 20일에 망중립성에 관한 결의를 채택했는데, 이러한 결의는 EU 집행위원(commissioner)인 크로에스(Neelie Kroes)에게 좀 더 신속히 행동을 취하도록 압력으로 작용할 것으로 예상되고 있다.

한편 칠레는 망중립성 규제 도입을 2007년 3월부터 시작했는데, 칠레 의회는 2010년 7월 15일 망중립성 법안(Bill 4915)을 의결해 세계 최초로 망중립성을 법제화했다. 그 주요 내용은 다음과 같다.

◇ 차단 금지: ISP는 인터넷 이용자가 합법적인 콘텐츠, 애플리케이션, 서비스에 접근, 이용, 송수신 등의 권리를 차단, 방해, 차별, 제한해서는 안 됨. 단, 경쟁에 영향을 미치지 않는 한, 제한적인 범위 내에서 트래픽 관리와 망관리에 필요한 조치를 취할 수 있음.

◇ 단말 부착 제한 금지: 합법적이고 망 및 서비스 품질에 영향을 미치지 않는 한 망에 부착하는 단말, 기기 등에 제한을 둘 수 없음.

---

4) 정보사회 서비스(Information Society Service)란 "서비스 이용자의 개별적 요청에 따라 일정 거리 밖에서 전기적 수단에 의해 유료로 제공되는 서비스", 콘텐츠를 포함해 인터넷 상에서 제공되는 다양한 형태의 서비스를 포괄한다.

◇ 이용자 통제력(parental control): 이용자의 요청이 있는 경우에 불법적, 비도덕적, 품위에 벗어나는 콘텐츠에 대한 시청 규제를 제공해야 함.

◇ 투명성 강화: 인터넷 접속 조건(속도, 연결 품질, 국내/외 접속 구분 및 서비스 보장 등)에 대한 정보를 웹사이트에 공개. 이용자의 요청이 있는 경우 30일 이내에 제공해야 함.

마지막으로, 네덜란드의 망중립성 법제화는 최대 이통사인 KPN의 애플리케이션 종류에 따른 차등 요금제 도입 계획 발표에 따라 촉발되었는데, 그 주요 내용은 다음과 같다.

◇ ISP와 통신사는 모든 종류의 콘텐츠, 서비스, 애플리케이션에 접근 가능하도록 해야 하며, 특정 서비스의 차단, 지연 또는 방해를 금지함(단, 이용자와 사업자 간 합의가 있다면, 선정적이거나 폭력적인 유해한 콘텐츠, 서비스, 애플리케이션은 차단할 수 있는 예외 추가).

◇ 이용 차단의 DPI(Deep Packet Inspection)는 제한되나 망 관리를 위한 DPI는 가능하며 감독기관인 OPTA에 의해 검토를 받게 됨.

제 3 절 망중립성 규제 효과에 대한 경제학적 분석

1 망중립성 규제 찬성과 반대의 논거

망중립성 규제를 반대하는 측은 주로 ISP 역할을 하는 망사업자들인데, 우리나라의 경우 KT, SKT, LG U+ 그리고 미국의 경우 AT&T, Verizon, Comcast 등을 들 수 있다. 이들의 반대 논거는 다음과 같이 요약된다. 먼저, 망중립성 규제로 말미암아 망 사업자들의 기대 이윤이 감소하고, 따라서 신규 사업자의 진입 유인이 사라지게 된다는 것이다. 또한 광대역 집약적 트래픽을 유발하는 CAS 제공업자들이 프리미엄을 지불하지 않는다면, 망 사업자들이 설비 투자를 할 유인이 없게 된다고 주장한다.

망중립성 규제를 찬성하는 측은 주로 CAS 제공업자들인데, 우리나라의 경우 NHN, 옥션 스카이프 그리고 미국의 경우 Google, Ebay, Yahoo, Microsoft 등을 들 수 있다. 이들의 찬성 논거는 다음과 같다. 먼저, 망중립성 규제가 없다면, 두 개의 차별화된 인터넷(two-tier Internet)이 생겨나서 빈부에 따라 상이한 품질의 인터넷을 이용하게 될 것이라고 주장한다. 또한 망중립성은 인터넷 콘텐츠나 애플리케이션 프로그램들의 기술혁신을 촉진한다는 것이다.

이상의 경제적 논거 외에도, 망중립성 규제를 찬성한 논거로 소비자의 인터넷 접속권을 (표현의 자유나 정보 접근권과 같이) 기본권의 하나로 규정해야 한다는 주장이 있다. 또한, 망중립성 규제가 부재할 경우에 ISP의 저작권 침해에 대한 법적 책임(liability) 범위에 대한 새로운 논란이 제기될 가능성이 높음을 지적하는 학자들도 있다.

망중립성 규제에 대한 이해가 첨예하게 대립되고 관심이 고조되고는 있으나, 망중립성 규제의 효과에 대한 엄밀한 학술적 분석은 초기 단계에 불과한 실정인데, 최근에 이르러 의미 있는 연구 결과들이 발표되고 있는 상황이다. 망중립성 규제의 효과에 대한 학술적 연구는 주로 망중립성이 사회후생에 미치는 효과에 대한 경제학적 분석이 주를 이루고 있는데, 이하에서는 최근에 가장 주목받고 있는 연구 실적인 최재필 · 김병철(Choi & Kim, 2010)의 분석을 상세히 소개하기로 한다.

2 최재필 · 김병철(Choi & Kim, 2010)의 연구

1) 모형의 설정

먼저, 최재필 · 김병철(Choi & Kim, 2010)은 독점적 ISP를 가정하는데, 독점적 지위에 있는 ISP는 자신의 망 접속권을 최종 소비자들에게 가격 α

에 판매한다. 그러나 망중립성 규제에 따라 ISP들은 CP(Content Provider)들에게 termination fee라는 추가적인 보상을 요구하는 것이 허용되지 않는다. 반면, 망중립성 규제가 없는 상황에서 ISP는 우선전송권(prioirity right)을 특정 CP에게 판매할 수 있다.

최재필・김병철(Choi & Kim, 2010)은 두 개의 CP가 존재한다고 가정하는데, 각각의 소비자는 둘 중 하나의 CP를 선택하며, 각각의 소비자들의 콘텐츠 요청 비율(request rate)은 Poisson process를 따르며 hazard rate는 λ이라고 가정한다.

망 용량(network capacity)은 μ로 표기하고, CP로부터 최종 소비자에게까지 콘텐츠가 전달되는 데 소요되는 시간은 평균이 1/μ인 exponential distribution을 가진다.

시장 규모(즉, 소비자집단의 크기)는 1로 정규화하며, 소비자는 호텔링(Hotelling) 모형에서 두 개의 CP에 대해 차별적인 선호를 가진다고 가정한다. 또한 소비자는 두 개의 콘텐츠 서비스에 대해 동일한 총효용(v)을 가진다.

한편, 소비자의 각각의 콘텐츠 서비스 사용(click-through)에 대한 CP_i의 마진(m_i)은 click-through에 의해 발생하는 수익(r_i)에서 click-through에 의해 발생하는 비용(c_i)을 차감한 값이다. 즉, $m_i = r_i - c_i$. 편의상 다음과 같이 가정한다: $m_1 \geq m_2 \geq 0$.

이에 더해, ISP는 오직 한 CP에게만 우선전송권을 배타적으로 판매할 수 있다고 가정한다.

2) M/M/1 큐잉 이론의 적용

이상과 같은 가정 하에서, 망중립성 규제가 존재하는 경우에 각 소비자가 콘텐츠 소비를 위해 기다려야 하는 기대 시간은 M/M/1 큐잉(queuing) 이론을 적용해 계산하면 다음과 같다.

$$w = \frac{1}{\mu - \lambda} \tag{1}$$

이에 반해, 차별적 망에서는 (즉, 망중립성 규제가 부재한 경우) 우선전송권을 가진 콘텐츠에 대한 소비자의 기대 대기 시간(expected waiting time)은 다음과 같다(아래 식에서 λ_1은 우선전송권을 가진 CP 콘텐츠의 요청 비율을 표기한다).

$$w_1 = \frac{1}{\mu - \lambda_1} \tag{2}$$

한편 우선전송권을 가지지 않은 CP의 콘텐츠를 요청한 소비자의 기대 대기 시간은 다음과 같다.

$$w_2 = \frac{\mu}{\mu - \lambda} w_1 = \frac{\mu}{\mu - \lambda} \frac{1}{\mu - \lambda_1} \tag{3}$$

식 (1), (2), (3)을 비교해 보면 다음과 같은 특성이 도출된다.

특성 1. $\mu > \lambda$일 때, $w_2 > w > w_1$

한편 식(2)와 식(3)을 각각 망 용량(μ)으로 미분하면 다음과 같은 특성 2가 도출된다.

특성 2. $\frac{\partial}{\partial \mu}(w_2 - w_1) < 0$

특성 2는 망 용량이 늘어날수록, 우선전송권을 이용하는 콘텐츠와 우선전송권을 이용하지 않는 콘텐츠 대기 시간의 차이는 줄어든다는 것이다.

3) 망 중립성 규제 하에서 단기균형

호텔링 모형에서 두 CP에 대해 동일한 선호를 가지는 한계소비자(x^*)는 다음과 같이 결정된다.

$$v - \frac{1}{\mu - \lambda} - tx^* - a = v - \frac{1}{\mu - \lambda} - t(1 - x^*) - a \tag{4}$$

식 (4)에서 t는 두 콘텐츠의 차별화 정도를 나타낸다. 논의의 단순화를 위해 오직 한계소비자만이 참여 제약(participation constraint)을 간신히 만족한다고 가정한다. 이 가정 하에서 모든 소비자가 CP_1과 CP_2의 콘텐츠 중 하나를 소비한다.

전형적으로, 호텔링 모형에서는 한계소비자를 계산하게 되면 각 CP에 대한 수요함수를 도출하게 되고, 이렇게 주어진 수요함수와 CP들의 이윤극대화를 위한 가격 경쟁 게임의 해를 구하면 각 CP의 균형 이윤(π_i^*)을 다음과 같이 도출하게 된다.

$$\pi_i^* = \frac{m_i}{2}\lambda,\ i = 1, 2 \tag{5}$$

또한 독점사업자인 ISP는 한계소비자의 효용이 “0”이 되는 수준으로 접속료($a*$)를 설정함으로써 독점이윤(π_m)을 획득하게 된다.

$$\pi_m^* = a^* = v - \frac{1}{\mu - \lambda} - \frac{t}{2} \tag{6}$$

4) 망 중립성이 없는 경우에 단기 균형

최재필・김병철(Choi & Kim, 2010)은 효율적인 (즉, 마진이 높은) CP_1이 우선전송권을 획득한다고 가정한다. 이 경우, 우선전송권을 가진 CP_1과 그렇지 못한 CP_2 사이에 무차별적인 한계소비자($\tilde{x}$)는 다음과 같이 결정된다.

$$v - \frac{1}{\mu - \tilde{x}\lambda} - t\tilde{x} - a = v - \frac{\mu}{\mu - \lambda}\frac{1}{\mu - \tilde{x}\lambda} - t(1 - \tilde{x}) - a \tag{7}$$

위 식(4)와 식(7)을 비교하면, 대기 시간의 따른 소비자의 비효용(disutility)의 차이에 의해 우선전송권을 가진 CP_1이 CP_2보다 높은 시장점유율을 가지게 됨을 알 수 있다. 즉,

$$\tilde{x} \geq x^* = \frac{1}{2} \tag{8}$$

그런데, 우선전송권이 없는 CP_2에서 우선전송권이 있는 CP_1으로 소비자들이 옮겨간다면, CP_1의 콘텐츠 전달 속도가 느려지게 되나, CP_2의 콘텐츠 전달 속도는 훨씬 더 느려지게 된다. 즉,

$$\frac{\partial w_2}{\partial \lambda_1} = \frac{\mu}{\mu - \lambda} \frac{1}{(\mu - \lambda_1)^2} > \frac{1}{(\mu - \lambda_1)^2} = \frac{\partial w_1}{\partial \lambda_1} > 0 \tag{9}$$

그러므로 우선전송권이 없는 CP_2와 우선전송권이 있는 CP_1 간의 대기시간의 차이는, 소비자들이 CP_2에서 CP_1으로 옮겨감에 따라 더욱 벌어지게 되고, 이로 인해 CP_1에 대한 소비자들의 선호가 커지게 된다. 따라서 모든 소비자가 CP_1을 선택하는 극단적인 경우도 발생할 수 있다.

이런 극단적인 경우를 배제하기 위해 두 CP의 콘텐츠가 충분히 차별화되어 있다는 가정이 필요하며, 따라서 아래와 같은 가정 1을 채택한다.

가정 1. $t > \frac{\lambda}{(\mu - \lambda)} 2$

아래의 Lemma 1은 망 용량이 소비자들의 콘텐츠 요청 비율보다 충분히 크면, 두 CP의 시장점유율이 양(+)이 되면서 동시에 망 용량 확충이 우선전송권을 가진 CP의 점유율을 떨어뜨리게 됨을 보여 준다.

Lemma 1. '$\mu \geq \frac{3\lambda}{2}$'을 가정함으로써, 우선전송권이 인정되는 경우에도 안정적인 내부 균형이 도출하게 된다(즉. $\tilde{x} \in (1/2, 1)$).

또한 우선전송권을 가진 CP_1의 시장점유율은 ISP가 망 용량을 확충함에 따라 줄어든다 ($\frac{d\tilde{x}}{d\mu} < 0$).

Lemma 1의 가장 중요한 함의는, ISP가 망 용량을 확충함에 따라, 망 혼

잡을 줄이며, 또한 두 CP들 간의 (대기 시간에 따른) 질적 차이도 줄어들게 된다는 점이다.

망중립성 규제가 부재한 차별적 망에서 ISP의 이윤은 다음과 같다.

$$\max_{\tilde{a}}\widetilde{\pi_m}=\tilde{a}+f \quad s.t.\ v-\frac{1}{\mu-\tilde{x}\lambda}-t\tilde{x}-\tilde{a}\geq 0 \tag{10}$$

위 식(10)에서 f는 우선전송권의 가격을 표기한다. 어떤 CP가 ISP로부터 우선전송권을 획득한다면, 그 CP의 시장점유율은 $\tilde{x}$, 그렇지 않은 경우는 $1-\tilde{x}$이다. 따라서 CP_1의 우선전송권에 대한 최대 지불 의사액은 $m_1(2\tilde{x}-1)\lambda$이다. 그런데 우선전송권이 영국식 경매(English auction)를 통해 판매된다면, CP_1은 CP_2의 최대 지불 의사액인 $m_2(2\tilde{x}-1)\lambda$만을 지불하게 된다. 따라서 $\theta\in[0,\ 1]$를 ISP의 협상력이라고 하면, 우선전송권의 가격은 다음과 같이 결정된다(아래에서, $\Delta_m=m_1-m_2$).

$$\begin{aligned} f&=\theta m_1(2\tilde{x}-1)\lambda+(1-\theta)m_2(2\tilde{x}-1)\lambda \\ &=(m_2+\theta\Delta_m)(2\tilde{x}-1)\lambda \end{aligned} \tag{11}$$

식(11)은 ISP의 협상력이 높을수록 우선전송권의 판매가격은 더 높아짐을 지적한다. 즉,

$$\frac{\partial f}{\partial\theta}=\Delta_m(2\tilde{x}-1)\lambda\geq 0$$

망중립성 규제 여부와 상관없이 독점사업자인 ISP는 한계소비자의 효용이 '0'이 되는 수준으로 접속료를 설정하므로, 망 중립성 규제가 없는 경우에 ISP의 이윤은 다음과 같이 구해진다.

$$\widetilde{\pi_m^*}=(v-\frac{1}{\mu-\tilde{x}\lambda}-t\tilde{x})+(m_2+\theta\Delta_m)(2\tilde{x}-1)\lambda \tag{12}$$

식(6)과 식(12)를 비교해 보면, 망중립성 규제가 부재한 경우 (즉, 차별적

망 환경에서) 소비자에게 부과하는 망 접속료가 더 낮아짐을 알 수 있다. 즉, $\tilde{a} < a^*$. 이는 특성 1($w_2 > w > w_1$)과 '$\tilde{x} \geq x^*$'라는 사실 때문이다. 따라서 망중립성 규제가 부재한 경우, 낮아진 망 접속료로 인해 ISP의 이윤은 감소하나, 동시에 우선전송권 판매를 통한 ISP의 이윤은 증가하게 된다. 식(11)에서 알 수 있듯이, 두 CP의 마진(m_i)이 충분히 높다면, ISP의 차별적 시장에서의 이윤은 항상 높을 것이다. 반면에, CP의 마진이 상대적으로 높지 않다면, ISP는 오히려 망중립적인 시장을 선호할 것이다. 만일, CP_1의 마진은 높지만 CP_2의 마진은 높지 않다면, 망중립적 규제에 대한 ISP의 선호는 ISP의 CP에 대한 협상력(Θ)에 따라 결정된다.

한편 ISP가 우선전송권을 CP_1에게 식(11)의 값으로 판매한 경우에 각각 CP의 이윤은 다음과 같다.

$$\widetilde{\pi_1^*} = m_1 \tilde{x} \lambda - (m_2 + \theta \Delta_m)(2\tilde{x} - 1)\lambda; \quad \widetilde{\pi_2^*} = m_2 (1 - \tilde{x})\lambda \qquad (13)$$

식(5)와 식(13)을 비교하면, 다음의 명제 1을 도출하게 된다.

명제 1.

(i) $\widetilde{\pi_1^*} > \pi_1^*$ if $\dfrac{m_1}{m_2} > \dfrac{2(1-\theta)}{1-2\theta}$ and $\theta \in [0, \dfrac{1}{2}]$; $otherwise, \widetilde{\pi_1^*} < \pi_1^*$

(ii) $\widetilde{\pi_2^*} \leq \pi_2^* \ \forall m_i, \ \theta, \ \lambda$

(iii) 소비자 후생은 차별적 망 환경에서 증가하게 된다.

명제 1의 (i)은 우선전송권에서 기인하는 CP_1의 이윤증가분의 절반 이하를 가져갈 정도로 ISP의 협상력이 너무 강하지 않고, CP_1과 CP_2의 마진 비율이 일정한 수준 이상일 경우에만, 차별적 망 환경에서 CP_1의 이윤이 증가하게 됨을 지적한다. 이에 반해 CP_2의 이윤은 차별적 망 환경에서 항상 감소하게 된다(명제 1의 (ii)). 명제 1의 (iii)은 최종 소비자들이 차별적 시장에서 더 많은 소비자 잉여를 얻는다는 것을 의미하는데, 이는 호텔링 모형의 특징에서 기인하는 것이다.

결국, 망중립성 규제의 정태적 사회후생 함의는 운송비용(transportation cost)[5] 절약과 비효율적인 서비스 생산 간의 역상관 관계(trade-off)에서 결정된다. 왜냐하면 전송 지연(delay cost)에 따른 비용의 총합은 망중립성 여부에 따라 변하지 않기 때문이다. 즉, 망중립적 환경에서 차별적 망 환경으로의 전환이 이뤄지더라도, 변하는 것은 콘텐츠 서비스 전송 순서이지 총 전송량이 변하는 것은 아니기 때문이다.[6] 그런데 차별적 망 환경에서 마진이 높은 CP의 시장점유율이 증가하므로, CP들의 마진의 합은 망중립적 규제 하에서보다는 차별적 망 환경에서 더 크다 그러나, 차별적 망 환경에서 한계소비자의 위치는 '$\tilde{x} \geq x^* = \frac{1}{2}$'이므로, 총 운송비용은 망중립성 규제 하에서보다는 차별적 망 환경에서 더 크다. 따라서 다음의 명제 2를 도출할 수 있다.

명제 2. 제품 차별화에 비해 두 CP의 마진 차이가 유의미하게 크다면 ($\triangle_m > \bar{t} \equiv (\tilde{x} - \frac{1}{2})\frac{1}{\lambda}$), 사회후생은 차별적 망 환경에서 더 크다.

5) 투자 유인에 대한 장기적 분석

식(6)과 식(12)로부터, 망중립성 규제 하와 망 망중립성 규제가 부재한 경우에 망 용량(network capacity) 확대에 따른 한계편익은 각각 다음과 같이 계산될 수 있다.

$$\frac{d\pi_m}{d\mu} = \frac{da}{d\mu} = \frac{1}{(\mu - \lambda)^2} \tag{14}$$

$$\frac{d\widetilde{\pi_m}}{d\mu} = \frac{d\tilde{a}}{d\mu} + \frac{df}{d\mu} = [\frac{1}{(\mu - \tilde{x}\lambda)^2}(1 - \lambda\frac{d\tilde{x}}{d\mu}) - t\frac{d\tilde{x}}{d\mu}]$$

---

5) 호텔링 모형에서 운송비용(transportation cost)이란 소비자의 선호와 가용한 제품의 특성의 불일치에서 비롯되는 소비자 효용의 상실분을 의미한다. 따라서 한계소비자의 위치가 1/2인 경우에 총 운송비용은 최소화된다.

6) 하지만 이러한 결론은 경쟁적인 두 콘텐츠의 대기 시간에 대한 소비자의 비용이 동일하다는 가정을 필요로 한다

$$+2(m_2+\theta\triangle_m)\lambda\frac{d\tilde{x}}{d\mu} \tag{15}$$

따라서 식(14)와 식(15)로부터, 아래의 식(16)이 도출된다.

$$\frac{d\widetilde{\pi_m}}{d\mu}-\frac{d\pi_m}{d\mu}=\left(\frac{d\tilde{a}}{d\mu}-\frac{da}{d\mu}\right)+\frac{df}{d\mu}=\left[\frac{1}{(\mu-\tilde{x}\lambda)^2}\left(1-\lambda\frac{d\tilde{x}}{d\mu}\right)\right.$$

$$\left.-t\frac{d\tilde{x}}{d\mu}-\frac{1}{(\mu-\lambda)^2}\right]+2(m_x+\theta\triangle_m)\lambda\frac{d\tilde{x}}{d\mu} \tag{16}$$

위 식(16)은 망중립성 규제가 ISP의 투자 유인에 다음과 같은 두 가지 영향을 끼침을 보여 준다.

망 접속료 효과: 망중립성 규제 하에서는 설비의 확충으로 콘텐츠 전송 속도가 동일하게 증가되므로 ISP가 소비자에게 더 높은 접속료를 부과할 수 있으나, 차별적 망관리를 할 경우에는 우선 전송권을 가진 콘텐츠와 그렇지 않은 콘텐츠의 전송 속도의 증가가 비대칭적으로 발생하므로, 차별적 망관리 하에서 설비 투자로 인해 ISP의 망 접속료 수입이 더 증가할지 여부는 불확실하다. 즉,

'$\frac{1}{(\mu-\tilde{x}\lambda)^2}(1-\lambda\frac{d\tilde{x}}{d\mu})-t\frac{d\tilde{x}}{d\mu}-\frac{1}{(\mu-\lambda)^2}$'의 부호가 (+) 혹은 (-)일 수 있음.

지대 획득(rent extraction) 효과: 설비 확충은 우선전송권의 가치를 저하시키게 되므로, 차별적 망관리 하에서 설비 투자에 부정적인 유인이 존재한다. 즉,

'$2(m_2+\theta\triangle_m)\lambda\frac{d\tilde{x}}{d\mu}$'의 부호는 항상 (-)임.

위 식(16)을 다시 정렬하면 다음과 같다.

$$\frac{d\widetilde{\pi_m}}{d\mu}-\frac{d\pi_m}{d\mu}=\left[\frac{1}{(\mu-\tilde{x}\lambda)^2}-\frac{1}{(\mu-\lambda)^2}\right]$$

$$+\left[2(m_2+\theta\Delta_m-\frac{1}{(\mu-\tilde{x}\lambda)^2}-\frac{t}{\lambda}\right]\lambda\frac{d\tilde{x}}{d\mu}$$

여기서, 망 용량 확충이 시장점유율에 미치는 영향을 고려하지 않은 직접적 영향$\left(\frac{1}{(\mu-\tilde{x}\lambda)^2}-\frac{1}{(\mu-\lambda)^2}\right)$은 (−)이고, 망 용량 확충의 시장점유 수준에 미치는 간접적 영향$\left(\frac{d\tilde{x}}{d\mu}\right)$도 (−)다. 그러므로 CP들의 마진이 높고, ISP의 협상력이 증가할수록, ISP는 망중립성 규제 하에서 더 큰 투자 유인을 가지게 됨을 알 수 있다.

3 최재필 · 김병철(Choi & Kim, 2010) 연구의 함의

이상에서 살펴본 최재필 · 김병철(Choi & Kim, 2010)의 연구는 양면시장 이론에 기초해 망중립성의 효과에 대해 체계적인 분석한 것으로, 망중립성 규제가 없을 경우에 CAS 제공업자가 우선전송권을 위해 (소비자의) ISP에게 대가를 지불하는 상황을 가정한다. 그러나 우선전송권을 구입하지 않은 CAS 제공업자는 최선망(best efforts network)의 서비스를 받음을 동시에 가정함으로써 의도적 콘텐츠 전송 품질 저하(targeting degrading)의 발생 가능성은 배제하고 있다.

최재필 · 김병철(Choi & Kim, 2010)의 연구는 망중립성 규제 하에서 오히려 ISP들의 설비 투자 유인이 더 높을 수 있음을 보여 줌으로써, 망중립성 규제가 ISP들의 투자 유인을 감소시킨다는 주장이 이론적으로 지지받지 못할 수 있음을 지적한다. 또한, 차별적 망 관리 하에서 독점적 ISP가 CAS 제공업자들의 비용 감소나 품질 향상에 대한 투자 편익의 일부를 우선전송권 거래를 통해 징수할 수 있으므로, CAS 제공업자들의 투자 유인은 차별적 망 관리 하에서 감소할 수 있음을 보여 준다.

그러나 이러한 결론은 다음의 가정들에 기초한다. 먼저, 망중립성 규제가 없는 경우에 독점적 ISP가 최선망과 별도로 프리미엄망을 통해 우선전송 서비스를 제공할 수 있다면, 망용량 확충으로 우선전송권의 가치가 저하되어 ISP의 투자 유인이 저하되는 일이 발생하지 않을 수 있다. 더욱이 이 경우에는 ISP가 소비자의 망 접속료 수입 증가와 프리미엄망 사용료 수입 증대를 동시에 달성할 수 있으므로, 차별적 망관리 하에서 ISP의 설비투자 유인이 더 높을 수 있다.

한편, 설비 수준의 변화가 없는 단기적인 관점에서의 최재필 · 김병철(Choi & Kim, 2010)의 연구 결과는 무선 망중립성 규제에 시사하는 바가 있다. 무선 인터넷망은 한정된 주파수 대역을 이용해야 한다는 점에서 기본적으로 용량의 확장이 망 투자에 의해 이뤄지는 데에 한계를 가진다. 따라서 최재필 · 김병철(Choi & Kim, 2010)의 연구로부터, CAS 제공업자들 간의 비대칭성이 충분히 큰 경우에 차별적 무선 망관리가 사회후생을 증대시킬 수 있음을 추론할 수 있다. 이러한 추론은 2010년 12월에 채택된 FCC의 망중립성 규칙에서 무선망에 대한 비합리적 망관리 금지 규정을 제외한 것과 일관된 것이다.

그러나 최재필 · 김병철(Choi & Kim, 2010)의 연구는 의도적인 품질 저하(targeting degrading)와 망관리를 이용한 전략적 배제(exclusion)를 고려하고 있지 않다는 한계를 지니다. 특히 무선 망중립성 규제에서 비합리적 차별 금지 규정의 부재로 무선 CAS 시장에서 전략적 배제가 발생할 수 있음을 유의해야 한다.

마지막으로, 최재필 · 김병철(Choi & Kim, 2010) 연구의 한계로 지적되는 ISP (지역) 시장이 독점이라는 가정을 두 개 이상의 사업자들이 경쟁하는 시장으로 변경하는 경우라면, ISP의 투자 유인에 대한 결론이 변할 수 있다는 점이다. 그러나 유의할 점은 ISP 시장이 경쟁적이라는 가정 하에서 최재필 · 김병철(Choi & Kim, 2010) 연구의 ISP 투자 유인에 대한 결론이 유지될 개연성이 있다는 점이다. 예를 들어, 정부의 규제(명시적 요금 규제나 묵시적 행정지도)를 통해 소비자에게 부과할 수 있는 접속료가 고정되어 있는 경우 식(16)의 망 용량 투자에 의해 접속료의 변화가 발생하지 않게 되고, 따라서 식(16)은 다음과 같이 단순화될 수 있다.

$$\frac{d\widetilde{\pi_m}}{d\mu} - \frac{d\pi_m}{d\mu} = \left(\frac{d\tilde{a}}{d\mu} - \frac{da}{d\mu}\right) + \frac{df}{d\mu} = 2(m_x + \theta\Delta_m)\lambda\frac{d\tilde{x}}{d\mu} < 0$$

즉, 이 경우에는 망 용량 증가로 인해 우선전송권의 가치가 하락하는 효과만 고려되므로, 오히려 ISP의 망 용량 투자 유인은 차별적 망 환경에서 더 낮아지게 되는 것이다. 접속료 규제를 받고 독점적 ISP가 아닌 경쟁적 ISP를 상정한다면 이러한 경쟁적 개별 ISP에게도 망 접속료는 고정되어 있는 것으로 받아들여진다. 이러한 점에서 위의 단순한 분석은 경쟁적 ISP 시장에서도 적용될 개연성이 있다.[7]

4 기타 관련 연구

이 밖에도, 망중립성의 효과를 분석한 주목할 만한 연구들로 허말린과 캐츠(Hermalin & Katz, 2007), 정, 반디요파드하야이와 구오(Cheng, Bandyopadhyay, & Guo, 2009), 에코노미데스와 태그(Economides & Tåg, 2009) 등을 들 수 있다.

허말린과 캐츠(Hermalin & Katz, 2007)의 연구는 ISP를 소비자와 CAS 제공업자를 연결해 주는 플랫폼(platform) 사업자로 가정하고, 망중립성 규제는 오직 하나의 서비스만을 제공하게 하고 망중립성 규제가 없다면 품질이 차별화된 다양한 서비스가 공급될 수 있다고 가정한다. 그러나 허말린과 캐츠(Hermalin & Katz, 2007)의 연구는 패킷 스위칭의 특징인 정체 현상(congestion)을 명시적으로 다루고 있지 않고, ISP의 투자 유인도 고려하지 않고 있다는 한계를 가진다.

정, 반디요파드하야이와 구오(Cheng, Bandyopadhyay, & Guo, 2009)의 연구는 두 콘텐츠 제공업자 경쟁하는 호텔링 모형을 이용해 ISP의 투자 유인을 연구한다. 그러나 정, 반디요파드하야이와 구오(Cheng, Bandyo-

7) 물론 경쟁적 ISP를 가정하게 되면, ISP와 CP 사이의 우선전송권 가격 결정 메커니즘과 어떤 ISP가 우선전송권을 제안할지에 대한 균형분석이 추가적으로 필요하다.

padhyay, & Guo, 2009)의 연구는 ISP가 경쟁하는 콘텐츠 사업자에게 우선 전송권을 동시에 판매할 수 있다는 가정하고 있는 한계를 지닌다.

에코노미데스와 태그(Economides & Tåg, 2009)의 연구는 망중립성 규제의 의미를 네 가지로 분류하고 양면시장 이론을 근거로 QoS와 ISP의 이윤을 비교한다. 그러나 분석의 결과가 모형의 모수값 가정에 따라 변한다는 한계를 지니고 있다.

제 4 절 망중립성 관련 국내 이슈

1 망중립성 관련 국내 사례와 연구

컴캐스트 사건 이후 전개되고 있는 망중립성 규제와 관련된 국내 사례와 연구는 아직 미미한 수준이다. 망중립성 관련 국내 사례로 "LG파워콤의 하나TV 서비스 관련 전기통신사업법 위반행위 건"(통신위원회 의결 제2006-153호)과 "(주)KT의 IDC 이용자에 대한 전용회선 제공 관련 이용자 이익 저해행위에 대한 시정 조치에 관한 건"(방송통신위원회 심의·의결 제2010 - 17 - 074호)을 흔히 들고 있으나 이러한 사례들은 상호 접속에 관한 사업자 간의 분쟁이라고 볼 수 있다. 2000년대 초기 유럽을 중심으로 사용된 망중립성의 개념은 상호 접속, 동등 접근, 이용자에 대한 차별 금지 등과 같은 의미로 주로 사용되었기 때문인데, 따라서 컴캐스트 사건 이후 현재 논의되고 있는 망중립성 개념과 일부 혼동이 있을 수 있다.

"LG파워콤의 하나TV 서비스 관련 전기통신사업법 위반행위 건"(통신위원회 의결 제2006-153호)의 내용을 요약하면 다음과 같다. LG파워콤은 하나로 텔레콤을 비롯한 여러 ISP에게 망을 제공하는 사업자로, 하나로텔레콤과 "전송망 설비 제공 및 이용에 관한 협정서"를 체결했는데, 하나로텔레콤이 유료 부가 서비스인 하나TV 서비스를 제공하기 시작하자, LG파워콤은 하나TV 서비스에 대한 이용 대가를 요구하게 된다. 하나TV 서비스는 가입자가 보유하고 있는 인터넷 접속 회선을 이용해 가입자가 직접 콘텐츠를 다운받아 이용하는 서비스(일종의 애플리케이션 서비스)로서, LG파워콤으로부터 전송망 설비를 임차해 가입자에게 제공하는 초고속 인터넷 접속 서비스와 직접적인 관계가 없다고 주장했다. 이에 반해, LG파워콤은 하나TV는 초고속인터넷 회선에 공유기와 셋톱박스 등 장비를 추가로 설치해 서비스를 제공하는 유료 부가 서비스에 해당되므로, 사전 협의 없이 서비스를 제공하는 것은 양사 간의 협정을 위반한 행위라고 주장하고, 하나TV 서비스 호(Call)를 차단했다. 이에 대해 통신위원회는 일방적인 호 차단은 협정 위반이며 이용자 이익을 저해하는 행위라고 판단하고, 하나TV 서비스 호 차단 행위 중지와 하나TV 서비스 이용 대가 등에 대해 하나로텔레콤과 1 개월 이내에 합의하도록 명한 것이다.

"LG파워콤의 하나TV 서비스 관련 전기통신사업법 위반행위 건"은 최근 미국에서 불거진 컴캐스트, 레벨3, 넷플릭스 사건과 유사한 측면을 보인다. 넷플릭스는 미국 인터넷을 통해 비디오/DVD/온라인 TV프로그램을 제공하는 CP다. 넷플릭스는 미국의 대표적인 CDN업체인 아카마이의 CDN 서비스로 트래픽을 처리하다가 새로 CDN 서비스를 제공하기 시작한 인터넷 서비스업체인 레벨 3으로 협력사를 변경했다. 레벨 3은 ISP이기 때문에 이전에 또 다른 ISP 인 컴캐스트와 동등 접속 계약을 통해 피어링(peering)의 관계를 가지고 있는 상태였다. 레벨 3이 넷플릭스와의 계약을 체결한 이후 넷플릭스의 트래픽이 레벨 3을 거쳐 컴캐스트에게 가중되었다. 이에 따라 트래픽 급증에 부담을 가지게 된 컴캐스트는 "이 부분에서는 피어링할 수 없다"며 추가 비용을 요구했지만 레벨 3은 추가 비용 지불을 거절했고, 결국 이 사건을 FCC에 제소했다. FCC는 이 사건의 다툼은 망중립성 문제가 아니라고 지적했으며, ISP인 컴캐스트가 합리적인 망관리가 필요하다는 차원에서 레벨 3은 컴캐스트에게 비용을 지불하라는 판결을 내렸다.

다음으로, "(주)KT의 IDC 이용자에 대한 전용회선 제공 관련 이용자 이익 저해행위에 대한 시정 조치에 관한 건"(방송통신위원회 심의・의결 제2010 - 17 - 074호)의 내용은 다음과 같다. IDC(Internet Data Center)란 인터넷사업에 필요한 고속인터넷 회선, 전원・항온항습 설비 및 보안・관리 시스템 등 네트워크 운영에 필요한 환경을 구축·임대하는 서비스를 말해, 부가통신사업에 해당된다. NHN은 일반 전용회선 신규 구간 및 용량 증설을 KT에 요청했는데, 이에 대해 KT는 신규 구간에 대한 모니터링과 다른 인터넷망 연동 금지라는 특수 조건을 개통 조건으로 부여했고, NHN이 모니터링 조건을 이행하지 않자 특수 조건 미이행을 이유로 1회선 신규 개통을 지연했다. NHN은 또한 현대정보기술 마북 IDC에서의 인터넷 접속을 위해 KT에게 인터넷 망간 상호 연동에 필요한 BGP(Border Gateway Protocol) 방식의 인터넷 전용회선 1회선의 개통을 요청했으나 거부당했다. 이에 대해 방송통신위원회는 KT와 NHN이 '필터링' 취지의 합의를 했다 하더라도, KT의 약관상 근거 없는 특수 조건 부여행위 자체가 위법이며, 전기통신설비를 다른 이용자에 비해 부당하게 차별적으로 제공·제안하고, 이용자의 자유로운 선택을 제한하는 전기통신설비를 제안하는 행위에 해당하므로 위법하다고 의결했다.

이상에서 간략히 살펴본 것처럼, 망중립성 관련 사례로 흔히 언급되는 위의 두 가지 국내 사례들은 제2장과 제3장에서 논의한 미국의 망중립성 규제와는 다소 다른 문제다. "LG파워콤의 하나TV서비스 관련 전기통신사업법 위반행위 건"은 ISP인 하나로텔레콤과 망 임대 사업자인 LG파워콤과의 수직적 계약에 관한 것으로 거래 거절의 문제로 다뤄질 수 있는 사안이다. 또 "(주)KT의 IDC 이용자에 대한 전용회선 제공 관련 이용자 이익 저해행위에 대한 시정 조치에 관한 건"은 CAS 제공업자인 NHN과 망사업자이며 동시에 CAS 제공업자의 ISP 역할을 하는 ([그림 3-2]의 ISP_2에 해당하는) KT와의 사이에 수직적 계약에 관한 문제라고 할 수 있다.

이에 반해, 컴캐스트 사례나 Madison River의 VoIP 서비스 차단(blocking) 사례는 소비자(end user)와 ISP([그림 3-2]의 ISP_1)의 last mile 인터넷 접속 서비스에서 ISP의 특정 콘텐츠의 차단과 관련된 망중립성 위반 사례다.

국내 망중립성 관련 연구도 미국에서 논의되는 망중립성 논점에서 다소 벗어나 망사업자 간의 상호 접속 문제와 CAS 제공업자의 프리미엄 망에 대한 동등 접근의 문제를 주로 다룬다. 예를 들어, 성동규(2007)는 망중립성의 개념의 하나로 상호 접속을 들고 있는데, 상호 접속은 인터넷 망사업자가 다른 어떤 인터넷 망사업자에게 상호 접속을 허용해야 하고 또 상호 접속할 수 있는 관리를 가진다는 의미라고 주장한 바 있다. 또한 이광훈(2007)은 망중립성 규제 이슈로 QoS망(즉, 프리미엄 망)에 대한 동등 접근, QoS망에 대한 접속 대가 정산, QoS망에서의 특정 정보 또는 서비스의 통제 및 차단의 방지라는 세 가지 측면을 논하고 있다.

2 망중립성 관련 국내 시장 환경

위에서 살펴본 것처럼, 한국에서는 미국에서와 동일한 의미의 망중립성 문제가 최근까지는 제기되지 않았으며 또 관계 법령도 정비되어 있지 않은 실정이다. 이와 관련해 다음과 같은 몇 가지 견해가 있다.

먼저, 세계 최고 수준의 인프라를 구축하고 있는 국내 인터넷망의 경우에, 통신사업자의 트래픽 증가에 따른 트래픽 관리의 필요성이 크지 않다는 견해가 존재한다. 2008년 기준으로, 국내 FTTH/B의 가구 대비 커버리지는 약 67%로 OECD 평균 17.0%보다 월등히 높은 수준이며, 국내 3G 이동통신 네트워크의 커버리지는 약 99%(인구 기준)로 OECD 평균 81.1%보다 월등히 높은 수준이다.

둘째, 국내 광대역 ISP (또는 초고속 인터넷) 시장의 경쟁이 양호하므로 망중립성과 관련된 규제의 필요성이 외국에 비해 상대적으로 낮다는 견해가 존재한다. 2010년 기준으로, 초고속 인터넷 시장의 점유율은 KT가 42.8%, SK 브로드밴드가 22.6%, LG U+가 15.7%를 차지하고 있는데, 미국의 경우에는 ISP 시장이 통신사 ISP와 유선방송사업자 ISP가 복점적 경쟁을 하고 있는 것이 일반적이다.

그러나 국내 망구축 정도나 시장 상황이 이상과 같다고 하더라도 이러한 이유로 망중립성 규제가 필요하지 않다는 견해들은 설득력이 약하다.

첫째, 현재에도 이동통신망에 과부하가 초래되는 현상들이 발생하고 있고, 향후에 VOD, 스마트TV, 클라우드 컴퓨팅(Cloud Computing) 등 대용량 트래픽을 유발하는 인터넷 서비스가 확산되면서 이러한 문제가 유선망에서도 발생할 것으로 예상된다. 또한 인터넷 서비스를 현재의 인터넷 수준인 최선형 인터넷과 추가적인 대가를 지불하고 이용하는 프리미엄 인터넷(차별화된 유료 서비스, QoS 보장형 서비스)으로 구분해 운용할 수 있어야 한다는 주장이 제기되고 있으며, 향후 등장할 것으로 예상되는 새로운 형태의 "IP 기반 유료방송 서비스"에 대해 네트워크를 운용하는 ISP의 경쟁 서비스 차단, 가격 및 품질 차별 등의 행위가 나타날 수 있다는 우려가 제기된다.

특히 한국의 경우에는 무선 인터넷의 망중립성 규제의 적용 여부와 범위에 대한 논의의 중요성이 더 부각되고 있다. 2011년 3월 23일 기준 전체 5,120만 휴대전화 가입자 중 국내 스마트폰 가입자는 1,002만 명(19.57%)이며, 2011년 말에는 2,257만 명을 돌파했다. 스마트폰 보급의 확산으로 무선망을 이용한 데이터 사용량이 급증하고 있다.[8]

한편 와이파이를 이용해 가입자 간에 무료로 문자와 사진, 동영상 등을 주고받을 수 있는 앱인 모바일 메신저 카카오톡이 사용자 1,000만 명 돌파했으며, 카카오톡의 이용으로 이동통신사들의 문자 메시지 서비스 수입 등이 감소하고 있다. 따라서 망관리의 필요성이 증대되고, 결국 어떤 범위에서 망관리를 합리적이라고 인정할 것인가라는 정책 이슈가 제기될 수밖에 없을 것이다.

둘째, 미국에 비해 한국의 경우 광대역 ISP 시장이 좀 더 경쟁적인 것은 사실이다. 또한 광대역 ISP 시장이 좀 더 경쟁적일 때, 망중립성 규제가 ISP의 설비 투자와 CAS 제공업자의 기술혁신 투자에 미칠 영향에 대한 연구는 부재한 상태다. 그러나 제3장에서 논의했듯이, 광대역 ISP 시장이 좀 더 경쟁적이라는 사실이 망중립성 규제가 불필요함을 시사하는 것은 아니다. 특히 이러한 논란은 망중립성 규제가 독과점적 시장사업자로서 ISP를 규제하는 것을 목적으로 한다는 잘못된 인식에서 비롯되는 측면이 있다.

8) 예를 들어, 아이폰 도입 전인 2009년 11월 가입자당 월평균 데이터 이용량은 7.5MB로 낮았지만, 2010년 8월 가입자당 월평균 데이터 이용량은 약 33MB로 4.4배가 늘어났다.

제2절에서 논의했듯이, FCC는 망중립성 규제가 반경쟁적인 차별에만 적용되어야 한다는 주장에 반박하며, 이 규칙이 ISP의 반경쟁적 행위 여부와 무관하게 ISP가 인터넷에서 승자와 패자를 선택해서는 안 된다는, 좀 더 일반적인 명제에 기초하고 있음을 천명한다.

중요한 점은 미국에서 논의되고 있는 망중립성 규제가 한국에서도 중요한 정책 쟁점으로 곧 부상할 개연성이 매우 높다는 것인데, 이에 대해서는 아래에서 좀 더 상세히 살펴보기로 한다.

3 망중립성 관련 국내 이슈

망중립성과 관련해 제기될 수 있는 당면한 한국적 이슈로 다음 세 가지를 생각해 볼 수 있다.

먼저, IPTV 서비스를 위한 프리미엄 망 허용이 망중립성 정책과 양립할 수 있는가에 대한 정책적 판단이 요구될 수 있다. 제2절에서 살펴본 것처럼, 망중립성 규칙에서 FCC는 pre-IPTV(Internet Protocol-video offerings)와 같은 특화된 서비스(specialized services)가 광대역 인터넷 서비스와 유사할 경우에 이러한 특화된 서비스의 제공이 망중립성 규제를 무력화할 수 있음에 유념해야 한다고 주의를 환기시키고 있다. 특히 한국의 IPTV망은 인터넷의 프리미엄망으로 사용될 개연성을 배제할 수 없으며, 이 경우 망중립성을 위반하게 될 수 있다는 문제가 제기된다.[9] 즉, 이 경우에 프리미엄망을 통해 IPTV 서비스 전송이 합리적 망관리에 해당하는지 여부, IPTV 서비스와 동등하다고 판단되는 CAS 트래픽을 차별적으로 전송 처리하는지 여부, IPTV 서비스와 경쟁 관계에 있는 (특히 CAS 사업과 ISP 사업이 통합된 망사업자가 독립적인 CAS 제공업자들의) 인터넷 비디오 서비스 전송 처리를 차별하는지 여부 등이 주요 쟁점이 될 수 있다.

9) 한편 프리미엄망을 허용할 경우에, 최선망의 품질 저하(quality degradation)를 막기 위해 인터넷 전송 서비스의 최소 품질 기준을 설정해야 할 수도 있음을 고려할 필요가 있다.

또한 현행 「인터넷멀티미디어방송사업법」 제14조(전기통신설비의 동등제공) 조항은 IPTV 사업을 수행하고 있는 ISP에 대한 망중립성 규제로 해석될 수도 있으나, IPTV 사업을 수행하지 않고 있는 ISP가 특정 IPTV 사업자와 전략적 제휴를 통해 또는 IPTV 사업과 경쟁 관계에 있는 유선방송사업자인 ISP가 last-mile 광대역 접속 서비스에서 망중립성을 위반하는 경우도 발생할 수 있으며, IPTV 사업을 수행하고 있는 ISP가 스마트TV의 전송을 방해하는 경우도 발생할 수 있다. 그러나 현행법으로는 이러한 행위들을 규제하지 못할 수 있다.

무엇보다도 IPTV 망의 망중립성 위반 여부의 판단을 위한 첫걸음은 IPTV 망관리의 투명성을 확보하는 것이 될 것이다. 제2절에서 살펴본 것처럼, 망관리의 투명성 확보를 위해서는 망관리 관행, 성과 특성, 소비자 권리 보호 등에 관한 정보를 공개하는 것이 필요하다.

둘째, 한국의 경우 P2P를 기반으로 하는 CDN(Content Delivery Network) 사업이 활발한데,[10] CDN은 ISP의 네트워크 하단에 여러 대의 캐시 서버(Cache Server, 임시저장장치)를 설치, CP(Content Provider)가 제공하는 콘텐츠를 이 캐시 서버에 미리 옮겨 놓고 수요가 있을 때 그 콘텐츠를 이용자에게 전달해 주는 체계를 가지고 있으며, 인터넷 동영상이나 음악 스트리밍, 파일 다운로드 등 대용량 파일로 인한 트래픽 증가로 전송 속도가 저하될 경우에 대비해, 네트워크 주요 지점에 설치한 전용 서버에 해당 콘텐츠를 미리 저장해 이용자 가까운 곳의 서버가 이를 내보내 인터넷의 QoS(Quality of Service)를 유지시켜 주는 서비스를 제공한다. CDN 서비스는 middle mile 구간이 데이터 또는 콘텐츠 전송에 지연 또는 장애를 일으키는 구간으로 인식되면서 이 구간을 우회해 가입자망에 최대한 인접하게 콘텐츠 서버를 위치시킬 필요가 발생했기 때문에 도입된 것이다. 한국의 경우 가장 많이 이용되는 방식은 CDN 서비스와 P2P 서비스가 결합된 형태로, 이 경우 사용자의 컴퓨터는 피어(Peer)로 동작하고, 서버팜은 시더

10) CDN 사업에 대한 논의는 2011년 서울대학교 행정대학원 박사과정 과목인 '방송통신정책연구'의 그룹 발표 자료를 주로 참고로 했다.

(Seeder)로 동작한다.

CDN 사업의 수익구조는 물류창고 역할을 하는 캐시 서버를 설치하고, 이 서버를 이용하는 웹사이트 운영업체 등 인터넷 사업자들에게 사용료를 받는 구조로 되어 있다. 2010년 콘텐츠진흥원의 콘텐츠 산업 통계에 따르면 CDN사업 분야는 사업자 수는 39개, 매출액은 약 1,470억 원으로 2005년 매출액 342억 원을 기준을 볼 때 약 4배 가까운 성장을 이뤘다. 주요 CDN 사업체로 씨디네트웍스, GS네오텍, 효성ITX, 삼성네트웍스, KT, 나우콤, LG데이콤, 호스트웨이 IDC 등이 있으며, 주요 고객은 게임, e-learning, 포털, 인터넷 방송처럼 대용량 데이터를 취급하는 인터넷 기업들인데, 공공단체나 일반 기업으로 이용이 확대되고 있다.

그런데 2011년 4월 25일 ISP 3사(KT, LG유플러스, SK브로드밴드)들은 통신회사의 초고속 회선을 상업적으로 이용하면서 대용량 트래픽을 유발하는 일부 사업자에 대해 통신사가 서비스를 제한할 수 있는 권한을 가진다는 것을 내용으로 하는 약관 변경 신청했고 방통위가 이 약관을 승인했다.[11] ISP의 입장은 P2P 기반 CDN 서비스는 초과적인 트래픽을 망에 가

11) KT 초고속인터넷 이용 약관
제10조의 2(이용의 제한)
① 케이티는 이용 고객이 제 15조 제1항 제4호 또는 제5호를 위반한 경우 위반행위를 7일 이내에 시정할 것을 요구할 수 있다. ③ 이용 고객이 제1항의 시정 요구 및 제2항의 이용 제한 통지를 받은 때로부터 7일 이내에 위반행위를 시정하지 않은 경우 케이티는 해당 이용 고객의 서비스에 대한 속도 제한 조치, 접속 제한 조치 등 이용 제한 조치를 취할 수 있다.
제15조
① 이용 고객은 약관 및 관계 법령에서 규정하는 사항을 준수하여야 합니다. 단 케이티는 다음 중 하나에 해당하는 경우에는 서비스의 전부 또는 일부의 이용을 제한할 수 있습니다.
4. 이용 고객이 케이티가 제공하는 서비스를 소비자의 지위에서 소매용으로 이용하지 않고, 케이티의 승인 없이 유상 또는 무상으로 제3자(콘텐츠 전송을 목적으로 네트워크 또는 소프트웨어를 제공하거나 콘텐츠 전송을 중개하는 서비스를 제공하는 사업자 등 포함)에게 제공하여 제3자의 사업에 이용하게 하거나 이용 고객 본인이 사업용, 상업용 등 소매용 이외의 목적으로 이용하는 경우
5. 이용 고객이 케이티의 승인 없이 서비스에 서버(Web, 메일, 뉴스 FTP, 게임 등) 또는 임시 저장장치(개인 PC 등을 이용한 경우도 포함) 등을 설치하여 본인이 직접 또는

져오고, 블법 콘텐츠 유통의 주범이라는 것이다. 그러나 이러한 약관은 CDN사업자를 경우하는 합법적 콘텐츠를 차단하는 행위를 허용하는 것이라고 평가될 수 있다.12)

마지막으로, 국내외 이통사들은 이동통신망에서 mVoIP 사용을 부분적으로 차단하고 있는 실정이다. 미국의 경우 Verizon은 Skype와 배타적 제휴를 통해 가입자들이 Skype Mobile 앱을 사용할 수 있게 허용하고는 있으나, 와이파이(WiFi)에서는 이용이 불가하고 사용량은 음성 통화량에서 차감하고 있다. Sprint도 Google Voice 이용을 허용하고 있으나 사용량은 통화량에서 차감하고 있다. 한국의 경우에는 이통사들이 와이파이 망에서는 mVoIP의 사용을 허가하고 있으나 3G망에서는 특정 요금대 서비스 가입자들에 한해 mVoIP의 사용을 허가하고 있는 상태인데, 2011년 11월 23일 시민단체인 경제정의실천시민연합(경실련)은 이통사인 SKT와 KT가 마이피플과 Skype와 같은 mVoIP 서비스를 일방적으로 제한하고 있다고 공정거래위원회와 방통위에 고발했다.

더욱이 Wibro를 기반으로 하는 제4 이동통신사가 진입하는 경우에 이러한 제4 이동통신사는 mVoIP 서비스를 추진할 개연성이 높고, mVoIP 서비스를 제공하는 제4 이동통신사가 시장에 진입하는 경우에 기존 이동통신사들이 이 서비스를 자사의 소비자들에게 동등하게 접속할 수 있도록 해야 하는지도 무선망 중립성과 관련해 주요 쟁점이 될 수 있다. 즉, 제4 이동통신사의 mVoIP 서비스를 기존 이동통신사가 실질적으로 차단하는 것은 차단 금지라는 망중립성 규칙에 위반된다는 주장이 제기될 수 있다.

제3자(개인, 법인)가 사업용, 상업용 등 소매용 이외의 목적으로 이용하거나 이용할 수 있도록 하는 경우

12) P2P 기반 CDN사업자의 입장은 P2P 기반 CDN 기술은 새로운 기술로 유휴설비를 저렴한 비용으로 이용할 수 있다는 점에서 사회 전체의 경제적 효율성을 가져오므로, 이러한 방식의 기술 개발이 촉진되어야 한다는 것이다. 한편 ISP들도 CDN 서비스를 제공할 CDN 사업자과 잠재적 경쟁자라는 주장도 제기되고 있다.

제 5 절 바람직한 망중립성 규제에 대한 제언

국내에서 망중립성 규제는 주로 망사업자 간의 상호 접속 문제와 CAS 제공업자의 프리미엄 망에 대한 동등 접근의 문제를 중심으로 다뤄져 왔다. 그러나 상호 접속과 동등 접근의 문제는 필수 설비 문제나 수직적 거래의 문제로 다뤄질 수 있고, 컴캐스트 이후 논의되고 있는 망중립성 개념과는 상이한 것이다. 더욱이, 최근에 IPTV망과 같이 특화된 서비스망, CDN 사업자들에 대한 망사업자들의 차단 가능성, mVoIP 서비스 제한 등과 같은 망중립성 관련 정책 이슈가 제기되고 있다.

이러한 배경 속에서 방송통신위원회는 2011년 12월 5일 '망중립성 정책 방향 마련을 위한 토론회'를 열고 '망중립성 및 인터넷 트래픽 관리에 관한 가이드라인(안)'을 발표했다. 가이드라인(안)은 △이용자 권리, △트래픽 관리 투명성, △불합리한 차단·차별 금지 등 망 중립성 기본 원칙을 명시했으나, 동시에 통신사업자에게 망 사정에 따라 트래픽을 제어할 수 있는 권한을 부여했다. 또한 통신사업자가 기존 서비스 품질을 떨어뜨리지 않는 범위 내에서 관리형 서비스(managed service)를 제공할 수 있도록 했다. 그러나 통신과 인터넷·제조사 간에 공방이 뜨거웠던 망 투자 비용 분담, 모바일인터넷전화(mVoIP) 차단, 스마트TV 문제는 추후 논의하기로 했다. 방통위는 토론회에서 제시된 의견을 가이드라인(안)에 반영해 전원회의를 거쳐 최종안을 확정할 방침이며, 내년에는 망중립성 정책자문기구를 구성해 망 이용 대가, mVoIP를 비롯해 '정보 공개 및 트래픽 관리 가이드라인'(가칭) 등을 논의할 계획이다.

2011년 12월 5일에 발표된 '망중립성 및 인터넷 트래픽 관리에 관한 가이드라인(안)'의 가장 두드러진 특징은 프리미엄 망인 관리형 서비스 제공을 허용했다는 점이다. 이는 프리미엄망의 허용에 대해 부정적인 2010년 미국 FCC의 망중립성 규칙과는 상반된 정책이라고 할 수 있으며, mVoIP 문제와 더해 향후 국내 망중립성 규제에서 핵심 쟁점이 될 것으로 전망된다.

국내 시장 상황과 관련해 (미국과 비교해) 국내 광대역 ISP 시장이 좀 더 경쟁적이라는 특징을 가진다는 점 역시 한국의 망중립성 정책에서 고려되어야 할 점이다. 그러나 좀 더 경쟁적인 광대역 ISP 시장에서, 망중립성 규제가 ISP의 설비 투자와 CAS 제공업자의 기술혁신 투자에 미칠 영향에 대해서는 좀 더 엄밀한 학술적 연구가 필요한 상황임과 시장 환경 및 관련 기술이 급격히 바뀌는 특성과 (합리적 차별의 예를 모두 열거하는) opt-in 또는 (비합리적 차별의 예를 모두 열거하는) opt-out 규제에 필요한 엄밀한 학술적 지식 축적이 미흡한 상황을 고려할 때, 좀 더 일반적인 망중립성 기준을 제시하고 구체적인 사례에서 일반 기준의 위반 여부를 사례별로 판단하는 접근이 좀 더 바람직한 규제정책 방향이라고 할 수 있다. 망관리의 투명성 확보에 필요한 공시 내용은 기술적 전문가들의 조언을 바탕으로 좀 더 구체화할 필요는 있으나, 구체적 사례에 대한 방송통신위원회의의 심결과정을 통해, 비합리적 차별에 대한 좀 더 명확한 의미와 예시들이 축적될 수 있을 것이다.

부록 1

FCC의 "Report And Order, In the Matter of Preserving the Open Internet Broadband Industry Practice, GN Docket No. 09-019 & WC Docket No. 07-52, December 21, 2010" 부록 A에 수록된 망중립성 규칙

Substantive Rules

Part 8 of Title 47 of the Code of Federal Regulations is added as follows:

PART 8 - PRESERVING THE OPEN INTERNET

Sec.

8.1 Purpose.

8.3 Transparency.

8.5 No Blocking.

8.7 No Unreasonable Discrimination.

8.9 Other Laws and Considerations.

8.11 Definitions.

AUTHORITY: 47 U.S.C. §§ 151, 152, 153, 154, 201, 218, 230, 251, 254, 256, 257, 301, 303, 304, 307, 309, 316, 332, 403, 503, 522, 536, 548, 1302

§ 8.1 Purpose.

The purpose of this Part is to preserve the Internet as an open platform enabling consumer choice, freedom of expression, end-user control, competition, and the freedom to innovate without permission.

§ 8.3 Transparency.

A person engaged in the provision of broadband Internet access service shall publicly disclose accurate information regarding the network management practices, performance, and commercial terms of its broadband Internet access services sufficient for consumers to make informed choices regarding use of such services and for content, application, service, and device providers to develop, market, and maintain Internet offerings.

§ 8.5 No Blocking.

A person engaged in the provision of fixed broadband Internet access service, insofar as such person is so engaged, shall not block lawful content, applications, services, or non-harmful devices, subject to reasonable network management.

A person engaged in the provision of mobile broadband Internet access service, insofar as such person is so engaged, shall not block consumers from accessing lawful websites, subject to reasonable network management; nor shall such person block applications that compete with the provider's voice or video telephony services, subject to reasonable network management.

§ 8.7 No Unreasonable Discrimination.

A person engaged in the provision of fixed broadband Internet access service, insofar as such person is so engaged, shall not unreasonably discriminate in transmitting lawful network traffic over a consumer's broadband Internet access service. Reasonable network management shall not constitute unreasonable discrimination.

§ 8.9 Other Laws and Considerations.

Nothing in this part supersedes any obligation or authorization a provider of broadband Internet access service may have to address the needs of emergency communications or law enforcement, public safety, or national security authorities, consistent with or as permitted by applicable law, or limits the provider's ability to do so.

Nothing in this part prohibits reasonable efforts by a provider of broadband Internet access service to address copyright infringement or other unlawful activity.

§ 8.11 Definitions.

(a) Broadband Internet access service. A mass-market retail service by wire or radio that provides the capability to transmit data to and receive data from all or substantially all Internet endpoints, including any capabilities that are incidental to and enable the operation of the communications service, but excluding dial-up Internet access service. This term also encompasses any service that the Commission finds to be providing a functional equivalent of the service described in the previous sentence, or that is used to evade the protections set forth in this Part.

(b) Fixed broadband Internet access service. A broadband Internet access service that serves end users primarily at fixed endpoints using stationary equipment. Fixed broadband Internet access service includes fixed wireless services (including fixed unlicensed wireless services), and fixed satellite services.

(c) Mobile broadband Internet access service. A broadband Internet access service that serves end users primarily using mobile stations.

(d) Reasonable network management. A network management practice is reasonable if it is appropriate and tailored to achieving a legitimate network management purpose, taking into account the particular network architecture and technology of the broadband Internet access service.

부록 2

이용자의 접근권, 상호 접속, 동등 접근 등과 관련된 국내 법령

국내 법령에서는 미국에서 논의되고 있는 의미의 망중립성 관련 조항은 아직 없으나, 이용자의 접근권, 상호 접속, 동등 접근 등과 관련된 조항들은 「전기통신사업법」과 「인터넷멀티미디어방송사업법」(일명 IPTV법)에 포함되어 있다.

먼저, 「전기통신사업법」에서 관련 조항들은 다음과 같다.

제3조(역무의 제공 의무 등) ① 전기통신사업자는 정당한 사유 없이 전기통신 역무의 제공을 거부하여서는 아니 된다.

② 전기통신사업자는 그 업무를 처리할 때 공평하고 신속하며 정확하게 하여야 한다.

③ 전기통신 역무의 요금은 전기통신사업이 원활하게 발전할 수 있고 이용자가 편리하고 다양한 전기통신 역무를 공평하고 저렴하게 제공받을 수 있도록 합리적으로 결정되어야 한다.

제42조(정보의 제공) ① 기간통신사업자는 다른 전기통신사업자로부터 설비 등의 제공·도매 제공·상호 접속 또는 공동 사용 등이나 요금의 부과·징수 및 전기통신번호 안내를 위하여 필요한 기술적 정보 또는 이용자의 인적 사항에 관한 정보의 제공을 요청받으면 협정을 체결하여 요청받은 정보를 제공할 수 있다.

② 방송통신위원회는 제1항에 따른 정보 제공의 범위와 조건·절차·방법 및 대가의 산정 등에 관한 기준을 정하여 고시한다.

③ 제1항에도 불구하고 다음 각 호의 어느 하나에 해당하는 기간통신사업자는 제1항에 따른 요청을 받으면 협정을 체결하여 요청받은 정보를 제공하여야 한다.

1. 다른 전기통신사업자가 전기통신 역무를 제공하는 데에 필수적인 설비를 보유한 기간통신사업자

2. 기간통신 역무의 사업 규모 및 시장점유율 등이 대통령령으로 정하는 기준에 해당하는 기간통신사업자

④ 제3항에 따른 기간통신사업자는 그 전기통신설비에 다른 전기통신사업자나 이용자가 단말기기나 그 밖의 전기 통신설비를 접속하여 사용하는 데에 필요한 기술적 기준, 이용 및 공급 기준, 그 밖에 공정한 경쟁환경을 조성하기 위하여 필요한 기준을 정하여 방송통신위원회의 승인을 받아 공시하여야 한다.

제50조(금지행위) ① 전기통신사업자는 공정한 경쟁 또는 이용자의 이익을 해치거나 해칠 우려가 있는 다음 각 호의 어느 하나에 해당하는 행위(이하 "금지행위"라 한다)를 하거나 다른 전기통신사업자 또는 제3자로 하여금 금지행위를 하도록 하여서는 아니 된다.

1. 설비 등의 제공・공동 활용・공동 이용・상호 접속・공동 사용・도매 제공 또는 정보의 제공 등에 관하여 불합리하거나 차별적인 조건 또는 제한을 부당하게 부과하는 행위

2. 설비 등의 제공・공동 활용・공동 이용・상호 접속・공동 사용・도매 제공 또는 정보의 제공 등에 관하여 협정 체결을 부당하게 거부하거나 체결된 협정을 정당한 사유 없이 이행하지 아니하는 행위

3. 설비 등의 제공・공동 활용・공동 이용・상호 접속・공동 사용・도매 제공 또는 정보의 제공 등으로 알게 된 다른 전기통신사업자의 정보 등을 자신의 영업활동에 부당하게 유용하는 행위

4. 비용이나 수익을 부당하게 분류하여 전기통신 서비스의 이용요금이나 설비 등의 제공・공동 활용・공동 이용・상호 접속・공동 사용・도매 제공 또는 정보의 제공 등의 대가 등을 산정하는 행위

5. 이용 약관(제28조 제1항 및 제2항에 따라 신고하거나 인가받은 이용 약관만을 말한다)과 다르게 전기통신 서비스를 제공하거나 전기통신 이용자의 이익을 현저히 해치는 방식으로 전기통신 서비스를 제공하는 행위

6. 설비 등의 제공 · 공동 활용 · 공동 이용 · 상호 접속 · 공동 사용 · 도매 제공 또는 정보 제공의 대가를 공급비용에 비하여 부당하게 높게 결정 · 유지하는 행위

7. 「전파법」에 따라 할당받은 주파수를 사용하는 전기통신 역무를 이용하여 디지털 콘텐츠를 제공하기 위한 거래에서 적정한 수익 배분을 거부하거나 제한하는 행위

② 전기통신사업자와의 협정에 따라 전기통신사업자와 이용자 간의 계약 체결(체결된 계약 내용을 변경하는 것을 포함한다) 등을 대리하는 자가 제1항 제5호의 행위를 한 경우에 그 행위에 대하여 제52조와 제53조를 적용할 때에는 전기통신사업자가 그 행위를 한 것으로 본다. 다만, 전기통신사업자가 그 행위를 방지하기 위하여 상당한 주의를 한 경우에는 그러하지 아니하다.

③ 제1항에 따른 금지행위의 유형 및 기준에 관하여 필요한 사항은 대통령령으로 정한다.

「인터넷멀티미디어방송사업법」에서 관련 조항들은 다음과 같다.

제14조(전기통신설비의 동등 제공) ① 인터넷 멀티미디어 방송 제공사업자는 인터넷 멀티미디어 방송 제공사업을 하고자 하는 자로부터 해당 서비스의 제공에 필수적인 전기통신설비에의 접근 및 이용에 관한 요청이 있는 경우 자기 보유설비의 부족, 영업 비밀의 보호 등 합리적이고 정당한 사유 없이 이를 거절하지 못한다.

② 인터넷 멀티미디어 방송 제공 사업자는 합리적이고 정당한 사유 없이 다른 인터넷 멀티미디어 방송 제공사업자가 사용 중인 자기 보유설비의 사용 등을 중단하거나 제한하지 못한다.

③ 인터넷 멀티미디어 방송 제공사업자는 자기 보유설비를 다른 인터넷 멀티미디어 방송 제공사업자에게 부당하게 차별적인 대가와 조건으로 제공하여서는 아니 된다.

④ 제1항부터 제3항까지의 규정에 따른 전기통신설비의 범위, 설비 제공

의 거절·중단·제한 사유, 설비 제공의 방법·절차 및 설비 이용 대가의 산정 원칙 등에 관하여 필요한 사항은 대통령령으로 정한다.

제20조(콘텐츠 동등 접근) ① 제18조 제2항에 따라 신고·등록하거나 승인을 받은 인터넷 멀티미디어 방송 콘텐츠사업자가 제공하는 방송 프로그램을 방송통신위원회가 대통령령으로 정하는 기준에 따라 고시한 경우(이하 "주요 방송 프로그램"이라 한다) 일반 국민이 이를 시청할 수 있도록 다른 인터넷 멀티미디어 방송 제공사업자에게도 공정하고 합리적인 가격으로 차별 없이 제공하여야 하며 주요 방송 프로그램의 계약 행위 등에 있어 시청자의 이익 및 공정거래 질서를 저해하여서는 아니 된다.

② 방송통신위원회는 제1항의 주요 방송 프로그램을 고시함에 있어서 문화체육관광부 장관, 방송사업자 및 시청자의 의견을 들어야 한다.

③ 방송통신위원회는 제1항을 위반한 인터넷 멀티미디어 방송 콘텐츠사업자에 대하여 금지행위의 중지 등 필요한 시정 조치를 명할 수 있다. 이 경우 방송통신위원회는 시정 조치를 명하기 전에 당사자에게 기간을 정하여 의견 진술의 기회를 주어야 한다. 다만, 당사자가 정당한 사유 없이 이에 응하지 아니하는 때에는 그러하지 아니하다.

제 4 장 한국 방송 규제제도의 변천과 성과

제 1 절 서론

여 · 야 간의 대립과 헌법재판소까지 이어지는 첨예한 공방 끝에 미디어 관련법이 발효되었다.[1] 다양한 부분에서 날선 공방이 계속되었지만, 무엇보다도 핵심이 되었던 쟁점은 규제 완화에 따른 대기업 · 외국 자본 등의 참여 비율 완화와 이종 매체 간의 교차 소유(cross media ownership) 허용 범위의 확대와 관련된 문제였다. 우선 미디어법 개정에 찬성하는 측의 입장에서는 현행 한국의 방송산업에 대한 소유 규제가 해외에 비해 지나치게 과도한 면이 있으며, 대기업 · 외국 자본의 참여 제한 완화와 이종 매체 간의 교차 소유 허용 등 규제 완화로 인해 사업자 간의 콘텐츠 품질 경쟁이 확대될 것으로 보고 있다(염용섭 외, 2009). 즉, 규제 완화로 인해 신규 사업자의 진입과 추가 자본 유치가 이뤄지는 경우 투자 여력을 확보한 사업자 간의 콘텐츠 품질 경쟁이 확대될 것이고 지상파 방송사의 독과점 지배구조를 극복해 콘텐츠 산업 경쟁력을 강화함으로써 매체산업 인프라를 확

1) '미디어 관련법'은 법률상 정의된 용어가 아니라 정당, 언론 등에서 편의상 부르는 명칭이며, 주로 「방송법」, 「신문법」, 「인터넷멀티미디어방송사업법」, 「언론중재법」, 「정보통신망 이용 촉진 및 정보 보호 등에 관한 법률」 및 「디지털전환법」 등을 포괄하는 개념으로 사용된다.

장시킬 수 있다는 논리다(최일도, 2009). 반면, 미디어법 개정에 반대하는 측의 입장에서는 신문과 방송의 겸영 허용 및 대기업·외국 자본의 방송 참여 비율 확대는 단기적으로는 경쟁을 촉발할 수 있겠지만, 장기적으로 대자본에 의한 언론 독과점을 심화하여 여론의 다양성에 심대한 악영향을 미칠 수 있음을 우려한다.

이와 같은 미디어법 개정을 둘러싼 찬반 논쟁은 지금까지는 원천적으로 금지되어 온 지상파, 종합 편성PP(이하, 종편 채널), 보도 전문PP(보도 채널)에 대한 일간신문, 통신사, 대기업 및 외국 자본의 진입규제 완화라는 특이성을 가지고 있기는 하지만(정인숙, 2008: 3), 방송의 공공재적 특성과 이른바 '매체 균형 발전론'에 입각해 방송의 다양성을 추구하는 '공익 이념에 기초한 규제 논리'와 이른바 '미디어 산업발전론'으로 대변되는 '방송 산업발전론' 간의 대립으로 요약될 수 있는 그간의 방송 규제 개편 논쟁의 연장선상에 있다.

이 장에서는 「통합방송법」(2000년 1월 13일부터 시행된 「방송법」[법률 제6139호]을 지칭함) 시행 이전의 시기부터 현재에 이르기까지 이 같은 한국의 방송 규제 제도 개편(의 범위와 내용)을 둘러싼 다양한 논의들을 '공익 이념에 기초한 규제 논리'와 '방송 산업발전론'의 입장에서 통시적으로 살펴보고자 한다.

특히, 방송에 적용되는 규제의 이론적·정책적 근거 논리와 방송 관련 통계 자료에 기초하여 각 시기별로 한국의 방송 규제 제도 개편으로 야기된 성과를 평가해 보고, 이를 통해 향후 지속될 제도 개편의 방향에 대한 유의미한 시사점을 모색해 보고자 한다. 이 같은 연구는 한국의 방송 규제와 관련해 학계와 일반인들의 이해 증진에 기여할 수 있을 것이며, 방송 관련 정책 실무자들의 정책 설계 및 집행 과정에서 유용한 참고 자료로 활용할 수 있을 것으로 기대된다.

제 2 절 한국의 방송규제 개편 현황

캐츠(Katz, 2005)는 미디어정책의 발전 단계를 크게 다음의 세 단계로 구분해 설명한다. 첫 번째 단계는 구(舊)방송 체제 패러다임으로서 '공익 서비스 원칙'이 미디어정책을 지배하는 단계이고, 두 번째 단계는 자유시장 패러다임이 도입되는 '뉴미디어 정착 단계'로서 지상파 방송과 다양한 기술을 기반으로 한 뉴미디어 간의 경쟁이 도모되는 단계다. 마지막으로 세 번째 단계는 글로벌 미디어 정책 패러다임으로서 디지털 기술의 발달로 인해 규제 완화와 융합이 전 세계적으로 이뤄지는 단계다(정인숙, 2008에서 재인용).

1 공익 서비스 원칙에 기초한 방송 규제

캐츠(Katz, 2005)의 미디어정책 패러다임 변화 단계에 따를 때, 1990년대 후반까지 한국의 방송 규제 패러다임은 '공익 서비스 원칙'이 지배했으며, 이 시기에는 방송산업 전반에 대한 정부의 강력한 규제가 이뤄졌다. 우선 지상파 방송 및 유료방송 사업자[2]에 대한 대기업, 언론사 및 외국 자본의 방송 진입이 원천적으로 금지되었다. 또한, 유료방송사업자의 경우 SO (System Operators), NO(Network Operators), PP(Program Providers)가 엄격히 구분되고, 이들 사업자들 간의 상호 지분 보유나 겸영이 또한 엄격하게 금지되었다. 그뿐만 아니라 RO(Relay Operator)의 SO로의 전환이나 채널 티어링(channel tiering) 등도 전혀 허용되지 않았다.

이처럼 초기 한국의 방송이 정부의 강력한 규제의 대상이 되어 왔던 근

2) 케이블TV는 변화하는 방송 환경에 부응하고 다채널을 통해 다양하고 전문화된 정보를 제공함으로써 시청자의 정보 욕구를 충족시키려는 목적으로 1995년 처음 도입되었다(공보처, 1996).

본적인 이유는 무엇보다도 방송이 공공재(public goods)적 성격을 강하게 가진다는 사실 때문이었다. 일반적으로 공공재라 함은 동시 소비가 가능하고, 특정인의 소비가 타인의 소비를 배제하지 않는 특징을 가지는 재화나 서비스를 의미하는데, 방송의 경우 불특정 다수에게 일방향적으로 정보를 제공하는 특성상[3] 이 같은 공공재로서 성격을 가지고 있다는 논리다. 그리고 이 같은 특성에서 방송은 사회적 파급력이 클 수밖에 없고, 강력한 여론 형성 기능을 가지기 때문에 여론의 독과점으로 인한 폐해를 최소화(윤창호 외, 2011)하기 위해 정부의 강력한 정책 개입이 필요한 것으로 간주되었다.

또한, 방송사업자는 정부로부터 제한된 자원인 주파수 사용의 특권을 부여받아 공공에게 공익적 프로그램을 제공하는 수탁자로서의 역할(이상우 외, 2006)을 가진다는 점 역시 당시 방송산업에 대한 강력한 규제의 논거로 사용되었다. 즉, 수탁자로서 방송사업자가 공익적 프로그램(예를 들어 교육직·공공적 사안에 대한 프로그램)을 제공함으로써 발생하는 손실을 보충할 수 있는 재원이 마련되기 위해서는 방송사업자에 내해 진입 장벽을 통한 초과 이윤의 제공, 그리고 주파수 사용료 면제를 통한 지대 제공이 불가피하다는 논리가 도출된 것이다. 그리고 이러한 논리는 방송시장에 대한 경쟁 도입을 원천적으로 불가능하게 만든 근거로 사용되기도 했다(조은기, 2005).

2 「통합방송법」의 제정과 방송 규제의 완화

하지만 2000년대에 들어서면서 종전의 「방송법」, 「종합유선방송법」, 「유선방송관리법」 및 「한국방송공사법」 등으로 분리되어 있던 방송 관련 법체

3) 현행 「방송법」[법률 제10856호, 2011.7.14, 일부 개정], 이하 현행 「방송법」)에서도 방송을 "방송 프로그램을 기획·편성 또는 제작하여 이를 공중(개별 계약에 의한 수신자를 포함하며, 이하 "시청자"라 한다)에게 전기통신설비에 의하여 송신하는 것(현행 「방송법」 제2조)"이라고 정의하고 있어 방송이 쌍방향적인 성격이 아닌 방송의 일방향적 정보 전달 특성을 가지는 재화로 인식하고 있다.

계를 통합하는 내용의 「통합방송법」이 제정되고, 실질적인 의미의 다채널 유료방송사업이 본격적으로 상용화되기 시작하면서, 기존의 지상파 방송사업자 중심의 한국 방송산업이 다변화되기 시작했다.[4] 특히, 「통합방송법」에서는 위성방송 실시에 관한 법적 근거를 마련함에 따라 기존의 지상파 방송 및 케이블TV 이외에 방송 콘텐츠를 전송하는 새로운 플랫폼 사업자가 등장할 수 있는 계기가 마련되었다.

이 시기는 캐츠(Katz, 2005)의 유형 분류 중 지상파 방송과 다양한 기술을 기반으로 한 뉴미디어 간의 경쟁이 도모되는 '뉴미디어 정착'에 해당하는 단계로 유료 방송산업을 중심으로 방송산업에 대한 규제가 큰 폭으로 완화되는 시기였다. 한국의 경우 이 시기의 규제 완화 시책은 주로 방송의 다양성 확보에 초점을 맞춘 전형적인 매체 균형발전론에 근거(윤석민 · 이현우, 2011; 이영주 · 송진 · 박정우, 2010)한 것이었다. 즉, 케이블TV와 위성방송이라는 신규 플랫폼의 존립과 성장, 그리고 이를 통한 방송 매체 간의 균형 발전을 달성하기 위한 하나의 정책적 수단(김재영 · 강한나, 2007; 박규장 · 최세경, 2008; 박창희, 2003; 이재호, 2007)으로 유료 방송산업에 대한 규제 완화 시책이 적용된 것이다. 이는 "미디어 공급자의 다양성(diversity of media supplier)을 통해 미디어 콘텐츠의 다양성(diversity of media content)"을 확보(이상우 외, 2006: 4)할 수 있다는 논리에 근거했다.

이 같은 정책 목표에 따라서 「통합방송법」 시기에는 방송산업의 발전을 위해 유료 방송사업자에 적용되는 소유 · 겸영 규제 등을 완화하되, 지상파 방송사업자의 시장 지배력이 유료 방송시장에 그대로 전이되는 것을 방지(박창희, 2003; 황근, 2008)하고, 일부 거대 자본에 의해 방송산업의 소유가 집중되는 것을 방지하기 위해 사전적이고 구조적인 비대칭적 규제(asym-

4) 2000년 1월 12일 국회를 통과한 「통합방송법」이 제정 · 공포되었다. 이어 1월 28일 문화관광부는 방송법 시행령 초안을 발표하고 2월 10일 입법예고되었다. 3월 13일에는 지상파방송(방송위원회), 종합유선방송(종합유선방송위원회) 및 중계유선방송(정보통신부) 등 다원화됐던 소관 부처를 아우르는 총괄기구인 방송위원회가 출범했다. 이에 따라 문화관광부에 있던 방송정책권과 방송 운영, 편성정책, 방송영상 진흥정책, 방송기술정책 등 방송 관련 주요 기능이 방송위원회로 이관되면서 명실상부한 방송정책기구로 거듭나게 되었다(조성호, 2010).

표 4-1 「통합방송법」의 주요 내용

구분	주요 내용
종합 유선 방송	- 문화관광부(케이블TV)와 정보통신부(중계유선)으로 이원화되어 있던 관리 체계를 방송위원회로 일원화 - PP의 경우 2001년부터 승인제에서 등록제로 전환(종합편성, 보도, 홈쇼핑 채널 제외) - PP, SO, NO 간 교차 소유와 PP 및 SO 중복 소유의 제한적 허용 - 방송채널 사업자로서 PP 지위 격상 • 위성방송, 지상파, 중계유선에 대한 프로그램 공급 가능 • 대기업, 언론사 및 외국 자본에 대해 33% 내에서 지분 참여 허용 (종합편성, 보도 채널 제외) - 일정 유예 기간 이후 중계 유선의 SO 전환 허용
위성 방송	- 단일 컨소시엄을 통해 사업 참여 • 지분 33% 내에서 대기업, 언론사, 외국 자본의 지분 참여 허용 - 외국 위성의 무선설비를 이용하여 방송을 하고자 하는 자는 방송위원회에 승인 필요

자료: 조성호(2000: p.31)

metric regulation)가 적용되었다.

표 4-2 방송사업자 소유 지분 허용 비율(2009년 방송법[법률 제9280호])

구분	대기업	외국 자본	일간신문 · 뉴스통신
지상파	금지	금지	금지
보도 PP	금지	금지	금지
위성	33% ⇒ 49%	33%	33%
SO	30% ⇒ -	33% ⇒ 49%	33%
일반 PP	-	33% ⇒ 49%	-

이에 따라 방송 관련 제반 법령과 지침들에서는 <표 4-2>와 같이 지상파 방송, 종합 유선방송, 위성방송 및 방송채널 사용사업 등 방송 사업자를 '역무별'로 구분하고, 이들 각각의 사업자들에게 부과되는 '사전적(*ex-ante*)' 규제의 범위와 강도를 서로 다르게 적용했다. 우선 지상파 방송 사업자 및 보도 PP에 대해서는 전파의 희소성 및 보편적 서비스의 제공 그리고 여론의 다양성이라는 전통적인 공익 서비스 규제 원칙에 의거해 대기업,

외국 자본 및 언론사의 진입이 원천적으로 금지한 반면, SO와 위성방송 및 일반 PP사업자 등 유료방송 사업자에 대해서는 방송산업의 활성화라는 측면에서 대기업, 언론사 및 해외 자본의 진출을 제한적으로 허용했다.

또한, 유료방송사업자들 간 상호 겸영이나 교차 소유도 일정 부분 허용되었는데, SO의 경우에는 전체 매출액의 33% 이내 또는 SO 전체 권역 수의 1/5 이내, PP의 경우에는 PP시장 전체 매출액의 33% 이내의 범위에서 제한적으로 동일 매체 내 중복 소유(이하, 수평적 통합)를 가능하게 하여 MSO(Multiple System Operator) 및 MPP(Multiple Program Provider)의 형성을 법적으로 가능하게 했다. 또한 SO와 PP 간 상호 결합(이하, 수직적 결합)을 통해 MSP(Multiple Service Provider, 이하 MSP)를 형성할 수도 있게 했다.

한편, 「통합방송법」 실시 이후에는 '콘텐츠 다양성의 확보'라는 정책 목표 하에서 PP 채널의 허가제가 등록제로 바뀌는 등 방송 프로그래밍 유통 시장에서의 진입 규제도 크게 완화되었다. 2001년 PP 등록제 이전의 채널 사업은 정부의 전문 분야 지정 및 허가제도 등 강력한 규제를 적용받았지만, PP 등록제가 실시됨에 따라 5억 원 이상의 자본금만 있으면 방송시설을 갖추지 않았더라도 시설 확보 계획서만을 통해 PP 시장에 진출할 수 있게 되었으며, SO와 계약만 성사되면 바로 방송을 할 수 있게 되었다(김선미 · 김성태, 2007). 그리고 PP 등록제가 실시됨에 따라 SO의 채널 편성권 강화와 PP시장의 자율화를 통해 SO 사업자와 PP 사업자 간의 채널 공급 체결 계약이 단체 계약에서 자유계약으로 변경되었다. 이는 각 SO 권역별 송출 채널이 달라지는 것은 물론 채널 수 증가를 통해 다양한 채널 서비스가 원칙적으로 가능해진 것이다(김선미 · 김성태, 2007).[5] 또한, PP 등록제

5) 1995년 케이블TV 출범부터 PP 등록제 실시 이전까지는 SO가 전체 PP(29개 채널)을 모두 송출하는 의무재송신 체제였고, SO와 PP간이 계약도 전 SO와 전 PP(27개 사, 단 수신료를 받지 않는 공공 채널인 KTV와 OUN은 빠짐)가 함께 수신료 배분 체계 등을 논의하는 단체계약 형태였으나, 2002년 송출 계약 때부터 의무 재송신이 자유화되고 단체계약에서 개별 계약으로 변경되어 PP의 마케팅력 강화를 요구함은 물론 SO의 채널 편성권이 강해지는 계기가 되었다(김선미 · 김성태, 2007).

실시와 함께 1999년 일부 지역의 SO들을 중심으로 적용되기 시작한 채널 티어링 제도가 PP 등록제 이후 크게 확산되기 시작했다(김선미 · 김성태, 2007)[6]

3 방송 · 통신 융합과 규제 체계의 개편

한국의 방송산업을 둘러싼 환경은 2000년대 중반을 기점으로 중요한 전환을 맞이했다. 통신망과 방송망의 광대역화에 따른 디지털방송 전송 기술의 고도화와 복합단말기 등이 출현 등으로 디지털 케이블 및 IPTV 등 방송과 통신 영역의 망과 서비스 구분히 모호한 이른바 방송 · 통신 융합 서비스가 본격적으로 등장하기 시작한 것이다.[7]

이 같은 디지털 전송 기술의 고도화와 방송과 통신의 융합 현상은 방송 콘텐츠의 전송 능력을 크게 향상시키고 방송 서비스를 활용한 양방향 멀티미디어 통신이 가능케 함에 따라 주파수의 희소성과 일방향적 정보 전달 특성이라는 공익 이념에 기초한 방송 규제 논리의 근간을 크게 퇴색시키고 있다(이상우 · 김창완, 2006). 그뿐만 아니라 사업자 간의 활발한 인수 · 합병을 통해 융합되는 또 다른 시장에 진입함으로써 관련 시장의 구조(market structure)를 크게 변화시키고 있으며, 기존 서비스의 특성을 결합한 전혀 새로운 상품과 서비스가 등장함에 따라 산업 내의 전반적인 경쟁 수준을 증가시키는 등 시장의 전반적인 경쟁에 직접적인 영향을 미치고 있

6) 1998년 8월 SO 허가장의 '모든 채널 의무송신' 조항이 삭제되면서 1999년 1월 부산 및 경남지역과 1999년 3월 서울지역의 일부 SO를 중심으로 채널 티어링 제도를 도입하게 되었고, 이후 PP 등록제 이후 크게 확산되었다(김선미 · 김성태, 2007).

7) 일반적으로 산업 간 융합 현상(convergence)은 "관련 기술의 변화로 인해 종전에는 독립적인 기업들에 의해 생산되던 둘 이상의 상품이나 서비스가 단일 기업에 의해 생산되는 수준까지 범위의 경제(economic of scope)가 증가하는 과정"(OECD, 1999; 이호영, 2008에서 재인용)으로 정의된다. 방송산업이나 통신산업과 같은 네트워크 산업 부문에서 이뤄지는 융합 현상에 대해서는 "상이한 네트워크 플랫폼이 본질적으로 유사한 종류의 서비스를 전송할 수 있게 되는 것(European Commission, 1997: 1; 이호영, 2008에서 재인용)을 의미한다.

다(이호영, 1999). 그리고 이 같은 변화는 기존 방송 산업에 적용되어 오던 규제 체제 및 법 제도 개편에 대한 전방위적 압력으로 작용하고 있다(김현정, 2010: 120). 이에 따라 한국의 방송 규제 기구, 규제 패러다임 및 규제 체계와 방법은 2000년대 중·후반을 거치며 대폭적인 변화의 시기를 겪게 되는데, 이 시기의 변화는 캐츠(Katz, 2005)의 분류 중 '글로벌 미디어 정책 패러다임'의 단계에 해당한다.

우선, 규제기구의 개편으로 방송·통신의 융합이라는 방송환경 변화에 대응하기 위해 2008년 2월 29일 『방송통신위원회의 설치 및 운영에 관한 법률』에 의거해 대통령 직속 기구로 구(舊)방송위원회의 방송정책 및 규제 기능과 구(舊)정보통신부의 통신 서비스 정책과 규제 기능을 일원화하는 방송통신위원회가 설치되었다(방송통신위원회 홈페이지).

다음으로 기존의 '공익 이념'과 '매체 균형발전론'에 근거한 규제 패러다임이 대폭적인 규제 완화를 통한 매체 간의 자유 경쟁을 강조하는 '방송 산업발전론'으로 점차 이동하게 되었다. 최근 대기업·언론사 및 외국 자본의 진입 규제와 방송사업자 간 상호 겸영 규제에 대한 대폭적인 완화를 골자로 하는 미디어법 개정(안)에 찬성했던 입장에서 강력하게 주장했던 논리가 바로 이와 같은 시각을 대변하는 것이었다.

표 4-3 방송사업자 소유 지분 허용 비율에 대한 미디어법 개정(안) 내용

구분	대기업[1]	외국 자본	일간신문·뉴스통신	1인 지분 제한
지상파	금지 ⇒ 20%	금지	금지 ⇒ 20%	30% ⇒ 49%
종편 PP[2]	금지 ⇒ 30%	금지 ⇒ 20%	금지 ⇒ 30%	30% ⇒ 49%
보도 PP[2]	금지 ⇒ 49%	금지 ⇒ 20%	금지 ⇒ 49%	30% ⇒ 49%
위성	49% ⇒ 폐지	33% ⇒ 49%	33% ⇒ 49%	-
SO[1]	-	49%	33% ⇒ 49%	-
IPTV	-	49%	49%	-
일반 PP	-	49%	-	-

주 1: 최근 방송법 시행령 개정으로 대기업 요건(3조 원 이상 ⇒ 10조 원 이상) 및 SO 소유규제 완화(사업권역 1/5 ⇒ 1/3 이하) 시행

주 2: IPTV 종편·보도 PP도 동일

자료: 정윤식(2009: 64).

다음으로 방송 규제 체계가 기존의 역무별·사전적 규제 체계에서 수평적 규제 체계로 전환되고 있다. 방송산업에서의 수평적 규제 체계는 사업자를 방송, 통신, 유선, 무선 등 매체별로 구분해 규제를 적용하던 기존의 역무별·사전적 규제 체계와는 달리 방송 매체를 전송을 담당하는 플랫폼과 내용적 측면의 콘텐츠 등으로 층위(layer)를 구분해, 층위별로 동일한 것으로 간주되는 서비스에 대해서는 동일한 규제를 적용하는 것을 핵심적인 내용으로 한다. 방송환경의 변화에 따라 한국의 방송산업에 대한 규제 체계를 이 같은 수평적 규제 체계로 전환할 필요성이 있다는 것에 대한 논의는 다양하게 전개(강재원·이상우, 2006; 이상우·김창완, 2006; 이수일, 2009; 정용준, 2009)되어 왔는데, 그 중 가장 핵심적인 사항은 변화된 방송환경 속에서 기존의 사전적·역무별 규제 체계는 사실상 동일한 서비스를 제공하며 경쟁하고 있는 사업자들에게 상이한 규제가 적용될 수 있다는 이른바 '규제 차별의 문제'를 발생시킨다는 점이었다(이수일, 2009; 복홍석, 2011). 그리고 이러한 규제 차별의 문제는 사업자 간의 공정한 경쟁을 저해해 장기적으로 산업의 발전을 저해할 수 있다는 것이다(복홍석, 2011). 실제로 현행의 사전적·역무별 규제 체계 하에서 규제 차별의 문제는 「방송법」 제8조(소유 제한 등)와 「방송법 시행령」 제4조(소유 제한의 범위 등) 및 「인터넷멀티미디어 방송사업법」상의 제13조(시장점유율 제한)에서 규정하고 있는 사업자의 시장점유율 제한 규정 등에서 명확히 나타난다(이수일, 2009). 간단한 예로 「방송법」 및 「방송법 시행령」에서는 SO의 시장점유율 제한을 "특정 종합유선방송사업자가 경영하는 종합유선방송사업의 가입 가구 수와 그 종합유선방송사업자와 특수관계자인 종합유선방송사업자이 가입 가구 수의 합이 전체 종합유선방송사업 가입 가구 수의 3분의 1을 초과하는 구역에서는 종합유선방송사업을 경영하는 경우"로 규정해 SO 사업자를 별개의 시장을 형성하는 독점 사업자로 간주해 규제하고 있다. 반면, IPTV법 규정에서는 IPTV 사업자의 시장 점유율 제한을 "방송 구역별로 인터넷 멀티미디어 방송, 종합유선방송, 위성방송을 포함한 유료방송 사업 가입 가구의 3분의 1을 초과해 서비스를 제공할 수 없다"고 규정하고 있어, IPTV 사업자와 DBS 사업자 그리고 SO를 사실상 동일한 서비스를 제공하면서 경쟁하는 사업자로 판단하고 있다(이수일, 2009). 즉, 개별 법령에서 규정한 규제 기준이 상이하게 적용되고 있다는 측면에서 관련 법규정상에 상호 모순이 있다는 점을 발견할 수 있다. 이처럼 기존의 역무별·사전적 규제 체계 하에서는 개별 법령들 간의 모순이나 규제 차별이 발생할 수 있다는 문제 의식에 따라 세계 각국의 정부는 방송·통신산업에 대한 규제 체계를 역무별·사전적 규제 체계에서 수평적 규제 체계로 전환하고 있다. 대표적인 사례로 유럽위원회(European Commission)는 전통적인 방송과 통신을 전자적인 신호를 전달하는 전송(transmission: network & service) 부분과 콘텐츠(contents) 부문으로 구분하고 전송 부분의 경우에는 「유럽 경쟁법(European Competition Law)」상의 시장 획정 원리에 따라 획정된 시장에서 특정 사업자의 시장지배력이 확인되는 경우에만 사전적인 규제를 적용하는 체계로 전환하는 것을 골자로 하는 "전자통신 네트워크 및 서비스에 대한 규제 지침"을 마련해 회원국들이 따르도록 의무화하고 있다(복홍석, 2011).[8][9] 한국에서도 이와 같은 문제 의식에 기초해 지난 2010년 3월, 기존의 역무별·사전적 규제 체계에서 수평적 규제 체계로의 전환을 주요 골자로 하는 「방송통신발전기본법」(제정 2010.3.22 법률 제10165호)이 제정·공포되었다. 동 법률 제2조에서는 기존의 역무별 구분 방식과는 달리 방송·통신을 콘텐츠, 설비, 서비스 등으로 구분하고 있으며, 동법 제5조 '방송통신 규제의 원칙' 제1항에서는 "방송통신위원회가 방송통신 서비스의 특성이나 기술 또는 시청자와 이용자의 서비스 수용 행태 등을 종합적으로 고려하여 동일한 서비스로 볼 수 있는 경우에는 동일한 규제가 적용되도록 노력하여야 한다."고 규정함으로써, 방송통신 분야의 규제 체계를 수평적 규제 체계로 전환함을 명시하고 있다. 또한 동법의 제11

8) 이와 관련된 자세한 사항은 European Commission(2002)을 참조할 수 있다.

9) 콘텐츠 부문은 이 규제 지침에서 다루지 않고 별도의 영역에서 관할하고 있다. 텔레비전 방송프로그램의 콘텐츠는 국경 없는 텔레비전 지침(Television Without Frontiers: TVWF)의 적용을 받는다. 한편, 온라인상에서 일어나는 웹 기반 콘텐츠를 지칭하는 정보사회 서비스(information society services)는 탈규제(혹은 최소한의 규제) 하에 전자상거래 지침에서 다뤄진다(김희수 외, 2006: 78).

조에서는 "방송통신위원회가 방송통신 시장의 효율적이고 공정한 경쟁 환경 조성을 위해 노력해야 하며, 방송통신위원회는 방송통신 시장의 효율적인 경쟁 체제 구축과 공정한 경쟁 환경 조성을 위한 경쟁정책을 수립하기 위하여 방송통신 시장의 경쟁 상황에 대한 평가를 실시할 수 있다"고 규정하고 있다(복홍석, 2011).

마지막으로 수평적 규제 체계로의 개편과 더불어 이 시기에는 방송산업에 대한 규제의 방법이 사전적이고 구조적인 것에서 사후적인 경쟁 규제의 형태로 변화하고 있다. 앞서 살펴본 바와 같이 과거에는 방송사업자 간의 상호 겸영이나 지분 소유 지분 한도 등을 일정 수준으로 제한하는 방식을 통해 사전적으로 방송사업자의 지배력을 차단하는 규제의 방식을 택하고 있었다. 하지만 점차 이 같은 규제의 강도를 완화하는 대신 이로 인해 야기될 수 있는 소유 집중 및 사업자의 시장 지배력 등의 문제는 사후적인 규제로 제재하는 방식으로 변화하고 있는 것이다.

표 4-4 MSO/MPP/MSP별 방송사업 수익 점유율 현황(2009년)

MSO		MPP		MSP	
구분	점유율	구분	점유율	구분	점유율
티브로드	25.9	씨제이	28.4	씨제이 계열	22.7
씨제이	19.3	MBC	11.6	티브로드 계열	16.3
씨앤앰	18.2	SBS	10.9	씨앤앰 계열	11.5
에이치씨엔	8.5	KBS	7.6	에이치씨엔 계열	5.0
씨엠비	5.3	한전KDN	6.6	씨엠비 계열	3.4
지에스계열	3.7	티브로드	4.0	지에스 계열	2.1
MSO/SO전체	83.7	MPP/일반PP	86.6	MSP/(SO+PP) 전체	62.1

주 1: SO방송사업 수익에는 방송수신료 수익, 광고수익, 협찬수익, 홈쇼핑 송출 수수료수익, 시설설치 수익, 단말장치 대여수익, 중계유선방송 수신료 수익, 기타 방송사업 수익이 포함됨. 방송 이외의 기타 사업수익은 제외함.

주 2: PP방송사업 수익에는 방송수신료 수익, 광고 수익, 협찬 수익, 프로그램 판매수익, 방송시설 임대수익, 행사수익, 기타 방송사업수익이 포함됨. 홈쇼핑PP와 데이터PP의 방송사업 수익은 제외함.

자료: 2009년도 방송시장 경쟁 상황 평가, p. 354.

한국에서도 최근 사전적인 규제의 완화로 인해 방송산업에 대규모 자본이 유입되고, MSO와 MSP를 중심으로 산업 구도가 개편됨으로써 이들 사업자에 의한 불공정한 거래행위의 가능성이 증대되고, 이로 인해 야기되는 소비자 후생이 감소할 것이라는 우려의 소리가 높아지고 있다.

우선, SO 간의 상호 결합을 통한 수평적 결합 집중도의 증가는 플랫폼 사업자들이 PP와의 협상에서 협상력(bargaining power)에 우위를 가지게 하여, 제공 프로그램의 가격을 하락시킴으로써 PP 시장의 양적 또는 질적 저하를 가져올 수 있으며, 플랫폼 사업자들이 자신의 협상력을 이용해 PP로 하여금 프로그램을 경쟁 플랫폼에 대해 배타적·차별적으로 유통할 것을 요구할 수 있다. 또한 수직적 결합 집중도 증가 역시 MSP 사업자의 전송망 차별(conduit discrimination)과 콘텐츠 차별(contents discrimination) 등을 통해 경쟁 사업자를 배제하는 효과를 가질 수 있다(Rubinfeld & Singer, 2001; Waterman & Weiss, 1996; Chen & Waterman, 2005; 이상우·박민수; 2007).[10] 실제로 <표 4-5>에 제시된 케이블과 위성방송 간의 콘텐츠 수급 과정에서의 갈등은 이 같은 우려를 여실히 보여 주는 사례다.

이에 따라 최근 개정된 「방송법」([시행 2011.10.15] [법률 제10856호, 2011. 7.14, 일부 개정])에서는 방송시장의 효율적인 경쟁 체제 구축과 공정한 경쟁 환경을 조성하기 위해 방송시장경쟁상황평가위원회를 두고, 매년 방송시장의 경쟁상황평가를 실시하도록 하는 조항(제35조의5)을 신설함과 동시에 동법 제85조의2에 방송사업자에 대한 금지 규정을 여섯 가지로 열거하고, 금지행위에 대한 사실조사를 위한 자료 제출 요청권과 시정 조치 및 과징금을 부과할 수 있는 조항을 신설함으로써 사후적 경쟁 규제를 강화하고 있다.

---

10) 전송망 차별이란 경쟁 플랫폼에 자사의 콘텐츠 서비스를 제한함으로써 자신의 전송망을 경쟁으로부터 보호하는 방식이다. 한국의 유료방송산업을 예로 들자면, 자사의 사업권역에 있는 경쟁 플랫폼 사업자(경쟁 SO, DBS 또는 IPTV)에게 자신의 프로그램을 공급하지 않는 경우를 말한다. 한편, 콘텐츠 차별이란 경쟁 콘텐츠를 자사의 전송망에서 서비스할 수 없도록 배제하거나 품질을 떨어뜨림으로써, 자사의 소속 콘텐츠를 경쟁에서 배제하는 방식이다(Rubinfeld & Singer, 2001).

표 4-5 케이블과 위성 간의 콘텐츠 수급 갈등 과정

일시	내용
2003년 1월	• 온미디어는 투니버스, 수퍼액션, MTV에 대해 스카이라이프 송출을 중단함.
2003년 3월	• CJ 미디어는 홈CGV에 대한 스카이라이프 송출을 중단함. • 스카이라이프는 투니버스, 수퍼액션, MTV, 홈CGV의 공급 중단에 대해 불공정거래행위로 공정거래위원회에 제소했으나 증거 불충분으로 무혐의 처분이 내려짐.
2005년 1월 12일	• CJ가 m.net과 XTM의 위성방송 공급을 중단하고 케이블 TV에만 공급하겠다는 입장을 밝힘.
2005년 01월 18일	• CJ 미디어의 불공정행위에 대해 공정거래위원회에 신고
2005년 1월 24일	• 씨넥서스(PP)는 무협영화 전문채널 ABO를 2월 1일부터 위성방송 공급을 중단한다고 결정
2005년 1월 27일	• CJ 미디어에 대한 '채널 공급 중단 금지 가처분'신청을 서울중앙지방법원에 제출 - 시청자의 권리와 계약 당사자 간의 상호 신뢰를 무시하고 계약 기간 중에 채널 공급을 중단한 것임. • 방송위원회는 XTM의 경우 채널 계약 기간 준수, m.net의 경우 협상 기간의 준수를 촉구 - XTM은 계약기간이 남아 있으나 일방적인 계약 파기행위이고, m.net은 계약기간이 지났다고 하더라도 사업자 간 협의를 위해 60일간 방송을 송출해야 함. - CJ의 채널 송출 중단은 「방송법」 제27조 제6항 '사업자 간의 분쟁 조정 및 방송프로그램 유통상 공정거래 질서 확립에 관한 사항'의 위반에 해당하기 때문에, 이를 어겼을 경우에는 심의 · 의결을 통해 행정권고 및 이행명령을 내릴 것임.
2005년 1월 31일	• XTM, m.net을 포함해 전 채널을 위성방송에 제공하지 않겠음을 밝힘. - 2월 1일부터 XTM과 m.net의 공급을 중단 - 스카이라이프에 의한 법원 가처분소송에 대한 대응으로 강경한 입장으로 선회했음.
2005년 2월 2일	• CJ 미디어가 m.net과 XTM의 위성방송 송출 중단 결정을 철회했음. - 방송위원회와의 협의 이후, m.net의 송출 중단을 철회하고 재계약 여부를 재검토하기로 결정 - XTM의 채널 송출 중단을 3월 12일 이후로 연기하기로 결정 - CJ는 XTM의 중도 계약 해지에 대해 위약금 제공 등 손해배상 지급 용의가 있음을 밝힘.
2005년 2월 15일	• 스카이라이프가 태광MSO를 불공정거래행위로 공정거래위원회에 신고 태광 MSO가 PP에게 압력을 행사하여 위성방송에 대한 채널 공급 중단을 종용했다는 주장
2005년 2월 26일	XTM과 m.net의 스카이라이프 송출 중단
2005년 3월 7일	• 법원이 CJ 미디어에 대해 XTM 채널의 계약 준수를 이행할 것을 명령 2006년 3월 1일까지 스카이라이프를 통한 XTM의 방송이 가능해짐.

자료: 이상우 · 나성현 · 정은옥 · 김원식(2006: 24)에서 인용함.

표 4-6 방송법상 사업자 금지행위

제85조의2(금지행위) ① 방송사업자 · 중계유선방송사업자 · 음악유선방송사업자 · 전광판 방송사업자 · 전송망사업자(이하 "방송사업자 등"이라 한다)는 사업자 간의 공정한 경쟁 또는 시청자의 이익을 저해하거나 저해할 우려가 있는 다음 각 호의 어느 하나에 해당하는 행위(이하 "금지행위"라 한다)를 하거나 제3자로 하여금 이를 하게 하여서는 아니 된다. 1. 정당한 사유 없이 채널 · 프로그램의 제공 또는 다른 방송사업자 등의 서비스 제공에 필수적인 설비에 대한 접근을 거부 · 중단 · 제한하거나 채널 편성을 변경하는 행위 2. 다른 방송사업자 등에게 적정한 수익 배분을 거부 · 지연 · 제한하는 행위 3. 부당하게 다른 방송사업자 등의 방송 시청을 방해하거나 서비스 제공계약의 체결을 방해하는 행위 4. 부당하게 시청자를 차별하여 현저하게 유리하거나 불리한 요금 또는 이용 조건으로 방송 서비스를 제공하는 행위 5. 이용 약관을 위반하여 방송 서비스를 제공하거나 이용계약과 다른 내용으로 이용요금을 청구하는 행위 6. 방송 서비스의 제공 과정에서 알게 된 시청자의 정보를 부당하게 유용하는 행위

제 3 절 방송 규제 개편의 성과 및 평가

1 방송 규제의 성과

1) 방송산업의 양적 성장

2000년 「통합방송법」 실시 이후 유료 방송사업자들을 대상으로 한 일련의 사전적 규제 완화 조치는 케이블 TV를 필두로 한 유료방송 플랫폼 및 전송 콘텐츠 차원에서 괄목할 만한 수준의 양적 성장을 이끌어 낸 것으로 평가될 수 있다.

유료방송 플랫폼 사업자 중 SO의 경우 가입 단자 수를 기준으로 2000년 308만에 불과했던 종합 유선방송 가입자는 이후 꾸준히 증가해 불과 4년 후인 2004년에 이르러서는 1,300만 가입자를 넘어섰고, 2011년 3월 현재 약 1,500만에 육박하는 가입자를 보유하고 있는 것으로 집계되어 전체 유료

방송시장의 77.19%(2010년 3월 기준)에 이르는 가입자 점유율을 확보하고 있는 것으로 나타났다(방송산업 실태조사보고서, 2011).

한편 2000년대 중반 이후에는 최근 디지털 전송기술의 진보와 이종 매체간의 융합 현상이 가속화되면서, 디지털 케이블TV 및 DBS, IPTV 등 디지털 전송 기술을 활용하는 신규 플랫폼의 가입자 수가 큰 폭으로 증가하는 추세를 보이고 있다.

우선, 2002년 유료 방송시장에 처음 진입한 DBS는 가입자 수를 꾸준히 증가시켜, 2011년 3월 현재 246만 가입자를 확보했으며, 디지털 플랫폼 사업자 중 가장 많은 가입자를 보유하고 있는 것으로 나타났다. SO사업자의 경우에도 수평적 통합과 수직적 결합 등을 통해 디지털 전송기술에 대한 투자를 꾸준히 확대해 나가면서 디지털 케이블 서비스 제공을 강화해 나가고 있다. 2005년 씨제이케이블넷(현, 씨제이헬로비전)을 필두로 디지털 케

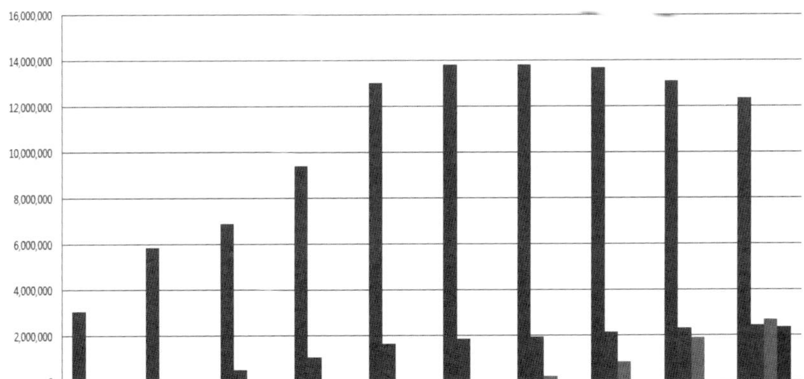

	2000년	2001년	2002년	2003년	2004년	2005년	2006년	2007년	2008년	2009년
■아날로그케이블	3,086,267	5,844,118	6,911,514	9,401,606	13,012,991	13,837,374	13,811,372	13,680,448	13,100,476	12,378,792
■일반위성방송	0	0	539,048	1,053,895	1,652,255	1,855,240	1,949,191	2,151,882	2,338,378	2,457,408
■디지털케이블	0	0	0	0	0	39,159	256,309	853,517	1,912,751	2,675,063
■IPTV	0	0	0	0	0	0	0	0	0	2,373,911

그림 4-1 연도별 유료방송 가입자 수 추이(단위: 단자 수 기준)

주 1: 종합유선방송의 가입자 수는 종합유선방송을 수신하기 위한 수신시설(단자)을 설치한 TV수상기 대수를 기준으로 함.

주 2: 위성방송은 2002년 3월 개국, IPTV는 2009년 1월부터 상용 서비스 실시

주 3: IPTV 가입자에는 PreIPTV(VOD) 가입자가 포함됨.

자료: 정보통신정책연구원.

이블 서비스를 제공하기 시작한 SO는 가입자 수를 매년 큰 폭으로 증가시키고 있다.[11]

한편 1998년 11월부터 본격적인 실시간 방송을 시작한 IPTV의 경우 초고속 인터넷 시장에서의 지배력을 바탕으로 적극적인 마케팅과 결합상품 제공 등을 통해 서비스가 개시된 후 불과 9개월 만에 100만 가입자(17개월 후 200만 가입자)를 돌파(정보통신정책연구원, 2011)하는 등 매우 빠른 성장세를 보이고 있다.

특히 포화 상태에 다다른 한국의 유료 방송 플랫폼 시장에서 이 같은 디지털 전송 플랫폼의 성장은 전통적인 아날로그 케이블 TV의 점유율을 점차 잠식하고 있으며, 디지털 플랫폼 차원에서 디지털 케이블, DBS, IPTV 간의 경쟁은 더욱 치열해지고 있는 양상을 보이고 있다.[12] 이에 따라 플랫폼 사업자들 간 차별화된 서비스의 제공을 통한 전략으로 기존 가입자의

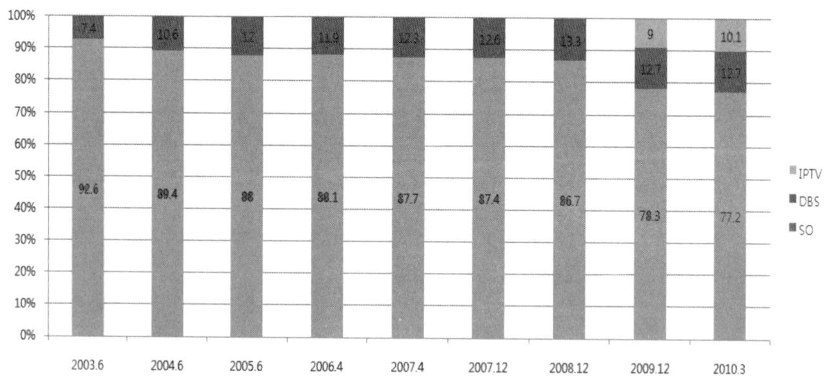

그림 4-2 유료 방송 가입자 점유율 추이(Pre-IPTV 제외)

자료: 정보통신정책연구원(2011).

11) 이들 SO의 2008년, 2009년 가입자 점유율 성장률은 각각 124.2%, 40.2%에 이른다. 한편, 2009년부터 본격적으로 실시간(live) 방송을 시작한 IPTV의 경우 2010년 현재 약 190만의 가입 단자를 확보하고 있는 것으로 나타났다.

12) 정보통신정책연구원(2011)의 통계자료에 따를 때, 2003년 61.5%였던 유료방송 가입 가구의 비율은 2009년 87.2%(중계유선 및 Pre-IPTV가입자 제외)로 증가해 국내 대부분의 가구가 유료방송을 통해 방송 콘텐츠를 수신받고 있는 것으로 나타났다.

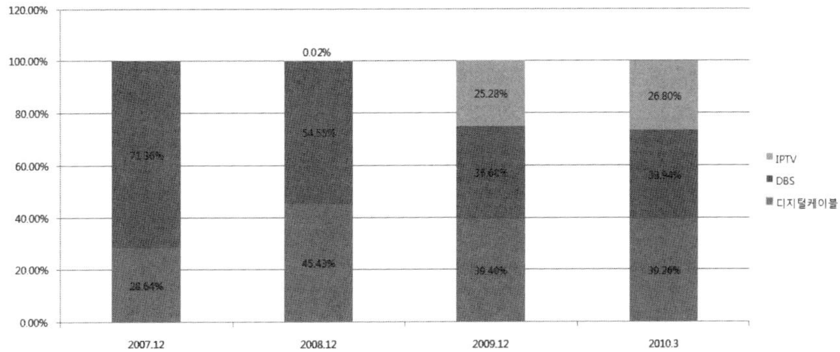

그림 4-3 디지털 플랫폼 가입자 점유율 추이(Pre-IPTV 제외)

자료: 정보통신정책연구원(2011).

표 4-7 등록제 실시 전 방송채널사용사업자 현황

구분	1차 (93~95)		2차 (2000)		신규 홈쇼핑 (2001)		3차 등록 (2001.3~) 2001		2002		2003		2004		.....	2009년	
	법인	채널	법인	채널	법인	채널	법인	채널	법인	채널	법인	채널	법인	채널		법인	채널
전체	27	29	13	14	3	3	90	118	43	45	36	40	19	21	....		
폐업	1	1	2	2	0	0	58	73	20	22	13	13	0	0	....		
취소	0	0	0	0	0	0	3	3	0	0	0	0	0	0	....		
현재	26	28	11	12	3	3	34	42	23	23	23	27	19	21	....	184	206

주 1: 1차 : 구 공보처, 문화관광부의 허가 및 승인 채널
주 2: 방송위원회 등록제 유예 기간 내 승인 채널
자료: 방송위원회(2005), 방송채널사용사업자 현황.

이탈을 막고 신규 가입자를 유치하기 위한 경쟁이 본격화되고 있다.[13)]

또한, 플랫폼 서비스 가입자 수의 증가와 더불어 PP의 진입 요건이 기존의 허가제에서 등록제로 완화되면서 프로그램 유통산업의 공급업체 수와

13) 대표적인 예로 케이블TV 사업자인 씨제이 헬로비전은 2010년 6월 케이블TV와는 별도로 WebTV 플랫폼인 TVing을 출시했으며, 10월에는 아이폰 등 스마트폰에서도 이용이 가능하도록 서비스를 확장했다. TVing은 지상파 채널과 60여 개의 인기 채널을 온라인을 통해 실시간으로 제공하고 있으며, 2010년 말 현재 약 100만 명의 가입자를 확보하고 있는 것으로 나타났다(유선실, 2010).

이들이 제공하는 채널 수 또한 양적으로는 크게 증가했다. 케이블TV 개국 당시 29개였던 유료 방송 채널은 2002년 승인제에서 등록제로 변경되면서 급격하게 증가해 2009년 기준 하나 이상의 종합 유선방송국 또는 위성방송, IPTV에 송출되는 채널은 206개에 이른다(정보통신정책연구원, 2010).

2) 방송산업의 질적 성장

하지만 플랫폼과 콘텐츠 차원에서 이 같은 양적 성장이 실질적으로 방송 콘텐츠 품질의 질적 성장으로 이어졌는지의 여부는 불분명하다. 표면적으로는 PP 채널이 다양해지고 SO의 채널 편성 상품의 채널 수가 큰 폭으로 증가하긴 했지만, 제공되는 프로그램의 내용적 측면을 고려해 보았을 때, 아직까지 한국의 방송산업은 콘텐츠 차원에서 유료방송 고유의 가치를 제대로 창출하지 못한 채 지상파 프로그램의 유통 창구로 전락했다는 평가를 들어오고 있는 것이 사실이다(권호영, 2005; 윤석민, 2006; 황근, 2005).

실제로 윤석민·이현우(2011)의 연구에 따를 때, 한국에서 시청률 최상위권을 차지하는 것은 지상파 콘텐츠를 재방, 삼방하는 지상파 파생(spinoff)

표 4-8 케이블 채널별 주간 편성 시간 비율

순위	프로그램	2009년 평균 시청률	2008년 주간 편성 시간 비율			
			본방 비율	자체제작 (외주 포함)	국내 구매	해외 구매
1	MBC드라마넷	0.93	35.0	13.9	81.7	4.4
2	SBS드라마플러스	0.83	27.3	4.2	89.0	6.8
3	KBS 드라마	0.79	22.2	1.0	97.9	1.1
4	투니버스	0.66	10.9	1.1	34.5	64.4
5	OCN	0.51	26.4	2.3	19.0	78.7
6	tvN	0.49	19.2	52.2	28.2	19.5
7	채널CGV	0.47	18.2	1.0	32.8	66.2
8	Champ	0.44	21.5	0.0	35.9	64.1
9	YTN	0.44	74.3	97.2	1.0	1.8
10	E채널	0.40	25.4	15.0	85.0	0.0

자료: 윤석민·이현우(2011: 31).

PP들인 것으로 나타났다.

시청률 상위 10위 내 PP들로 범위를 넓혀 보더라도 tvN과 YTN을 제외한 대부분의 채널이 지상파 콘텐츠 및 해외(미국) 드라마나 영화 중심으로 콘텐츠를 편성하고 있는 것으로 나타났으며, 해외 콘텐츠 의존도가 높은 PP들의 경우 본방송 비율이 상대적으로 낮은데 이는 해외 구매 프로그램을 수차례 순환 편성하기 때문이다(윤석민 · 이현우, 2011).

또한 한국의 경우 유선방송의 ARPU는 주요국들에 비해 대단히 낮은 수준인데, 유선방송 가입률이 유사한 일본과 비교해 보았을 때에도 약 1/6 수준인 점을 감안한다면, 한국의 유료방송 가입자들은 유료방송 콘텐츠에 대한 지불 의사(willingness to pay)가 매우 낮음을 알 수 있다(염용섭 외, 2009).

이처럼 가입자들의 유료방송에 대한 ARPU가 낮은 이유는 무엇보다도 시청자들이 높은 지불 의사를 가지는 양질의 방송 콘텐츠가 많지 않다고 판단하기 때문이다. 이 같은 사실은 2009년 방송통신위원회에서 수행한 'TV 시청 행태조사'의 설문 조사 결과로도 쉽게 짐작해 볼 수 있다.

표 4-9 주요국 유선방송 ARPU 비교

국가	ARPU	
호주	$ 51	47,430원
뉴질랜드	$ 42	39,060원
미국	$ 38	35,340원
일본	$ 37	34,410원
태국	$ 32	29,760원
싱가포르	$ 26	24,180원
홍콩	$ 22	20,460원
인도네시아	$ 22	20,460원
대만	$ 17	15,810원
필리핀	$ 12	11,160원
한국	$ 6	5,888원

자료: 염용섭 외(2009).

표 4-10 유선방송 가입 시 주요 고려 사항

구분	응답 비율.	표준오차	95% 신뢰구간	
지상파 방송을 잘 보기 위해서	0.479	0.010	0.459	0.498
채널이 다양하므로	0.294	0.009	0.276	0.312
보고 싶은 채널이 있어서	0.064	0.005	0.055	0.074
초고속 인터넷과 패키지로 판매해서	0.032	0.004	0.025	0.039
나의 이용 의사와는 상관 없는 단체 가입	0.120	0.007	0.107	0.133
기타	0.010	0.002	0.006	0.014
무응답	0.001	0.001	0.000	0.003
관측치 수	2461			

<표 4-10>는 2009년 TV시청 행태조사 응답자 3,000명 중 유선방송에 가입된 2,461가구를 대상으로 유선방송 가입 시 가장 중요하게 고려하는 사항이 무엇이냐는 질문에 대한 응답 결과를 요약한 것인데, 주요 고려 사항 중 "지상파 방송을 잘 보기 위해서"라는 응답의 비율이 47%에 이르고 있어 유료 방송 채널의 다양성이나 특정한 채널에 대한 로열티 때문이라는 의견을 크게 앞서고 있다.

그뿐만 아니라 한국의 초저가 유료방송 산업구조에도 불구하고 한국의 유료방송 요금이 적정한 수준이라거나 비싸다는 인식을 가지는 응답자의 비율은 전체의 88%에 이르는 것으로 나타났다.

이처럼 방송산업의 양적 성장이 방송 콘텐츠의 질적 성장으로 이어지지 못하고 있는 근본적인 이유는 방송산업의 구조적인 특성과 경쟁 양태에 대한 면밀한 고려 없이 행해진, PP 시장에 대한 과도한 규제 완화 시책에서 찾을 수 있다.

우선 2001년 아날로그 채널 용량이 제한적인 상태에서 행해진 PP 사업자에 대한 대폭적인 진입 규제 완화는 플랫폼 사업자에 대해 PP 사업자를 구조적인 약자의 위치에 놓이기 했다. 특히 최근 신설된 방송법상의 사업자 금지행위 규정 등 사후적인 경쟁 규제가 존재하고 있지 않은 상태에서, 채널 확보를 위한 PP 사업자들 간의 출혈 경쟁은, PP 사업자들을 SO 사업자들의 비합리적인 수신료의 배분, 결합상품 판매 시 방송 수신료의 과다

표 4-11 유성방송의 현 이용 요금에 대한 인식

설문 문항	응답 비율	표준오차	95% 신뢰구간	
매우 싼 편이다	0.018	0.003	0.013	0.024
약간 싼 편이다	0.085	0.006	0.074	0.096
적당한 수준이다	0.518	0.010	0.498	0.538
약간 비싼 편이다	0.315	0.009	0.297	0.334
매우 비싼 편이다	0.059	0.005	0.050	0.068
무응답	0.004	0.001	0.002	0.007
응답 표본 수	2461			

할인과 같은 우월적 지위를 남용에 속수무책으로 노출되게 할 수밖에 없었다. 그리고 이는 다시 PP 사업자의 수익구조 악화로 연결되고 콘텐츠의 질적 향상을 위한 투자 여력의 감소로 이어지는 악순환을 반복하게 한 것이다.

또한 개편된 등록제 하에서는 불건전 PP 사업자의 시장 진입을 막기 위한 최소한의 진입장벽도 설정하지 못하고 있어, 시상파 재빙 콘텐츠와 해외 저가 콘텐츠에 의존하는 영세 PP를 양산하고 있다는 점 역시 문제로 지적될 수 있다. 이로 인해 수용자들은 유료방송의 전반에 대해 낮은 지불 의사를 갖게 되고, 결국 역량 있는 PP 사업자들마저 제작 비용을 보전받지 못하는 부정적 외부 효과가 발생하게 된 것이다(윤석민·이현우, 2011).

2 방송 규제 개편에 대한 평가와 제언

이상에서 우리는 한국의 방송산업에 대한 규제 개편 현황을 캐츠(Katz, 2005)의 방송환경 변화에 따른 규제 패러다임 변화 단계에 따라 크게 3단계로 나눠 살펴보았다. 우선 한정된 주파수 자원을 이용해 공중에게 일방향적으로 방송 콘텐츠를 전송하는 지상파를 이용한 방송 콘텐츠 공급이 절대적이었던 초기에는 공익 이념에 근거한 강력한 정부 규제가 적용되었다. 그리고 케이블 TV 및 위성방송 등 초기 유료방송이 태동하던 시기에는 플랫폼의 다원화를 통한 콘텐츠의 다양성 확보를 목표로 신규 서비스의 유효

경쟁력을 확보하기 위한 매체 균형발전론적 시각에서의 사전적·비대칭적 규제가 이뤄졌다. 마지막으로 디지털 전송기술의 발전 및 방송·통신 융합이 가속화되면서 새로운 전송 플랫폼들이 등장하고 매체 간의 경쟁이 활성화되고 있는 최근에는 방송산업 발전론적 시각에서 기존 사전적 규제의 범위가 완화되고 방송에 대한 규제가 수평적이고 사후적인 경쟁 규제를 강화하는 방향으로 이동해 가고 있음을 살펴보았다. 한편, 방송 규제의 성과 부분에서는 방송산업에 대한 이 같은 일련의 규제 완화 조치가 양적으로는 한국의 방송산업을 크게 성장시켰으나, 이 같은 양적 성장이 콘텐츠의 다양성 및 질적 향상을 담보했다고 보기에는 아직까지는 무리가 있다는 점을 살펴보았다.

방송의 공공재적 특성 및 매체 균형발전론적 시각에 기초한 '공익적 규제 시각'이든 '산업발전론적 시각'이든 방송 규제가 궁극적으로 추구하는 정책의 목표는 국민의 여론과 콘텐츠의 다양성 및 질적 향상을 확보해 방송 콘텐츠의 최종 수요자인 시청자의 권익과 후생을 증진시키는 것이다. 다만, 그 수단적인 측면에서 차이가 있을 뿐이며, 어떠한 규제 수단을 어느 정도의 범위로 적용하는 것이 옳고 그른지에 대한 궁극적 판단은 결국 최종 시청자들의 권익과 후생의 관점에서만 평가할 수 있다. 그리고 방송 관련 규제정책의 수단과 범위의 선택은 이 같은 시각에서 관련 법제도에 대한 면밀한 고찰과 경험적 자료들을 바탕으로 한 엄밀한 분석을 통해 이뤄져야 하는 것으로, 단순히 '미디어 산업의 글로벌 경쟁력 강화'니 '일자리 창출'이니 하는 정치적 수사(rhetoric)만 가지고 접근할 성질의 것은 아니다. 이는 사후적 규제제도의 정비 정도 및 방송 산업의 구조적인 특성에 대한 고려 없이 시행된 PP사업자들에 대한 과도한 진입 규제 완화 시책이 오히려 방송 콘텐츠의 품질을 저하시키고 부정적인 외부 효과만을 야기했던 사례에서도 명백히 드러난다. 특히 방송의 경우에는 산업적 측면에서의 성장뿐만 아니라 국민의 여론 형성 기능 및 다양성, 보편적 접근성 측면에서의 성장 역시 매우 중요하기 때문에 방송산업 발전이라는 기치 하에 무분별한 규제 완화 시책을 집행할 경우에는 오히려 여론 독과점 등의 부작용만을 가중시킬 수 있음을 명심해야 한다. 이 같은 시각에서 지금까지 살펴본 한국의 규제 현황과 성과를 통해 향후 있을 방송산업의 규제 개편에 대한 시사점을 제시해 보면 다음과 같다.

우선, '공익 이념에 기초한 방송 규제 논리'에서 강조하는 바와 같이 방송을 여타 다른 산업과 같이 단순히 경쟁·경제적인 논리에서만 접근하는 것은 대단히 위험한 발상이다. 무엇보다도 방송의 제1 기능은 국민의 여론 형성 및 알 권리의 충족에 있는 만큼 무료 지상파 방송이나 종편 및 보도 채널에 대해서는 대자본 및 언론사의 진입·소유에 대해 '공익 서비스 규제 원칙'에 의거한 비교적 강한 사전적 규제를 유지할 필요가 있다.

반면, 유료방송의 경우 무료 지상파 방송과는 달리 소비자들이 일정한 금액을 지불하고 자신이 이용할 서비스를 선택한다는 측면에서 공익 이념에 기초한 사전적 규제의 범위는 대폭 완화할 필요가 있다. 다만 유료방송산업에서도 기존 독점 사업자의 시장지배력이 사전적 규제를 통해 형성된 것임을 감안할 때, 신규 매체의 도입 시 이들이 기존 사업자에 대한 유효한 경쟁력을 확보할 수 있을 때까지는 일정 부분 사전적인 비대칭적 규제를 적용하는 것은 정당성을 인정할 수 있다. 하지만, 이 같은 사전적이고 비대칭적인 규제는 어디까지나 유효 경쟁의 시장 여건이 마련될 때까지만 부여되는 한시적인 규제일 뿐이며, 장기적으로는 시장에서의 사업자 간 경쟁을 통해 서비스의 품질과 가격 그리고 사업자의 진입과 퇴출이 결정되도록 하는 것이 가장 효율적이다. 그리고 한시적으로 유효한 경쟁 여건이 조성될 때까지 신규 서비스에 대한 비대칭적 규제를 유지한다 할지라도 규제의 필요성과 범위를 법으로 좀 더 명확히 할 필요가 있다(김영주·정재민, 2010). 하지만 아직까지 한국의 방송산업에서는 비대칭 규제가 법적인 규정보다는 규제기구의 자의적인 판단에 의해 이뤄져 온 경향(김영주·정재민, 2010)이 크며, 이에 따라 비대칭 규제의 적용 범위와 필요성을 놓고 관련 사업자들 간의 첨예한 이해관계 대립으로 인해 신규 사업자의 시장 진입이 지체되는 등 오히려, 방송산업의 발전을 저해해 왔던 경험을 가지고 있다. 가깝게는 케이블 TV와 DBS에 더해 또 다른 기술적 전송 방식을 통해 방송 콘텐츠를 전송하는 IPTV의 성장에 따라 IPTV 사업자 및 기존 방송사업자들에 부과되는 사전적 규제 기준에 대한 형평성 논란이 이해관계자들 간의 대립 속에 4년이라는 장시간 동안 지속되었다는 사실이 이 같은 논의의 중요성을 방증한다.

그리고 이러한 의미에서 유료방송 산업 분야에서는 '동일한 서비스'에 대해서는 '동일한 규제'가 적용될 수 있도록 방송산업에 관한 관련 시장을 획정하고 동일 시장 안에서의 유효 경쟁 여부를 판단해 이에 근거해 사전적 규제의 범위와 정도를 결정하는 것을 주요 내용으로 하는 수평적 규제 체계로의 개편 논의는 바람직한 방향으로 평가될 수 있다. 특히 앞서 살펴본 바와 같이 신규 사업자들이 등장할 때마다 개별 법령에서 매체별로 사전적 규제를 따로 설정하는 현행의 규제 체제는 규제 차별의 문제 등 본질적 한계를 가질 수밖에 없다는 측면에서 더욱 그러하다.

다만 아직까지 방송산업에 대한 시장 획정과 유효 경쟁 여부의 평가의 필요성과 이를 위한 제도 정비에 대한 논의는 활발하게 진행된 반면, 그 구체적인 방법론에 대한 논의는 미진한 점이 문제다. 현재까지는 방송산업에서도 SSNIP(Small but Significant Increase in Price) 테스트와 CLT (Critical Loss Analysis) 분석 등을 이용해 방송산업의 관련 시장을 획정하고 획정된 관련 시장 안에서의 시장점유율을 비교하는 등 일반 산업에 적용되는 경쟁 정책의 분석방법론을 원용해 유효 경쟁 여부를 평가하고 있다.[14] 하지만 이는 동질적 상품(homogeneous product) 시장을 전제로 한 시장지배력 측정 방식으로, 방송의 경우와 같이 서비스별로 상품 차별화 (product differentiation) 정도가 매우 큰 시장에서 지배력을 평가하는 데는 일정 부분 한계를 지닐 수밖에 없다. 특히 한국에서는 유료방송 서비스의 경우 가격이 일정 부분 정부의 규제를 받고 있는 상황[15]이기 때문에 사업자들이 가격보다는 상품 차별화를 통한 품질 경쟁을 주로 하고 있다는

14) 대표적인 연구로는 정보통신정책연구원(2010)이 수행한 "2009년도 방송시장 경쟁상황 평가" 등이 있다.

15) 현행 「방송법」 77조에서는 "사업자들이 유료방송을 행하고자 할 때에는 이용 요금 및 기타 조건에 관한 약관을 정하여 방송통신위원회에 신고하여야 하며, 이용 요금에 대하여는 방송통신위원회의 승인을 얻어야 한다."고 규정함으로써 유료방송의 이용 요금과 채널 구성을 사전적으로 규제할 수 있는 법률적 근거를 마련해 놓고는 있으며, 유료방송 상품별로 각각 가격 상한을 두어 규제하고 있다.

측면에서 더욱 그러하다. 또한, 방송산업의 경우에는 전형적인 양면시장(two-sided market)의 성질을 가지고 있다는 점에서 역시 일반 경쟁법적 시장 획정 및 시장지배력 측정 방법의 원용은 상당한 오류를 야기할 수 있다. 양면시장이란 서로를 필요로 하는 두 그룹의 고객군을 연결시켜 주어 거래 또는 교환을 가능하게 하는 시장으로 정의(신일순, 2010)되는데, 유료방송의 경우에는 방송 광고시장과 시청자 시장을 연결시켜 주는 매개 역할을 하고 있다는 측면에서 이 같은 양면시장의 특성을 가지는 것으로 볼 수 있다. 따라서 유료방송의 이 같은 양면시장적 성격과 이에 따라 야기되는 간접적 네트워크 외부성(indirect network effect)을 고려하지 못하면 거래되는 상품들 간의 수요 대체성을 지나치게 과소 추정할 수 있는 위험성이 있다(복홍석, 2011). 간단한 예로 특정 플랫폼의 수신 가격 인상으로 인한 플렛폼의 1차적 수요 감소는 당해 플렛폼에 프로그램을 공급하는 PP들의 광고 수익 감소로 이어질 수 있고 이 같은 광고의 수익 감소는 다시 이들 PP의 수익성을 악화시켜 프로그램의 품질 저하를 야기할 수 있다. 그리고 이 같은 품질의 악화는 다시 플렛폼의 2차적 수요 감소로 이어질 수 있는 등 양 시장의 수요 감소가 연쇄적으로 발생하게 된다. 즉, 방송의 양면시장적 특성을 고려하지 못하면 위의 1차적 수요 감소만을 고려하게 되기 때문에 고려되는 서비스 상품의 독점력을 지나치게 과대 평가할 수 있다는 것이다(복홍석, 2011).

향후 지속될 사전적 규제의 범위와 강도에 대한 논의는 방송의 이 같은 특성을 고려한 엄밀한 분석 결과를 바탕으로 이뤄져야 할 것이다. 이를 위해서는 한국의 방송 시청자들의 수요 패턴을 분석할 수 있는 장기적인 시계열 자료를 축적하고 방송산업의 고유한 특성들을 명확히 고려해 매체별 지배력 및 소비자들의 후생 변화를 면밀히 측정할 수 있는 엄밀한 분석기법의 개발이 절실히 요구된다.

[부록] 현행 방송 관련 법령상의 소유 및 겸영 제한 규제 조항

구분	방송법 [시행 2011.10.15] [법률 제10856호, 2011. 7.14, 일부 개정]	방송법시행령 [시행 2011. 1. 1] [법률 제10165호, 2010. 3.22, 타법 개정]	인터넷멀티미디어사업법 [시행 2011. 1. 1] [법률 제10165호, 2010. 3.22, 타법 개정]	인터넷멀티미디어사업법 시행령 [시행 2011. 1. 1] [대통령령 제22550호, 2010.12.27, 타법 개정]
소유 제한 규제 (대기업 및 언론사)	**제8조(소유 제한 등)** ③ 제2항의 규정에 불구하고 「독점규제 및 공정거래에 관한 법률」 제2조 제2호의 규정에 의한 기업집단 중 자산 총액 등 대통령령이 정하는 기준에 해당하는 기업집단에 속하는 회사(이하 "대기업"이라 한다)와 그 계열회사(특수관계자를 포함한다) 또는 「정기간행물의 등록 등에 관한 법률」에 의한 일간신문이나 뉴스통신진흥에 관한 법률의 규정에 의한 뉴스통신(이하 "뉴스통신"이라 한다)을 경영하는 법인(특수관계자를 포함한다)은 지상파방송사업자의 주식 또는 지분 총수의 100분의 10을 초과하여 소유할 수 없으며, 종합편성 또는 보도에 관한 전문편성을 행하는 방송채널사용사업자의 주식 또는 지분 총수의 100분의 30을 초과하여 소유할 수 없다.	**제4조(소유 제한의 범위 등)** ① 법 제8조 제3항에 따라 지상파방송사업 및 종합편성 또는 보도에 관한 전문편성을 행하는 방송채널사용사업을 겸영하거나 그 주식 또는 지분을 소유할 수 없는 기업집단에 속하는 회사와 그 계열회사는 「독점규제 및 공정거래에 관한 법률」 제2조 제2호 및 제3호에 따른 기업집단 및 계열회사 중에서 같은 법 제14조에 따라 지정된 상호출자제한기업집단 중 상호출자제한기업집단으로 지정된 날을 기준으로 자산 총액이 10조 원 이상인 기업집단에 속하는 기업으로 한다.	**제8조(겸영 금지 등)** ① 인터넷 멀티미디어 방송 제공사업자가 주식을 발행하는 경우에는 기명식으로 하여야 한다. ② 「신문 등의 진흥에 관한 법률」에 따른 신문 또는 「뉴스통신 진흥에 관한 법률」에 따른 뉴스통신을 경영하는 법인(대통령령으로 정하는 특수관계자를 포함한다)은 인터넷 멀티미디어 방송 제공사업자의 주식 또는 지분 총수의 100분의 49를 초과하여 소유할 수 없다. ③ 「독점규제 및 공정거래에 관한 법률」 제2조 제2호에 따른 기업집단 중 자산 총액 등 대통령령으로 정하는 기준에 해당하는 기업집단에 속하는 회사와 그 계열회사(대통령령으로 정하는 특수관계자를 포함한다) 또는 「신문 등의 진흥에 관한 법률」에 따른 신문이나 「뉴스통신 진흥에 관한 법률」에 따른 뉴스통신을 경영하는 법인(대통령령으로 정하는 특수관계자를 포함한다)은 종합편성 또는 보도에 관한 전문편성을 행하는 인터넷 멀티미디어 방송 콘텐츠사업자의 주식 또는 지분 총수의 100분의 49를 초과하여 소유할 수 없다.	**제6조(겸영금지 등)** ① 법 제8조 제2항 및 제3항에 따른 대통령령으로 정하는 특수관계자에 관하여는 「방송법 시행령」 제3조 제1항 제2호 및 같은 조 제2항(제1호는 제외한다)부터 제4항까지의 규정을 적용한다. ② 법 제8조 제3항에서 "대통령령으로 정하는 기준"이란 「독점규제 및 공정거래에 관한 법률」 제14조에 따라 상호출자제한기업집단으로 지정된 기업집단 중 그 지정된 날을 기준으로 자산 총액 10조 원 이상을 말한다.
소유 제한 규제 (외국 자본)	**제14조(외국 자본의 출자 및 출연)** ① 지상파방송사업자는 다음 각호에 해당하는 자로부터 재산상의 출자 또는 출연을 받을 수 없다. 다만, 방송사업자 및 중계유선방송사업자가 방송통신위원회의 승인을 얻은 경우에는 교육·체육·종교·자선 기타 국제적 친선을 목적으로 하는 외국의 단체로부터 재산상의 출연을 받을 수 있다. 1. 외국의 정부나 단체		**제9조(외국인의 주식 소유 제한 등)** ① 다음 각 호의 어느 하나에 해당하는 자는 다른 하나에 해당하는 자와 합산하여 인터넷 멀티미디어 방송 제공사업자 또는 인터넷 멀티미디어 방송 콘텐츠사업자(종합편성이나 보도에 관한 전문 편성을 행하는 인터넷 멀티미디어 방송 콘텐츠사업자를 제외한다)의 주식(의결권 있는 주식에 한하며 주식예탁증서 등 의결권을 가진 주식의 등가물 및 출자	

구분	방송법 [시행 2011.10.15] [법률 제10856호, 2011. 7.14, 일부 개정]	방송법시행령 [시행 2011. 1. 1] [법률 제10165호, 2010. 3.22, 타법 개정]	인터넷멀티미디어사업법 [시행 2011. 1. 1] [법률 제10165호, 2010. 3.22, 타법 개정]	인터넷멀티미디어사업법 시행령 [시행 2011. 1. 1] [대통령령 제22550호, 2010.12.27, 타법 개정]
	2. 외국인 3. 외국의 정부나 단체 또는 외국인이 대통령령이 정하는 비율을 초과하여 주식 또는 지분을 소유하고 있는 법인 ② 종합편성을 행하는 방송채널사용사업자 또는 중계유선방송사업자는 해당 법인의 주식 또는 지분 총수의 100분의 20을, 보도에 관한 전문편성을 행하는 방송채널사용사업자는 해당 법인의 주식 또는 지분 총수의 100분의 10을 초과하여 제1항 각 호에 해당하는 자로부터 재산상의 출자 또는 출연을 받을 수 없다. ③ 종합유선방송사업자·위성방송사업자·방송채널사용사업자(종합편성 또는 보도에 관한 전문편성을 하는 자를 제외한다) 또는 전송망사업자는 당해 법인의 주식 또는 지분 총수의 100분의 49를 초과하여 제1항 각호에 해당하는 자로부터 재산상의 출자 또는 출연을 받을 수 없다.		지분을 포함한다. 이하 같다) 또는 지분을 총 발행 주식 또는 지분의 100분의 49를 초과하여 소유하지 못한다. 1. 외국의 정부나 단체 2. 외국인 3. 외국의 정부나 단체 또는 외국인(「증권거래법」 제2조 제20항 제1호에 따른 특수관계인을 포함한다. 이하 이 호에서 같다)이 최대주주인 법인으로서 발행 주식 총수의 100분의 15 이상을 그 외국정부나 단체 또는 외국인이 소유하고 있는 법인(인터넷 멀티미디어 방송 제공사업자의 경우에는 해당 인터넷 멀티미디어 방송 제공사업자의 발행 주식 또는 지분 총수의 100분의 1 미만을 소유한 법인을 제외하고, 인터넷 멀티미디어 방송 콘텐츠사업자의 경우에는 해당 인터넷 멀티미디어 방송 콘텐츠사업자의 발행주식 또는 지분 총수의 100분의 1 미만을 소유한 법인을 제외한다) ② 제1항 각 호의 어느 하나에 해당하는 자는 종합편성 또는 보도에 관한 전문편성을 행하는 인터넷 멀티미디어 방송 콘텐츠사업자의 주식 또는 지분 총수의 100분의 20을 초과하여 소유할 수 없다.	
겸영 제한 규제	**제8조(소유 제한 등)** ⑥ 지상파방송사업자·종합유선방송사업자 및 위성방송사업자는 시장점유율 또는 사업자 수 등을 고려하여 대통령령이 정하는 범위를 초과하여 상호 겸영하거나 그 주식 또는 지분을 소유할 수 없다.	**제4조(소유 제한의 범위 등)** ⑤ 법 제8조 제6항에서 "대통령령이 정하는 범위를 초과"하는 경우라 함은 다음 각호의 1에 해당하는 경우를 말한다. 1. 특정 방송사업자(방송채널사용사업자를 제외한다. 이하 이 호에서 같다)의 매출액(결산상 매출액 중 방송광고수입, 방송수신료수입, 방송프로그램 판매수입 등 방송사업으로	**제8조(겸영 금지 등)** ④ 인터넷 멀티미디어 방송 제공사업자는 「방송법」 제2조 및 같은 법 시행령 제1조의2에 따른 텔레비전방송채널사용사업·라디오방송채널사용사업 및 데이터방송채널 사용 사업별로 각각 전체 사업자 수의 5분의 1을 초과하여 방송채널사용사업을 경영(겸영하거나 주식 또는 지분 총수의 100분의 5 이상을 소유하는 경우를 말	

구분	방송법 [시행 2011.10.15] [법률 제10856호, 2011. 7.14, 일부 개정]	방송법시행령 [시행 2011. 1. 1] [법률 제10165호, 2010. 3.22, 타법 개정]	인터넷멀티미디어사업법 [시행 2011. 1. 1] [법률 제10165호, 2010. 3.22, 타법 개정]	인터넷멀티미디어사업법 시행령 [시행 2011. 1. 1] [대통령령 제22550호, 2010.12.27, 타법 개정]
		인한 매출액에 한한다. 이하 같다)과 당해 방송사업자와 특수관계자인 방송사업자의 매출액을 합한 매출액이 전체 방송사업자의 매출액 총액 중 차지하는 비율이 100분의 33을 초과하게 되는 경우. 다만, 법 제8조 제2항 각 호에 규정된 방송사업자의 경우를 제외한다. 2. 지상파방송사업자가 특정 위성방송사업자의 주식 또는 지분을 100분의 33을 초과하여 소유하는 경우 3. 위성방송사업자가 특정 종합유선방송사업자의 주식 또는 지분을 100분의 33을 초과하여 소유하는 경우 4. 지상파방송사업자가 특정 종합유선방송사업자의 주식 또는 지분을 100분의 33을 초과하여 소유하는 경우 5. 종합유선방송사업자가 특정 지상파방송사업자의 주식 또는 지분을 100분의 33을 초과하여 소유하는 경우	한다)할 수 없다. **제13조(시장점유율 제한 등)** ① 특정 인터넷 멀티미디어 방송 제공사업자는 해당 사업자와 특수관계자인 인터넷 멀티미디어 방송 제공사업자를 합산하여 「방송법」 제12조 제2항에 따라 방송통신위원회가 고시한 방송구역별로 인터넷 멀티미디어 방송, 종합유선방송, 위성방송을 포함한 유료방송사업 가입 가구의 3분의 1을 초과하여 서비스를 제공할 수 없다. 다만, 이 법이 시행된 후 1년 이내에는 5분의 1을 초과하여 서비스를 제공할 수 없다.	
겸영 제한 규제	제8조(소유 제한 등) ⑦ 지상파방송사업자 · 종합유선방송사업자 · 위성방송사업자 · 방송채널사용사업자 및 전송망사업자는 시장점유율, 방송 분야 또는 사업자 수 등을 고려하여 대통령령이 정하는 범위를 초과하여 상호 겸영하거나 그 주식 또는 지분을 소유할 수 없다.	⑥ 법 제8조 제7항에서 "대통령령이 정하는 범위를 초과"하는 경우란 다음 각 호의 어느 하나에 해당하는 경우를 말한다. 1. 특정 지상파방송사업자가 텔레비전방송채널사용사업 · 라디오방송채널사용사업 및 데이터방송채널 사용 사업별로 각각 전체 사업자 수의 100분의 3(100분의 3으로 산정한 사업자 수가 6개 미만인 경우에는 6개로 한다)을 초과하여 방송채널사용사업을 경영(겸영하거나 주식 또는 지분 총수의 100분의 5 이상을 소유하는 경우를 말한다. 이하 같다)하는 경우 2. 특정 종합유선방송사업자 및 위성방송사업자가 텔레비전방송채널사용사업 · 라디오		

구분	방송법 [시행 2011.10.15] [법률 제10856호, 2011. 7.14, 일부 개정]	방송법시행령 [시행 2011. 1. 1] [법률 제10165호, 2010. 3.22, 타법 개정]	인터넷멀티미디어사업법 [시행 2011. 1. 1] [법률 제10165호, 2010. 3.22, 타법 개정]	인터넷멀티미디어사업법 시행령 [시행 2011. 1. 1] [대통령령 제22550호, 2010.12.27, 타법 개정]
		방송채널사용사업 및 데이터방송채널사용사업별로 각각 전체 사업자 수의 5분의 1을 초과하여 방송채널 사용사업을 경영하는 경우 3. 방송채널 사용사업자가 전체 종합유선방송구역의 3분의 1을 초과하는 구역에서 종합유선방송사업을 경영하는 경우		
겸영 제한 규제	**제8조(소유 제한 등)** ⑧지상파방송사업자·종합유선방송사업자 또는 위성방송사업자는 시장점유율 또는 사업자수 등을 고려하여 대통령령이 정하는 범위를 초과하여 지상파방송사업자는 다른 지상파방송사업, 종합유선방송사업자는 다른 종합유선방송사업, 위성방송사업자는 다른 위성방송사업을 겸영하거나 그 주식 또는 지분을 소유할 수 없다. 다만, 「방송문화진흥회법」에 따라 설립된 방송문화진흥회가 최다 출자자인 지상파방송사업자가 이 법 시행 당시 계열회사 관계에 있는 다른 지상파방송사업자의 주식 또는 지분을 소유하는 경우에는 그러하지 아니하다.	**제3조(특수관계자의 범위)** ⑦ 법 제8조 제8항 본문에서 "대통령령이 정하는 범위를 초과"하는 경우란 다음 각 호의 어느 하나에 해당하는 경우를 말한다. 1. 지상파텔레비전방송사업자 또는 지상파라디오방송사업자가 다음 각 목의 어느 하나에 해당하는 경우 다. 전체 지상파방송사업자 수의 10분의 1을 초과하여 다른 지상파방송사업자(지상파이동멀티미디어방송사업자는 제외한다)의 주식 또는 지분을 소유하는 경우 3. 특정 종합유선방송사업자가 경영하는 종합유선방송사업의 가입가구 수와 그 종합유선방송사업자와 특수관계자인 종합유선방송사업자의 가입가구 수의 합이 전체 종합유선방송사업 가입가구 수의 3분의 1을 초과하는 경우 4. 특정 종합유선방송사업자가 전체 종합유선방송구역의 3분의 1을 초과하는 구역에서 종합유선방송사업을 경영하는 경우 5. 특정 위성방송사업자가 다른 위성방송사업자의 주식 또는 지분을 100분의 33을 초과하여 소유하는 경우 6. 특정 위성방송사업자가 다른 위성방송사업자의 위성방송사업을 2개 이상 경영하는 경우		

구분	방송법 [시행 2011.10.15] [법률 제10856호, 2011. 7.14, 일부 개정]	방송법시행령 [시행 2011. 1. 1] [법률 제10165호, 2010. 3.22, 타법 개정]	인터넷멀티미디어사업법 [시행 2011. 1. 1] [법률 제10165호, 2010. 3.22, 타법 개정]	인터넷멀티미디어사업법 시행령 [시행 2011. 1. 1] [대통령령 제22550호, 2010.12.27, 타법 개정]
	⑨ 방송채널사용사업자는 시장점유율 또는 사업자 수 등을 고려하여 대통령령이 정하는 범위를 초과하여 다른 방송채널사용사업을 겸영하거나 그 주식 또는 지분을 소유할 수 없다. <개정 2009.7.31>	⑧ 법 제8조 제9항에서 "대통령령이 정하는 범위를 초과"하는 경우라 함은 특정의 방송채널사용사업자의 매출액과 당해 방송채널사용사업자와 특수관계자인 방송채널사용사업자의 매출액을 합한 매출액이 전체 방송채널사용사업자의 매출액 총액 중 차지하는 비율이 100분의 33을 초과하는 경우를 말한다. 이 경우 상품 소개와 판매에 관한 전문 편성을 행하는 방송채널사용사업자의 매출액은 계산에 포함하지 아니한다.		

제 5 장 지상파방송 광고 판매제도*

-역사, 현황, 문제점 및 개선 방안 -

제 1 절 서론

국내 지상파 방송사의 방송광고 판매제도와 관련한 현행 법령에 따르면, 방송광고의 수량 및 가격, 판매의 형식과 유형 등이 모두 규제의 대상이다. 법령이 광고 수량과 광고 가격을 규제한다는 것은 결국 특정 방송사가 일정 수준 이상의 광고수익을 획득하지 못하도록 판매량 또는 판매가격을 직접 제한하겠다는 의미로 해석될 수 있다. 또한 광고 판매의 형식과 유형을 규제한다는 것은 양적 · 가격적 규제에 더하여 광고거래 방식마저도 제한함으로써 방송사가 광고 거래를 통해 광고주와 직접 협상에 나설 수 없도록 제한한다는 의미다.

국내 방송광고 판매제도의 독특한 방식은 군사정부 시절 언론 통폐합 과정에서 한국방송광고공사(KOBACO, 이하 코바코)가 방송광고를 독점적으로 판매를 대행하기 시작하면서 아직까지 이어져 오고 있다. 지상파 방송사의 방송광고 규제는 일련의 규제들로 지상파 방송광고 시장에 경쟁을 제

* 이 글은 김원석 · 박민수 · 이상우(2010)가 「방송과 커뮤니케이션」 제11권 2호에 개재한 "국내 방송광고 판매제도 개선 방안에 관한 연구: 경제학적 접근"을 수정 및 보완한 것이다.

한함으로써 방송의 상업성 추구를 막고, 시청자 주권을 옹호할 수 있으리라는 명분에서 정당화되어 왔다. 코바코라는 국영 미디어렙[1]이 모든 지상파 방송사들의 방송광고 판매를 독점적으로 대행하는 방식으로 변화하기 전에는 지상파 방송사들이 직접 광고 시간을 광고주에게 판매하는 방식이 이용되었다. 방송사들이 미디어렙을 이용할지 여부는 자발적으로 결정해야 함에도 불구하고 방송사들의 직접 방송광고 판매에 따른 부작용을 최소화한다는 명분 하에 방송 프로그램의 제작, 편성권과 방송광고의 영업권 분리가 시도된 것이었다(김민기, 2005).[2] 즉, 국내 방송광고 단가는 시장에서 수요와 공급에 의해 결정되는 것이 아니라 '물가 상승의 억제'와 '지상파 방송사의 안정적인 수익 보장'이라는 목표 아래[3] 한국방송광고공사(KOBACO)에 의해 결정되고 있다. 또한 지상파 방송사업자는 코바코 또는 대통령이 정하는 방송광고 판매 대행사가 위탁하는 방송광고물 이외에는 방송광고를 할 수 없도록(「방송법」 제73조 제5항) 규제를 받아 왔다.

코바코의 독점적 방송광고 판매가 비시장적 방식이라는 비판에 직면하면서 여러 차례 개선하려는 노력들이 시도되어 왔다. 1998년 공정거래위원회는 코바코의 독점판매 대행제도를 폐지하고 2000년부터 자유경쟁 체제로 전환할 것을 결정했고, 규제개혁위원회도 코바코의 독점대행제도 폐지 및 경쟁 체제 도입을 추진하겠다고 선언했다(박성철, 2009). 2000년 3월에는 통합방송법이 제정되면서 방송개혁위원회가 광고제도 개선 사항으로 공민영 간 영업 영역 구분을 전제로 2개의 공민영 방송광고 영업 대행 체제를 도입한 후, 2001년 이후 공민영 영업 구분을 폐지하겠다는 방안을 발표

1) 방송사의 광고영업을 대행하는 회사를 '미디어렙(Media Representative)'이라고 지칭한다.
2) 각각의 방송사들이 직접 방송광고 시간을 판매할지, 아니면 외부 중개업자인 미디어렙을 이용할지는 기본적으로 거래비용(transaction cost)과 조직비용(organization cost)의 상대적인 크기를 고려해 결정되어야 할 것이나, 우리나라의 경우 1981년 코바코를 설립하여 강제적으로 미디어렙을 이용하게 한 명분은 방송사의 수익극대화를 위한 광고료의 대폭 인상, 광고주 유치를 위한 시청률 경쟁과 그로 인한 프로그램의 저질화 등 방송사들의 직접 영업 방식에 따른 부작용을 최소화하기 위해 방송 프로그램의 제작, 편성권과 방송광고의 영업권을 분리하자는 것이었다.
3) 코바코 홈페이지(http://www.kobaco.co.kr) 참조.

했다. 동년 8월에는 문화부가 방송광고 판매 대행 등에 관한 법률(안)을 발표했는데, 이 안에 따르면 문화관광부 장관은 방송광고 판매를 특정 방송광고 판매 대행사에 지정할 수 있고 공영방송(KBS, EBS, MBC)은 국영미디어렙인 코바코가 종전과 동일하게 방송광고 판매를 독점하고 민영방송(SBS, 지역민방)은 별도의 미디어렙을 신설해 운영하도록 했다. 그러나 이러한 방안은 이해관계자들의 반대 및 취약 매체 경영 악화를 이유로 법률 제정 추진이 보류되었다.

2002년 12월 규제개혁위원회는 문광부의 안을 반려하고 새로운 방안을 제시했는데, 미디어렙의 허가 존속 기간을 2년으로 단축하고, 허가 대상 미디어렙은 2개 이상, 방송사의 지분을 20%, 그리고 공민영 영역 구분을 폐지하는 것이다. 문화관광부는 이에 대한 수정안을 발표했는데, 이에 따르면 허가 기간을 3년간 존속하고 방송사의 지분을 10%로 하며 공영과 민영의 구분을 3년간 한시적으로 유지하는 것이다. 2005년 문화관광부는 방송광고 판매제도 개선을 위한 태스크포스를 운영한 결과 1공영, 1민영 미디어렙 체제 도입 방안을 제시했다. 그러나 규제개혁위원회와 문화관광부의 광고 판매시장 개선을 위한 노력들이 지속적으로 이뤄져 온 것에 비해 실제로 변화된 것은 거의 없었다.

그러나 2008년 11월 27일, 헌법재판소(2008. 11. 27)는 1981년부터 코바코가 독점하고 있는 방송광고 판매가 헌법에 위반된다는 판결을 내리고, 2009년 12월까지 법을 개정할 것(헌법 불합치)을 선고했다(김종화, 2008). 다만 현행 법률을 위헌으로 판결할 경우 방송광고 판매 대행과 관련된 법률이 전혀 존재하지 않아 큰 혼란이 예상되므로, 2009년 12월 31일까지 관련 법률을 개정하는 것으로 위헌 요소를 제거하라고 헌법 불일치 판결을 내렸다. 헌법재판소 판결문의 취지는 기존 코바코의 독점적 광고판매 대행제도의 위헌성을 인정하면서도 미디어렙의 필요성과 효용성을 강조함으로써 위탁강제제도의 정당성은 인정하고 있다고 볼 수 있다.

헌법재판소의 판결은 그동안 지속적 비판을 받아 왔던 한국방송광고공사의 독점적 광고 판매제도에 종지부를 찍고 국내 방송광고 시장에 시장 기능을 도입할 수 있는 단초를 제공해 주었다는 점에서 획기적인 사건이라

하겠다. 그런데 헌법재판소의 판결은 코바코 독점의 종료를 앞당기기보다는 또 다른 논란을 가중시켰다. 언론노조는 헌법재판소의 결정에 대해, 광고주가 방송에 개입할 수 있게 하고 결과적으로 자본이 방송을 압박할 수 있는 길을 열어 주었다고 비판했다(박현철, 2008). 지역방송협의회도 방송의 공익성과 공공성이 날로 위협받는 상황에서 헌재가 이를 지탱해 주는 순기능을 단순한 시장적 논리로 재단한 데 대한 부정적 시각을 표출했다. 또한 코바코 체제의 공적 기능에 따라 존립할 수 있었던 종교, 지역방송, 특수방송 등에 대한 대안 마련이 뒤따라야 할 것으로 보여, 향후 민영 미디어렙 도입과 관련한 논란이 계속될 것으로 예상된다. 한편, 중소 방송국에 일정량의 방송광고를 할당하거나 방송광고 가격의 상한선을 정할 수 있다는 헌법재판소의 의견은 과거 코바코 제도와 크게 차이가 나지 않기 때문에 향후 미디어렙 민영화 논의에서 문제가 될 소지가 있다는 주장도 제기되고 있다.

헌법재판소의 판결 이후, 현재까지 국회에는 미디어렙 도입과 관련한 다양한 입법안이 제출되었다. 제출된 안들의 쟁점 사항들은 크게 미디어렙의 경쟁구조, 소유구조, 업무 영역, 취약 매체 지원 방안들로 요약될 수 있다.

미디어렙 도입과 관련한 이해집단 간의 갈등은 2011년 12월부터 예정되어 있는 종합편성 채널의 출범과 맞물려 더욱 증폭되고 있다. 2009년 소위 「미디어법」이 통과되면서 출범이 가시화된 종합편성 채널은 현재 4개 채널이 서비스 제공 준비에 박차를 가하고 있는데, 현재 「방송법」에 따르면 종합편성 채널은 직접 영업이 가능하게 되어 있기 때문이다. 법에 따라 종합편성 채널이 직접 광고 영업을 할 수 있도록 보장해 주어야 한다는 의견과 종합편성 채널도 미디어렙에 광고 영업을 위탁하도록 해야 한다는 입장과 대립되고 있다. 요약해 보면, 미디어렙 도입과 관련한 다양한 이해집단들 간의 합의가 이뤄지지 않고 있고 국회에서도 다양한 법안들이 대립을 이루고 있는 가운데 아직까지 미디어렙 법안은 마련되지 않고 있는 실정이다.

미디어렙의 경쟁구조에 관한 쟁점이란 기존 한국방송광고공사의 독점적 체제에서 몇 개의 미디어렙으로 변화되어야 하는가에 대한 것이다. 세부적으로는 기존 공영 미디어렙 독점 체제가 공영과 민영으로 구분되어야 하는

지, 구분된다면 공영 미디어렙과 민영 미디어렙의 수는 어떻게 해야 하는지에 대한 논의다. 현재까지 '1공영-1민영' 체제와 '1공영-다민영' 체제가 설득력을 얻고 있는 것으로 보인다.

'1공영-1민영' 체제의 논리는 공영과 민영 미디어렙을 각각 1개씩만 도입함으로써 급격한 경쟁 체제로의 변화에서 나타나는 부작용을 막자는 것이다. 이 경우, 공영 미디어렙이 KBS, MBC, EBS, 종교방송 등을, 민영 미디어렙이 SBS와 지역민방을 각각 담당하게 된다. 이 체제에 대한 우려는 헌법재판소의 판결 취지에 어긋나는 위헌의 소지가 있을 수 있고 미디어렙 사업자 수를 제한하지 못하도록 하는 WTO 규정에 위배될 수 있다는 점이다.

'1공영-다민영' 체제는 공영 미디어렙이 KBS, EBS, 종교방송을 담당하고, 민영 미디어렙이 MBC, SBS, 지역방송의 광고 판매를 담당하는 구조다. 이 경우, 민영 방송사는 각자의 민영 미디어렙을 1개씩 소유할 수 있게 된다. 이 체제에 대한 우려는 종교방송이나 지역방송과 같은 취약 매체의 존립이 위험해질 수 있고, 방송사와 광고주 간의 이해관계에 따라 여론 왜곡의 문제가 나타날 수 있다는 점이다.

미디어렙의 소유구조와 관련된 갈등은 민영 미디어렙이 도입될 경우, 민영 미디어렙에 대한 방송사의 지분 참여 상한선을 어떤 수준에서 결정할 것인가에 대한 문제다. 미디어렙은 방송사의 지분 투자에 따라 광고대행 수수료를 안정적으로 확보할 수 있기 때문에 지분율 수준에 대해 이해 당사자들의 관심이 쏠려 있다. 그런데, 방송사에 대한 광고주의 영향을 차단하기 위한 방송사의 지분참여율 제한에 대해 다양한 의견이 제기되고 있다. 방송사의 지분율을 51%까지는 허용해 주어야 한다는 의견이 있는 반면, 지상파 주도의 미디어렙을 견제하기 위해서는 지분율을 30% 이하로 제한하자는 의견도 있다. 한편, 자산 규모 10조 원 이상의 대기업이나 신문사의 미디어렙 지분 참여를 10% 이내로 제한함으로써 이해당사자 간 힘의 균형을 맞춰야 한다는 의견도 있다.

업무 영역이란 미디어렙이 판매할 수 있는 대상을 지상파 방송의 광고로만 국한할 것인지 아니면 기타 케이블 채널에 대한 광고 판매까지 허용할 것인지에 대한 문제다. 광고 매체로서 지상파 방송과 경쟁 관계에 있는 한국신문협회나 케이블방송 업체들은 미디어렙은 현재대로 지상파 방송의 광고만 판매하도록 해야 한다는 입장이다. 미디어렙에서 지상파 이외의 채널들에 대한 광고까지 판매하게 될 경우, 지상파 방송의 장악력이 확대될 수 있다는 우려에 기인한다.

마지막으로 미디어렙이 경쟁구조로 변하게 될 경우, 지상파 방송의 독과점이 심화될 수 있고 이로 인한 지역방송, 종교방송, 케이블방송 등 취약 매체의 광고 매출이 위축될 수 있다. 이에 따라 경쟁구조의 미디어렙 시장과 미디어 시장의 다양성 확보가 병존할 수 있는 다양한 방안이 제기되고 있다. 예를 들어, 공영 미디어렙이 지역방송이나 종교방송의 광고를 대행하도록 하는 방안들이 바로 취약 매체들을 보호하기 위한 것이라 하겠다.

이러한 문제 의식을 바탕으로 이 장에서는 국내 방송광고 판매제도의 현황을 간략히 살펴본 후, 방송광고 판매체도의 역사적 변천 과정과 문제점 등을 다양한 시각에서 논의해 본다. 또한 그 동안 제기되어 왔던 방송광고 판매제도 개선 방안들을 면밀히 분석해 보고, 이를 바탕으로 광고 판매제도 개선을 위한 합리적 방안을 탐색하고자 한다. 특히, 이 연구에서는 기존 연구들과는 차별적으로 경제학적 관점에 기반하여 미디어렙의 도입에 따른 방송사와 광고주 간 영향력 감소 및 거래비용의 발생이라는 관점을 중심으로 미디어렙의 소유구조, 미디어렙 시장의 경쟁구조를 다루고자 한다. 즉, 방송사의 미디어렙 소유에 따르는 반경쟁적 영향, 복수 미디어렙 도입에 따르는 효율성 제고 등에 대해 비교 분석함으로써 합리적인 소유구조, 경쟁구조 방안을 살펴본다.

이 장의 구성은 다음과 같이 이뤄진다. 제2절에서는 국내 방송광고 시장의 현황을 살펴보고, 3절에서는 국내 방송광고 판매제도의 현황을 분석해 본다. 4절에서는 해외 주요 국가들의 방송광고 판매제도 현황을 살펴보고, 5절에서는 현 방송광고 판매제도와 관련된 다양한 이슈들을 하나하나씩 분석해 본다. 6절에서는 국내 방송광고 판매제도에 대한 다양한 개선 방안들을 비교 분석해 보고, 7절에서는 국내 방송광고 판매시장에 대한 바람직한 경쟁 도입 방안을 제시해 본다. 8절에서는 방송광고시장에 경쟁 도입 시 예상되는 파급 효과를 살펴보고, 9절에서는 요약하고 정리한다.

제 2 절 국내 방송광고 시장의 현황

1 매체별 광고시장 현황

전체 광고미디어 시장을 살펴보면, 2000년 이후로 지상파TV와 라디오의 광고 매출 규모는 정체 또는 감소를 겪고 있는 반면 케이블TV와 온라인 광고 매출은 꾸준히 성장해 오고 있음을 [그림 5-1]에서 확인할 수 있다.[4) 지상파 광고시장의 규모는 1981년 약 1,200억 원 수준에서 2002년 월드컵 특수로 인해 2조 7천억 원까지 성장했으나 이후 점차 감소해 2010년 1조 9천억 원을 기록하고 있다. 반면 온라인 광고는 2005년 5천억 원을 상회하던 수준에서 2010년 1조 5천억 원에 접근할 정도로 급성장해 왔다. 케이블TV 광고 매출도 2005년 5천억 원에서 5년 반에 두 배 이상으로 성장했다.

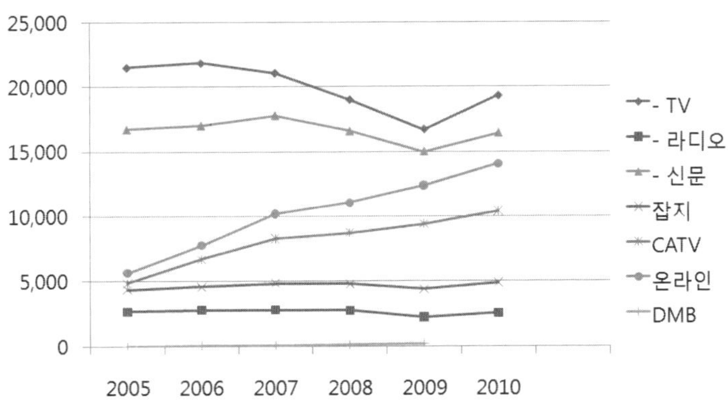

그림 5-1 연도별 방송광고 매출 실적(단위: 억 원)

자료: KOBACO(2011). 방송통신위원회(2010).

---

4) 2007년 이후로 감소하던 TV와 신문의 광고 매출 규모는 2010년에 들어 증가했는데, 이는 2010년에 실시된 밴쿠버 동계 올림픽, 남아공 월드컵, 광저우 아시안 게임 등 대형 스포츠 이벤트의 판매 호조에 기인한다.

한편, 전체 광고시장에서 지상파 TV의 광고 매출 점유율은 [그림 5-2]에서와 같이 2005년 이후 점차 감소해 오다가 2009년 27.7%에서 2010년 28.5%로 소폭 상승했다. 온라인 광고 매출 점유율은 2005년 이후 매해 2~3%씩 꾸준히 상승하면서 2010년 20.8%에 이르는 등 상승세를 유지하고 있다. 결국, 기존의 미디어인 라디오와 신문, 잡지의 광고 매출 점유율이 2005년 이후 지속적인 하락세를 보이고 있는 반면, 뉴 미디어인 CATV와 온라인, DMB의 광고 매출 점유율은 상승하고 있음을 알 수 있다.

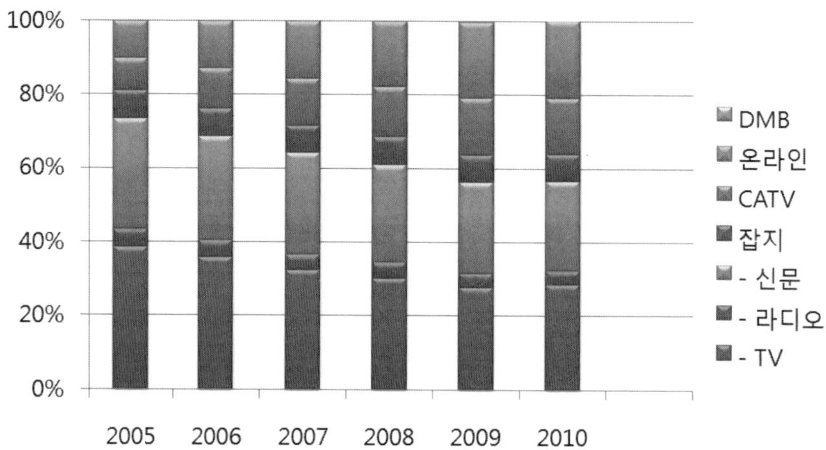

그림 5-2 연도별 방송광고 매출액 점유율

자료: KOBACO(2011); 방송통신위원회(2010).

2 지상파 방송 광고시장의 매체별 점유율

2005년 이후 지상파 방송 광고시장의 매체별 점유율을 살펴보면, [그림 3]에서 볼 수 있듯이 지상파 3사의 점유율이 85% 이상을 꾸준히 차지하고 있는 것으로 나타났다. 반면, 지역민방과 종교방송은 각각 8~10%대와 4%의 점유율에서 맴돌고 있는 것으로 나타났다.

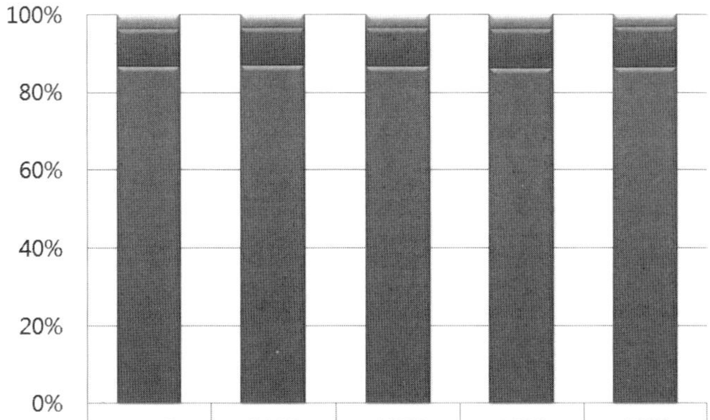

	2005	2006	2007	2008	2009
종교방송	3.6%	3.3%	3.5%	3.7%	3.2%
지역민방	9.7%	9.9%	9.9%	10.2%	10.5%
방송 3사	86.8%	86.8%	86.7%	86.2%	86.3%

그림 5-3 방송사별 KOBACO의 방송광고 매출 비율

자료: KOBACO(2011).

제 3 절 국내 방송광고 판매제도의 현황

1 방송광고 판매대행 법령 현황

우리나라의 방송광고 판매제도는 광고 수량 및 가격, 판매의 형식과 유형을 모두 규제하고 있다고 볼 수 있다. 「방송법」 제73조 제5항에 따르면, 지상파 방송사업자는 한국방송광고공사(KOBACO) 또는 대통령이 정하는 방송광고 판매대행사가 위탁하는 방송광고물 이외에는 방송광고를 할 수 없도록 규정되어 있다.[5]

5) 2009년 12월 헌법재판소는 이에 대한 헌법 불합치 판정을 내렸다. 이에 대한 내용은 뒤에 자세히 설명하도록 하겠다.

「방송법」 제73조(방송광고 등) ①~④ 생략.
⑤ 지상파 방송사업자(지상파 방송사업자와 방송채널 사용계약을 체결하고 그 채널을 사용하여 지상파 방송을 하는 방송채널 사용사업자를 포함한다)는 한국방송광고공사 또는 대통령령이 정하는 방송광고 판매대행사가 위탁하는 방송광고물 이외에는 방송광고를 할 수 없다. 다만, 대통령령이 정하는 방송광고에 대하여는 그러하지 아니하다. <개정 2007.1.26>
[2006헌마352, 2008.11.27, 방송법 제73조제5항(2007. 1. 26. 법률 제8301호로 개정된 것)은 헌법에 합치되지 아니한다. 위 규정은 2009. 12. 31.을 시한으로 개정될 때까지 계속 적용된다.]

그런데 여기서 대통령이 정하는 방송광고 판매대행사란 방송광고 판매대행을 위하여 설립된 주식회사로서 한국방송광고공사가 출자한 회사를 의미한다(「방송법 시행령」 제59조 제5항). 한국방송광고공사는 방송광고 판매 대행을 위해 설립된 주식회사에 출자를 하지 않음으로써 현재까지 방송광고 판매의 독점적 지위를 유지하고 있다. 결국, 방송광고 시장에서는 방송광고 시간의 판매와 관련해서 방송법으로 허용된 모든 방송광고 시간을 한국방송광고공사(KOBACO)를 통해 판매해 왔다고 하겠다.

「방송법 시행령」 제59조(방송광고) ①~④ 생략.
⑤법 제73조 제5항 본문에서 "대통령령이 정하는 방송광고 판매대행사"라 함은 방송광고 판매 대행을 위하여 설립된 주식회사로서 한국방송광고공사가 출자한 회사를 말한다. <개정 2007.8.7>

그러나 우리나라에서 방송광고 판매가 처음부터 한국방송광고공사에 의해 독점적으로 이뤄져 온 것은 아니다. 한국방송광고공사가 설립되기 이전에는 지상파 방송사들이 직접 광고 시간을 광고주에게 판매하는 방식이었으나, 신군부 세력이 들어오면서 한국방송광고공사라는 국영 미디어렙이 설립되었고, 코바코가 모든 지상파 방송사들의 방송광고 판매를 독점적으로 대행하는 방식으로 변화한 것이다.

1981년 한국방송광고공사를 설립하여 강제적으로 미디어렙을 이용하게 한 명분은 방송사의 수익 극대화를 위한 광고료의 대폭 인상, 광고주 유치를 위한 시청률 경쟁과 그로 인한 프로그램의 저질화 등 방송사들의 직접 영업 방식에 따른 부작용을 최소화하기 위해 방송 프로그램의 제작, 편성권과 방송광고의 영업권을 분리하자는 것이었다(김민기, 2008). 결국, 광고가격과 광고량을 규제하는 코바코 체제는 특정 기업이 일정 수준 이상의 수익 발생을 허락하지 않는 수익률 제도였음에도 불구하고 이러한 규제들은 시청자 주권을 옹호한다는 측면에서 정당화되어 왔다고 볼 수 있다.

2 방송광고 판매 방식 현황

1) 방송광고 판매 방식

국내 방송광고 판매 방식은 [그림 5-4]와 같이 광고주가 한국방송광고공사와 직거래를 청약하거나, 광고회사의 대행을 통해 한국방송광고공사에 청약을 의뢰함으로써 이뤄진다.

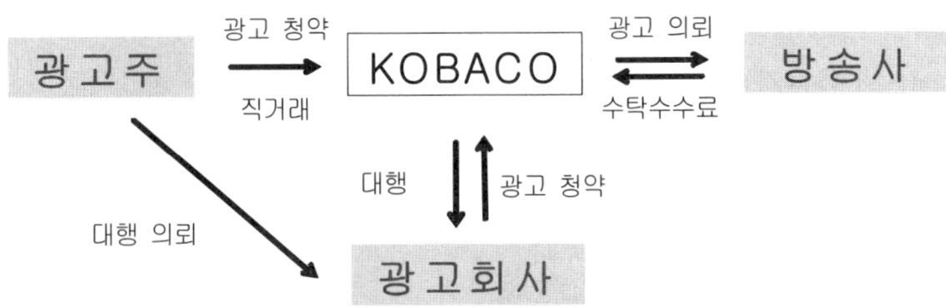

그림 5-4 국내 방송광고 판매 흐름도

광고 판매가 이뤄지는 경우, 총 광고 매출액 중 14%가 수탁 수수료로 한국방송광고공사(3%)와 광고대행사(11%)로 배분된다. 즉, 1,000원의 광고 매출이 발생하면 이 중 한국방송광고공사에게 30원(공사운영비 2%, 세금 1%), 광고대행사로 110원(11%)을 배분하고, 방송발전기금으로 52.5원(6% 이내)을 납부한 후 방송사에 810원(80% 이상)이 할당된다.

한편, 총 광고 매출액 중 방송사 몫인 81%는 제작비와 전파료로 다시 배분된다. 전파료는 일반적으로 서울과 지방이 7:3의 비율로 나눠 갖게 된다.

MBC의 예를 보면 전파료의 70%는 서울 MBC가 가지고, 나머지 30%를 지방 MBC 총 19개 계열사가 동등하게 나눠 갖게 된다. 전파료는 전파가 도달되는 인구 수에 비례해서 배분되는 것이 합리적이나, MBC는 도에 따라 계열사가 집중되어 있음에도 불구하고 계열사별로 동등하게 전파료를 배분하고 있다.[6]

2) 광고요금의 결정

지상파 방송광고의 단가는 광고 시간의 수요와 공급에 의해 결정되지 않는다. 지상파 방송광고의 단가는 '물가 상승의 억제'와 '지상파 방송사의 안정적인 수익 보장'이라는 목표 아래[7] 한국방송광고공사에 의해 결정된다. 현재의 광고 단가의 결정 방식은 2000년에 새롭게 도입된 GS 판매제도다. GS 판매제도는 시청률 등의 자료들을 근거로 광고주 요구에 부응하는 다양한 판매 방식을 구축하고 있다. 한국방송광고공사가 고려하는 GS 판매제도의 핵심적 요소, 즉 광고요금의 결정 요소에는 시청률의 적절한 반영, 광고 수급 상황이 요금 및 판매 방식에 수시로 반영, 광고주의 다양한 욕구를 수용할 수 있는 탄력적인 판매 시스템 유지, 방송사의 안정적 경영재원 확보, 광고주와 광고회사의 효율적 구매 욕구 충족 등이 있다. 즉, 코바코는 GS 판매제도를 통해 공공성과 시장경제 원칙을 조화하는 수준에서 탄력적 방송광고 요금제도를 적용하고 있다는 것이다.

방송광고의 시급 체계는 크게 SA급, A급, B급, C급의 네 등분으로 나눠지는데 시급별로 기준 광고단가가 결정된다. 시급별 기준 광고 단가의 결정은 광고주 선호도 및 수급 상황, 방송사의 안정적인 경영 재원 마련, 전통적인 요금 수준과 함께 과거 2년 동안의 평균 시청률과 최근 3개월간의 평균 시청률 등 시청률의 차이를 반영하고 있다. 현재 시청률이 광고 단가의 결정에서 차지하는 비중은 (장르별로 차이는 있으나) 대략 1/6 수준으로 알려져 있는데, SA급의 경우에는 광고 단가가 시청률에 거의 연동되지 못

---

6) 특정 도에는 3~4개의 MBC 계열사가 있는 반면 다른 도에는 1~2개의 계열사가 존재한다.
7) KOBACO 홈페이지(http://www.kobaco.co.kr) 참조.

하고 있는 실정이다(이수일, 2008).

광고 단가가 광고 시간 수요와 공급에 의해 결정되지 않고, 방송사의 안정적 경영재원 마련이나 시청자 주권 등 다양한 정책적 고려 사항 등에 의해 설정되기 때문에 코바코는 광고 수요가 높은 방송사와 방송 시간에 대해서는 광고요금을 정상보다 낮은 수준으로 억제하고, 반면 광고 수요가 낮은 비인기 방송사의 광고 수입을 보장해 주기 위해 해당 방송사의 광고요금을 정상보다 높게 책정하는 방식을 취하게 된다.

결과적으로 인기매체나 인기 시간대에는 만성적인 광고 시간 초과 수요가 발생하는 반면, 비인기 매체나 비인기 시간대에는 초과 공급이 발생하는 문제가 구조적으로 나타날 수밖에 없다. 코바코는 초과 수요와 초과 공급의 문제를 끼워팔기(tying, tie-in-sales)라는 편법을 통해 해결하고 있다. 즉, 인기 매체나 인기 시간대를 구입하고자 하는 광고주에게 비인기 매체나 비인기 시간대를 함께 구매하도록 유도함으로써 광고시장을 청산(clearing)해 나가고 있다고 하겠다.

3 방송광고 판매제도 개선의 역사

1981년 1월 설립된 코바코는 1980년 신군부의 출범에 기인했다고 알려져 있다. 당시 신군부는 국내 방송시장을 통제하는 수단으로 코바코를 설립했고, 이를 통해 지상파 방송사들의 광고 판매 수익에 영향을 줄 수 있게 되었다. 결국, 코바코의 출현은 지상파 방송사들의 수익 창출에 직접적 영향을 미침으로써 방송에 대한 언론 탄압이라는 비판을 받았다. 코바코의 광고 판매 독점은 지금까지 지상파 방송의 광고 판매를 독점해 왔고, 현재 전국 지상파 TV와 라디오 36개 매체, 지상파 DMB 광고 판매를 전담한다.

문민정부가 탄생했음에도 불구하고 코바코에 의한 독점적 방송광고 판매제도는 그대로 이어져 왔다. 코바코 체제로 인한 긍정적 측면들, 예를 들어 지역방송이나 종교방송의 생존권 보장, 시청률 경쟁에만 의존하지 않도록 하는 조정 기능, 광고주와 방송사 간의 상호 영향력 완충 기능 등이 부각되면서 코바코 체제는 이어져 온 것이다.

한편, 코바코에 의한 독점적 광고 판매제도를 개선하고자 하는 움직임도 지속적으로 이어져 왔다. 1998년 규제개혁위원회, 공정거래위원회 및 기획예산처는 코바코의 독점 판매 대행 제도를 폐지하고 2000년부터 자유경쟁 체제로 전환해야 함을 주장했다. 2000년 3월 「통합방송법」을 제정하면서 방송개혁위원회는 광고제도 개선 사항으로 공·민영 간 영업 영역 구분을 전제로 2개의 공·민영 방송광고 영업대행 체제를 도입한 후, 2001년 이후 공·민영 영업 구분을 폐지하겠다는 방안을 발표했다. 「통합방송법」 제73조 제5항에서는 "지상파 방송사업자는 한국방송광고공사 또는 대통령령이 정하는 방송광고 판매대행사가 위탁하는 방송광고물 이외에는 방송광고를 할 수 없다"라고 규정하면서 미디어렙 부문에 대한 경쟁 도입 근거를 마련하기도 했다. 2000년 8월 문화부도 방송광고 판매대행 등에 관한 법률(안)을 발표했는데, 이에 따르면 문화부 장관은 방송광고 판매를 특정 방송광고 판매 대행사에 지정할 수 있고 공영방송(KBS, EBS, MBC)은 국영미디어렙인 코바코가 종전과 동일하게 방송광고 판매를 독점하고 민영방송(SBS, 지역민방)은 별도의 미디어렙을 신설해 운영하도록 되어 있었다. 그러나 이해관계자들의 반대 및 취약 매체 경영 악화를 이유로 법률 제정 추진이 보류되었다.

2002년 12월 규제개혁위원회는 미디어렙의 허가 존속 기간을 2년으로 단축, 허가 대상 미디어렙은 2개 이상, 미디어렙에 대한 방송사의 지분은 20%로 확대, 공·민영 미디어렙 영역 구분을 폐지하는 방안을 발표했다. 이에 대해 문화관광부는 허가 기간을 3년으로 유지하고 미디어렙에 대한 방송사의 지분을 10%로 제한하며 공·민영 영역 구분은 3년간 한시적으로 유지하는 수정안을 제시했다.

미디어렙에 대한 지루한 논쟁은 아무 결론도 맺지 못하고 표류되는가 싶더니 2005년 3월 총리실에서 코바코의 독점 해소를 참여정부의 100대 개혁과제 중 하나로 결정하면서 다시 불붙기 시작했다. 같은 해 4월 규제개혁기획단와 대외경제위원회는 10대 서비스 우선 개방 분야로 코바코 독점을 선정하고 코바코를 경쟁 체제로 전환시킬 것을 결정했다. 2005년 4월에서 8월 사이에 문화관광부는 방송 광고제도 개선 태스크포스(TF)를 구성해 코바코 독점 해소를 위한 방안을 협의했고 1공영-1민영 미디어렙 체재 도입에 대한 원칙적 합의를 이뤄냈다. 2005년 9월, 규제개혁기획단은 1차 광고제도 개선계획을 발표했는데, 여기서는 끼워팔기, 사전 심의, 수수료제도 및 코바코 개선안을 문화관광부에 요청했다.

2005년 10월에는 손봉숙, 정병국 의원이 "방송광고 판매 대행 등에 관한 법률안"을 발의했고 2006년에는 이에 대한 법안 심사가 논의되었고, 2007년에 국회 법사위 논의가 진행되었다.

한편, 문화관광부는 한미 FTA 타결로 국내 방송광고 판매제도 개선 태스크포스(TF)를 구성하여 경쟁 체제 도입 법안을 마련했다. 이에 따르면, 미디어렙은 완전경쟁 체제를 도입하는 반면, 취약 매체를 지원하기 위한 방안을 새로 만들자는 내용이 포함되었다. 완전경쟁 체제를 도입하는 이유는 외국인 투자자가 직접 국가를 상대로 손해배상을 청구할 수 있는 ISD(investorstate dispute) 절차의 도입으로 소송 대상이 될 수 있는 1공영-1민영의 제한경쟁 체제는 문제가 될 수 있기 때문이다. 따라서 1공영-다민영으로 가되 코바코는 KBS, EBS에 대한 광고 판매를 전담하고, 민영 미디어렙은 다른 지상파 방송광고 및 뉴미디어 광고 판매를 대행하자는 것이다. 미디어렙에 대한 민영 지상파 방송광고와 뉴미디어 방송광고 대행 주장의 근거는 미디어렙이 지상파 방송사 광고 대행을 못하는 경우 생존의 어려움이 발생할 수 있기 때문이다. 2008년 10월 기획재정부는 3차 공공기관 선진화 방안 발표를 통해 한국방송광고공사의 독점적 방송광고 대행 시장을 경쟁 체제로 전환하되, 구체적인 방안은 각계 의견을 들어 2009년 말까지 마련하겠다는 내용을 발표했다.

2008년 11월 헌법재판소는 현행 방송광고 판매 독점 체제에 대한 헌법불일치 판결을 내리게 되었다. <표 5-1>은 1998년 이후 최근에 이르기까지 광고 판매제도 개선 동향을 정리한 것이다.

표 5-1 광고 판매제도 개선 동향

연도	주요 내용	추진 부처
1998	KOBACO의 독점 판매대행 제도 폐지 - 2000년부터 자유경쟁 체제로 전환	규제개혁위원회 공정거래위원회 기획예산처
2000. 3	광고제도 개선 사안 - 공·민영 간 영업 영역 구분을 전제로 2개의 공·민영 방송광고 영업대행 체제를 도입 - 2001년 이후 공민영 영업 구분 폐지	방송개혁위원회
2000. 8	방송광고 판매대행 등에 관한 법률(안) 발표 - 문화부 장관은 방송광고 판매를 특정 방송광고 판매 대행사에 지정할 수 있음. - 공영방송(KBS, EBS, MBC)은 국영미디어렙인 KOBACO가 종전과 동일하게 방송광고 판매를 독점 - 민영방송(SBS, 지역민방)은 별도의 미디어렙을 신설해 운영	문화부
2002.12	개선안 발표 - 미디어렙의 허가 존속 기간을 2년으로 단축 - 허가 대상 미디어렙은 2개 이상 - 미디어렙에 대한 방송사의 지분은 20%로 확대 - 공·민영 미디어렙 영역 구분을 폐지	규제개혁위원회
	수정안 제시 - 허가 기간을 3년으로 유지 - 미디어렙에 대한 방송사의 지분을 10%로 제한 - 공·민영 영역 구분은 3년간 한시적으로 유지	문화관광부
2005. 3	참여정부의 100대 개혁 과제 - KOBACO의 독점 해소	국무총리실
2005.4	10대 서비스 우선 개방 분야 - KOBACO 독점 선정, KOBACO를 경쟁 체제로 전환	규제개혁기획단 대외경제위원회
2005.4~8	방송 광고제도 개선 TF를 구성 - KOBACO 독점 해소를 위한 방안을 협의 - 1공영-1민영 미디어렙 체재 도입에 대한 원칙적 합의	문화관광부
2005.9	1차 광고제도 개선계획을 발표 - 끼워팔기, 사전 심의, 수수료제도 및 KOBACO 개선안을 문화관광부에 요청	규제개혁기획단
2005.10~2007	"방송광고 판매 대행 등에 관한 법률안"을 발의 - 2006년 법안 심사 논의 - 2007년 국회 법사위 논의가 진행	손봉숙 의원 정병국 의원
2008	방송광고 판매제도 개선 태스크포스를 구성 - 법안을 마련하여 미디어렙은 완전경쟁 체제를 도입 - 취약 매체 지원 방안	문화관광부
2008.10	3차 공공기관 선진화 방안 발표 - 한국방송광고공사의 독점적 방송광고 대행 시장을 경쟁 체제로 전환 - 구체적인 방안은 각계 의견을 들어 2009년 말까지 마련	기획재정부

4 헌법재판소의 판결

1) 헌법재판소의 판결 주요 내용

2006년 4월 태평양미디어앤컴퍼니라는 회사는 한국방송광고공사에 의한 독점적 방송광고 판매의 근거가 되는 「방송법」 제73조와 「방송법 시행령」 제59조에 대해 위헌청구소송을 제기했다. 이에 대해 헌법재판소는 2008년 11월 27일, 1981년부터 한국방송광고공사가 독점하고 있는 방송광고 판매가 헌법에 위반된다는 판결을 내리고, 2009년 12월까지 법을 개정할 것(헌법 불합치)을 선고했다. 구체적으로 지상파 방송사의 광고판매 대행사를 한국방송광고공사 및 그 출자회사로 제한한 현 「방송법」 제73조와 「방송법 시행령」 제59조는 평등권과 직업 선택의 자유 등의 기본권을 위반한다는 판단을 내리고 단, 현행 법률을 위헌으로 판결할 경우 방송광고 판매대행과 관련된 법률이 전혀 존재하지 않아 큰 혼란이 예상되므로, 2009년 12월 31일까지 관련 법률을 개정하는 것으로 위헌 요소를 제거하라고 헌법 불일치로 판결한 것이다.

그러나 헌법재판소는 광고 판매를 대행하는 미디어렙의 존재 가치에 대해서까지 부정하지는 않았다. 즉, 코바코 독점 판매의 위헌 요소를 판결하는 동시에 당사자 간 광고 직거래에 따른 상호영향력 행사 및 불공정 거래의 가능성, 미디어렙의 전문성을 인정하고 있다.

(헌법재판소, 2008. 11. 27)

"방송광고 판매와 관련하여 당사자 간의 직거래를 제한하고 위와 같은 미디어렙을 통해서만 이를 할 수 있도록 하는 이유는 방송사가 광고를 유치하기 위해 광고주에게 압력을 행사하거나, 반대로 자본가인 광고주가 광고를 빌미로 방송사에게 영향을 끼치는 것을 막기 위해서다. 만약 방송광고물을 놓고 방송사와 광고주 간에 직거래를 하게 된다면, 방송사와 광고주 사이에 세력 균형이 맞지 않는 경우 공정한 거래를 하기 어렵게 될 것이다. 예컨대 상대적으로 자본력이 부족한 중소 광고주의 경우는 방송사의 여러 가지 횡포를 그대로 수용할 수밖에 없으며, 광고주가 자본력이 막강한 경우에는 방송사가 그 광고주에 의해 좌우되어 광고주의 이익을 대변하는 방송사로 전락될 위험에 처하게 될 것이다. 한편, 방송사가 미디어렙을 이용하게 되면, 방송의 편성 및 제작을 광고 영업과 분리시켜 전문화·효율화를 꾀함으로써 방송 경영의 합리화와 수익성을 제고할 수 있고, 광고주의 입장에서도 미디어렙이 시청률 조사 등의 분석 자료를 통해 광고주들에게 적합한 방송광고를 제시해 주고, 사후 광고 효과 분석과 같은 방송광고에 관련된 제반 서비스를 제공해 주므로 자신의 조건에 맞는 최적의 프로그램을 찾아 원하는 목적을 달성할 수 있게 된다. 이러한 이유로 대부분의 국가에서는 미디어렙을 통해 방송광고의 판매와 구매를 하도록 하고 있다."

따라서 헌법재판소는 판결 내용을 통해 향후 미디어렙에 대한 규제 방향을 제시하고 있다고 볼 수 있다. 예를 들어, 지상파 방송광고 판매 대행사업을 일정한 요건, 조직, 시설을 갖춘 업체에 한해 허가제로 한다든지, 중소 방송국에 일정량의 방송광고를 제공하는 경우에만 민영 광고 판매대행사업자의 설립을 허가한다든지, 방송광고 가격의 상한선을 정한다든지, 특정 장르나 특정 시청자를 대상으로 한 프로그램 쿼터제를 도입한다든지, 방송사의 출연금으로 기금을 조성하여 공공성이 높은 프로그램에 보조금을 지급한다든지, 허가를 받은 경우에도 방송의 공익성·공정성을 해하는 영업을 할 경우에는 허가를 취소한다든지 하는 등의 방법을 선택할 수 있다고 언급하고 있다.

2) 헌법재판소의 판결과 현재까지의 진행 상황

헌법재판소의 판결 이후, 여러 이익집단의 반대 주장이 나왔다. 언론노조는 헌법재판소의 결정에 대해 광고주가 방송에 개입할 수 있게 함으로써 자본이 방송을 압박할 수 있는 길을 열어 주었다고 비판했다. 지역방송협의회도 "방송의 공익성과 공공성이 날로 위협받는 상황에서 헌재가 이를 지탱해 주는 순기능을 단순한 시장적 논리로 재단"한 데 대한 부정적 시각을 표출했다. 또한 기존 코바코 체제의 공적 기능에 따라 존립할 수 있었던 종교, 지역방송, 특수방송 등에 대한 대안 마련이 이뤄지지 않았기 때문에 이에 대한 보완작업도 이뤄져야 한다는 주장들도 제기되었다.

한편, 중소 방송국에 일정량의 방송광고를 할당하거나 방송광고 가격의 상한선을 정할 수 있다는 헌법재판소의 의견은 기존의 방송광고 판매제도와 크게 차이가 나지 않기 때문에 향후 미디어렙 민영화 논의에서 문제가 될 소지가 있다는 주장도 제기되었다.

2011년 8월 현재 원칙적으로는 누구든 방송광고 판매대행업을 할 수 있다.[8] 헌법재판소의 판결에 의하면 방송광고 판매제도에 대한 기존 방송법 및 시행령 규정은 2009년 12월 31일까지만 효력을 유지하고 그 이후부터는 효력을 상실한다. 그러나 지금까지 대체입법이 이뤄지지 않은 상황이기 때문에 현 상황에서 방송광고 판매대행업의 주체를 제한하는 규율은 없다고 볼 수 있기 때문이다. 그럼에도 불구하고 현재까지 지상파 방송 3개사는 새로운 규정이 도입되기를 기다리면서 기존의 한국방송광고공사를 통한 광고시간 판매를 지속하고 있는 실정이다.

제 4 절 해외 방송광고 판매제도 현황

헌법재판소는 2008년 위헌 판결을 내리면서도 미디어렙의 존재 가치를 언급하면서 대부분의 국가가 미디어렙을 통해 방송광고의 판매와 구매를 하도록 하고 있음을 적시했다. 실제로 미국, 프랑스, 독일, 이탈리아, 네덜란드 등 해외 주요 국가들에서는 미디어렙을 통해 광고를 판매하고 있다. 미국과 이탈리아는 민영 미디어렙을 중심으로 반면 프랑스, 독일 및 네덜란드는 공영 미디어렙을 중심으로 광고를 판매한다. 영국은 미디어렙과 직접판매가 공존한다. 특징적인 것은 우리나라와는 달리 각 방송사들이 미디어

8) 방송통신위원회는 2009년 12월 30일자로 권고안을 통해 시장의 혼란을 방지하기 위한 가이드라인을 제시한 바 있다. 권고안의 내용은 첫째, 방송편성·제작과 광고영업의 분리, 방송사와 광고주 간의 상호 영향력 및 압력 행사 방지 등 방송광고 판매와 관련된 헌법재판소의 판결 취지를 감안하여 방송 및 방송광고 판매제도의 공공성·공익성을 저해하는 행위를 하지 아니할 것, 둘째, 방송의 다양성이 훼손되지 않도록 종교·지역방송 등 중소방송에 대한 광고판매 지원이 이뤄질 수 있도록 노력할 것, 셋째, 방송광고 거래 조건, 요금, 수수료 등이 공정하게 결정·지급되는 등 방송광고 거래의 안정성 확보에 노력할 것, 넷째, 방송광고 판매 관련 분쟁 발생 시 방송의 공공성과 방송 광고시장의 안정성을 위해 조속한 해결에 노력할 것 등을 포함하고 있다.

표 5-2 해외 주요 국가들의 지상파 방송 미디어렙 현황

국가	방송사	소유 구분	재원	판매 방식	미디어렙사	미디어렙 소유 구분
미국	PBS ABC CBS NBC FOX	공영 민영 민영 민영 민영	기부금/지원금 광고 광고 광고 광고	미디어렙 미디어렙 미디어렙 미디어렙 미디어렙	ABC National TV Sales CBS TV Station Sales NBC TV Sales Mkting Inc. Fox TV Sales	자회사 자회사 자회사 자회사
영국	BBC ITV CH4 FIVE	공영 민영 공영 민영	수신료 광고 정부 지원/광고 광고	미디어렙 직접판매 직접판매	ITV Sales	민영
프랑스	TF1 F2 F3	민영 공영 공영	광고 수신료/광고 수신료/광고	미디어렙 미디어렙 미디어렙	TF1 Publicite FTP FTP	자회사 계열사 계열사
독일	ARD ZDF	공영 공영	수신료/광고 수신료/광고	미디어렙 미디어렙	ARD Werbung ZDF Werbefernsehen	자회사 자회사
이탈리아	RAI Rete 4 Canale 5 ITALIA 1	공영 민영 민영 민영	수신료/광고 광고 광고 광고	미디어렙 미디어렙 미디어렙 미디어렙	Sipra Publitalia '80 Publitalia '80 Publitalia '80	공영 민영 민영 민영
네덜란드	NOD	공영	수신료/광고	미디어렙	STER	공영
일본	NHK TBS 일본 TV 후지 TV TV아사히 TV도쿄	공영 민영 민영 민영 민영 민영	수신료 광고 광고 광고 광고 광고	광고대행사 광고대행사 광고대행사 광고대행사 광고대행사		

렙 자회사를 통하거나 내부 부서를 통한 직접 영업으로 방송광고 시간을 판매한다는 것이다.

<표 5-2>에서 나타나듯이 민영방송의 광고는 대부분 자회사 형태의 민영 미디어렙을 통하거나 자체 판매 부서를 통해 판매되고 있다. 반면 일본은 덴츠와 같은 대형 광고회사를 통해 판매되고 있다는 것이 특징이다.

제 5 절 국내 방송광고 판매제도와 관련된 다양한 이슈들

국내 방송광고 판매제도의 문제점을 다룬 기존 연구들은 코바코의 정당성을 주장하는 근거들의 논리 부족, 증거 부족과 코바코 체제에 따른 부작용에 대해 비판하고 있다.

1 방송의 다양성 이슈

코바코 체제를 옹호하는 논거들 중의 하나는 코바코의 독점적 방송광고 판매제도가 광고료 인상을 억제하고 광고를 다양한 방송사업자들에게 적절히 배분함으로써 대형 방송사 간 시청율 경쟁을 제어하고, 경쟁력이 떨어지는 군소 방송사들에게 안정적 수입을 보장해 주고 있다는 것이다.

시청률 경쟁의 제어 논리는 프로그램의 다양성이 훼손될 우려를 근거로 한다. 만약 광고만을 재원으로 하는 방송사들 간의 시청률 경쟁이 치열해지면, 방송사 입장에서는 공통분모적인 프로그램 장르를 선택하는 것을 합리적인 선택으로 받아들인다는 것이다. 실제로 프로그램 장르별로 시청자 선호가 있고, 특정 장르에 대한 시청자 선호가 높은 경우 시청률 경쟁은 방송사들의 특정 장르에 대한 제작으로 이어질 것이고, 이는 장르의 다양성을 축소시킬 수 있다는 이론적 연구 결과도 존재한다 (Spence & Owen, 1977; Owen & Wildman, 1992).

군소 방송사의 지원 논리는 인기 방송사로의 광고 판매 집중 가능성을 제기한다. 방송광고 판매시장이 치열한 경쟁환경에 노출될 경우, 종교방송이나 지역방송과 같은 취약방송뿐만 아니라 지역신문이나 기타 인쇄매체의 수입 감소로 이어질 것이고, 이는 궁극적으로 취약 매체의 경영 위기를 초래하는 요인으로 작용하게 될 것이며, 결국 언론시장에서의 다양성이 사라지게 될 수 있다는 우려를 강조한다.

그러나 이들 논리에 대한 반론도 적지 않다. 우선, 프로그램의 다양성 축소 문제를 해결하는 최적의 방법이 코바코에 의한 광고가격 규제인가에 대한 의문이 제기될 수 있다. 예를 들어, 다양성 유지를 위해 군소 방송사(종교방송 등)의 지원이 필요하다는 논리가 받아들여진다면, 광고시장을 왜곡하지 않는 직접 보조가 좀 더 효율적이라는 주장도 있다 (김선구 외, 2003). 취약 방송사 문제의 경우에도 방송발전기금이나 공익 프로그램 제작기금[9]을 통해 중소 규모 방송사들의 프로그램 제작비를 보조해 줄 수 있을 것이다. 문제는 어떤 방송사가 공익적 방송사인지, 어떤 방송사까지 보조해 줄 것인지에 대해서는 사회적 합의가 필요하게 된다.

또한 신문광고의 위축은 영상 매체의 영향력이 커지고 있는 매체적 특성에 기반한 것으로 방송광고의 자유화와는 관련이 적다는 주장도 있다 (김선구 외, 2003). 영상과 이미지의 영향이 증가하고 있는 현실에서 신문광고의 위축은 자연스러운 현상이라는 것이다. 또한 방송과 신문의 광고시장은 차별화되어 있다는 연구 결과도 있다(초성운 · 박민수 · 장범진, 2008).

이 연구 결과에 따르면, 방송광고시장과 신문광고시장은 차별화되어 있기 때문에 방송광고시장의 경쟁 도입에 따른 신문광고시장의 위축은 제한적이라는 것이다. 더군다나 만일 방송광고의 경쟁 도입으로 재정 기반이 취약한 일간지들이 타격을 입어 언론 자유가 훼손되고 여론 독점이 우려되는 상황이라면 정부가 공익기금과 정부자금을 신문사들에게 단기적으로 보조하는 것이 오히려 바람직할 수 있다는 주장이 더욱 설득력을 얻고 있다.

2 보도의 공정성 이슈

코바코 체제를 지지하는 또 하나의 중심 논거는 복수의 미디어렙 출현으로 방송광고 판매시장이 경쟁 체제로 전환되면, 광고주가 광고 시간 구매

9) 방송사의 광고수입에 대해 일정 비율을 방송발전기금이나 공익 프로그램 제작기금의 형태로 징수해서 소규모 방송사에 보조해 주는 방식을 고려할 수 있다.

를 전략적 무기로 사용해 방송사에 영향력을 행사할 가능성이 높아진다는 것이다(박성철, 2009). 즉, 광고주의 힘에 방송사가 굴복해 방송의 공정성과 독립성이 저해될 가능성에 대한 우려다.

그러나 광고주가 방송사에 대해 광고 구매의 대가로 자사에 대한 우호적, 편향적 보도를 요구할 현실적 가능성은 낮다는 반론도 높다. 예를 들어, 특정 기업이 광고를 하는 것은 경쟁기업을 의식하여 자사 제품을 홍보하기 위한 목적인데, 광고 구매의 대가로 방송사에 대해 영향력을 행사하려고 하는 경우 방송사 입장에서는 경쟁 기업들에게 돌아서기 십상이고 따라서 특정 기업은 오히려 좋은 광고 기회를 빼앗길 가능성이 커질 수 있기 때문이다(김선구 외, 2003). 또한, 실제로 영향력을 행사할 수 있는 기업이라 하더라도 방송사 노동조합 및 각종 시민단체, 인터넷 언론의 감시 기능이 이전보다 크게 강화된 상황에서 이러한 우려는 불식될 수 있다. 즉, 방송사 노동조합, 시민단체, 인터넷 언론의 정치적 영향력이 증대되고 있는 현실에서 시사문제 및 보도에서 이들의 여론을 무시하고 특정 기업 측에 일방적으로 유리한 내용을 보도하기란 결코 쉽지 않을 것이고, 따라서 기업의 방송사에 대한 영향력 발휘는 불가능하거나 매우 제한적일 것으로 예상된다.

한편, 방송의 공정성을 위협하는 것은 오히려 정부에 의한 방송사의 통제력이며 이는 코바코 체제 하에서 오히려 강화될 수 있다는 주장도 있다.[10] 즉, 보도의 공정성은 광고주로부터의 독립뿐만 아니라, 정치 권력으로부터의 독립이 보장되어야 달성이 가능한데, 정치 권력이 공사인 코바코를 통해 방송광고 매출을 제어할 수 있어 직·간접적으로 방송 통제 가능성을 증대시킬 우려가 높다는 것이다. 김재홍(2005)은 방송광고시장에의 경쟁 도입으로 방송사 간 경쟁이 활성화되면 (특히 공영방송과의) 잣대 경쟁(yardstick competition)과 평판 효과로 인해 방송사가 특정 광고주의 이익을 대변할 유인이 사라질 가능성이 높다고 주장한다.[11]

10) 코바코는 방송광고 판매의 독점력을 가지고 있기 때문에 거래비용의 감소 정도와 상관없이 일정한 수수료를 확보할 수 있었으며, 방송사의 수입원을 정치적으로 통제할 수 있는 여지를 남김으로써 자원 분배의 효율성과 보도의 공정성을 훼손시켰다는 비판이 제기되고 있다.

3 프로그램의 선정성, 폭력성 이슈

방송광고 판매시장이 경쟁에 노출되면 광고요금이 시청률에 전적으로 의존하게 될 것이고, 이는 방송 프로그램의 선정성, 폭력성 증가로 이어진다는 주장 또한 기존 코바코 체제 유지를 지지하는 핵심 논거들 중의 하나다(김서중, 2005; 최영묵, 2008; 김민기, 2008). 이러한 주장의 배경에는 방송사의 광고 수주 경쟁이 방송사의 시청률 경쟁으로 이어지고,[12] 방송사업자들이 상업주의화되고 이윤 추구에 몰두하게 될수록 시청률을 높이기 위한 여러 요소 중에서 선정성, 폭력성을 동원할 개연성이 증가할 것이라는 가정이 있다. 선정성, 폭력성은 상업방송의 입장에서 볼 때 시청률 제고를 위해 저렴하고 손쉽게 동원할 수 있는 요소이기 때문에 방송사업자들 간의 시청률 경쟁은 방송 프로그램의 선정성 및 폭력성 증가에 기여할 것이라는 논리다. 결국, 현재의 코바코 체제 유지를 통해 방송광고 요금이 통제될 수 있고, 이는 방송의 질을 떨어뜨리는 시청률 경쟁을 억제하는 역할을 담당해 왔기 때문에 프로그램의 선정성과 폭력성을 일정 수준 이하로 제어할 수 있었다는 것이다.

그러나, 시청률 경쟁이 방송의 질을 떨어뜨려 선정성이나 폭력성을 증가시킬 것이라는 가정을 지지할 이론적·실증적 증거는 찾아보기 어렵다. 시청률 경쟁이 오히려 방송의 질을 높였다는 실증연구 결과도 있고, 시청률과 선정성, 폭력성 간에는 아무런 상관 관계가 없다는 실증연구 결과도 있다(김선구, 2003; 주창윤, 2000). 또한 시청자가 프로그램을 구성하는 투입요소 중에서 선정적이고 폭력적인 요소에 대한 가치를 다른 투입 요소에 비해 상대적으로 높이 둔다는 가설이 지지되어야 선정성과 폭력성 증가의

11) 방송시장에서 '잣대 경쟁'이란 동일한 사안에 대해 많은 언론매체가 보도를 하기 때문에 각 언론매체의 공정성은 다른 매체의 보도 내용을 통해 판단할 수 있다는 것으로, 각 언론매체의 보도 내용이 상호간에 잣대가 되어 어떤 언론매체가 왜곡된 정보를 제공하는가를 비교적 쉽게 평가할 수 있다.

12) 광고 수입을 높이려는 방송사들은 본격적인 시청률 경쟁에 돌입할 것이라는 가정에 기인한다.

논거가 정당화되나 이러한 증거는 없다(조은기, 2005).

또한, 만일 방송에서 선정성 및 폭력성이 문제가 된다면, 이는 프로그램에 대한 직접 규제를 강화함으로써 해결이 가능하다. 광고시장에서 경쟁도입으로 프로그램의 선정성이나 폭력성이 높아지게 되는 경우, 해당 프로그램에 대한 제재를 통해 선정성과 폭력성 문제를 해결하는 것이 최선의 방법이라는 것이다.

4 가격규제와 끼워팔기 이슈

현재 코바코는 가격규제에 의한 시간대별 초과 수요 및 초과 공급 문제를 해소하기 위해 인기 시간대를 광고주에게 자의적으로 할당하면서 인기 매체, 인기 시간대에 비인기 매체, 비인기 시간대를 끼워 파는 방식을 취함으로써 주어진 가격 체계 아래 위탁된 광고 시간의 판매 극대화를 추구하고 있다.

박원기(2008)는 우리나라와 미국, 영국, 독일, 프랑스, 일본 등의 방송광고 요금과 판매 방식을 비교하고 광고 프로그램의 판매를 패키지 단위로 하는 경우가 대부분이라는 점을 강조한다. 방송광고 요금과 판매 방식은 그 나라의 방송철학, 매체환경, 계약문화 등이 복합적으로 반영되어 국가별로 다양한 형태로 나타나고 있다는 것이다. 또한 끼워팔기는 광고주의 광고비용 최소화와 방송사의 안정적 재원 확보를 동시에 추구할 수 있는 절충적 방안이 될 수 있다고 주장한다. 즉, 방송광고 판매를 시청률에 따라 책정하게 되면 광고주는 원하는 비용으로 광고 노출을 확보할 수 있을지 모르지만 시청률이 갖고 있는 불확실성 때문에 방송사는 필요한 재원을 확보하는 데 불확실성이 높아지게 된다. 반대로 방송광고 판매와 시청률의 연계를 차단하거나 약화시키면 방송사는 재원 확보의 안정성을 높일 수 있지만, 광고주는 광고 노출을 확보하는 비용의 불확실성이 높아지게 된다. 따라서 시청률과 방송광고 요금의 연계는 판매자와 구매자가 서로 협의할 사항임을 주장하고 있다.

그러나, 끼워팔기는 광고주에게 불필요한 광고 시간을 구입하도록 강요하고 있기 때문에 광고주의 광고 구매 선택권을 제한하는 불공정한 거래라고 볼 수 있고, 불필요한 광고 집행을 기업에게 강요하는 것이기 때문에 광고주들의 이익을 침해하고 기업의 광고 효율성을 인위적으로 저하시킨다 (박원기, 2008). 2007년 한국광고주협회의 끼워팔기 회원사 실태조사에 따르면, 끼워팔기의 규모는 전체 광고 물량의 11~13%로 집계되고 있고, 한국광고주협회는 코바코의 영업 방식 중 끼워팔기가 가장 심각하다고 지적한다 (박원기, 2008). 예를 들어, 대형 광고주는 높은 지불 용의가 있음에도 불구하고 초과 수요로 인해 인기 시간대의 광고 시간을 구입할 수 없게 된다. 반면, 중소 광고주는 수요가 덜한 C급 시간대의 광고 집행을 원하나 광고요금이 시장가격보다 비싸게 책정되어 구매 기회를 상실하게 된다.

가격규제와 끼워팔기의 가장 큰 문제점으로 지적되는 것은 광고시장의 독과점적 폐해를 방지한다는 이유로 가격규제를 통한 방송광고 판매시장에 경쟁이 봉쇄됨으로써 시장질서를 왜곡해 방송광고 시장의 비효율성을 초래할 수 있다는 것이다. 방송사는 수요와 공급이 일치하는 적절한 가격에 광고 시간을 판매할 수 없고, 그보다 낮은 가격에 인기 시간대의 광고 시간을 판매해야 하기 때문에 수익 악화를 초래하게 된다. 즉, 질 높은 프로그램을 제작해서 시청률을 높이는 데 따르는 보상이 적절히 분배되지 않기 때문에 방송사들의 제작 유인은 낮아질 수밖에 없다 (김선구 외, 2003). 즉, 방송사들의 광고 수입을 통제함으로써 방송사들이 희소한 자원인 주파수를 효율적으로 사용할 유인을 제공하고 있지 않다는 것이다. 결국, 광고 단가의 결정이 전적으로 수요와 공급에 의하지 않고 방송사의 안정적인 경영 재원 마련 등의 정책적인 고려가 포함됨에 따라 인기 매체, 인기 시간대에는 만성적인 초과 수요가, 비인기 매체, 비인기 시간대에는 초과 공급이 발생하고 있다고 하겠다.

시청률을 반영하지 않고 끼워팔기를 강요하는 코바코의 요금정책은 특정 인기 프로그램에 묶어서 청약하는 관행을 만들어 내고 있기 때문에 방송사는 모든 프로그램을 잘 만들려는 유인이 사라지게 된다. 특히, 코바코에 의한 가격규제 및 끼워팔기가 시청률 경쟁 자체를 억제하고 프로그램 제작 유인을 낮춤에 따라 저질 프로그램의 양산이 초래될 수 있다. 방송법에 의해 광고량과 규모가 결정되고, 시청률과 연동되지 않는 광고가격이 강제화되어 있기 때문에 광고 매출수익이 결정된 상황에서 프로그램 제작 비용이 줄어들수록 이윤은 증가하게 된다. 따라서 제작비용이 많이 드는 창의성 있는 프로그램을 방송하기보다는 외국 프로그램 모방하거나, 적은 제작 비용을 투입하되 선정성과 폭력성을 증가시키는 방법을 통해 이윤을 획득하려는 유인이 증가하게 된다. 즉, 저질 프로그램을 통해 시청률을 높이는 것이 상대적으로 저렴할 뿐만 아니라 방송사들은 저질 프로그램의 방영이 사회에 미치는 악영향에 대해 사적 부담을 지지 않기 때문에 저질 프로그램의 양산을 통해 시청률도 높이고 비용도 줄이는 방법을 택하게 된다.

사실, 방송광고 시장이 경쟁 체제로 전환되면, 방송광고 수입 증대에 따라 방송사들은 고비용이 소요되는 양질의 프로그램 제작 유인이 증가될 수 있다. 그리고, 광고시장 자율화 결과 선정적, 폭력적 프로그램 제작으로 흐를 가능성에 대해서는 사후 규제를 강화함으로써 프로그램의 질적 수준을 유지하는 것도 가능하다.

5 광고요금의 상승 이슈

미디어렙 경쟁이 도입되면, 제한된 방송광고 시간을 차지하려는 광고주들의 경쟁으로 인해 방송광고 요금의 급등으로 이어질 것이라는 주장도 방송광고 시장에 경쟁 도입을 저지하기 위한 논거들로 많이 이용되어 왔다. 박원기(2008)의 연구는 방송광고 판매를 완전경쟁에 맡길 경우, 잠재되어 있는 인상 요인의 현재화로 인해 매년 20% 정도의 요금 인상이 예상되고, 이에 따라 지상파 방송 3사의 TV 광고요금은 3~4년 안에 약 2배까지 인상될 것이라고 주장한다.

<표 5-3>은 시급별 각 방송사의 광고 시간에 대한 광고주의 요금 지불 의사가격을 설문한 결과를 보여 준다(정회택, 2005). 예를 들어, KBS2의 SA 시급의 예상가격은 설문 결과 약 1,318만 원으로 조사된다. 현재 SA,

표 5-3 시급별 프로그램 광고가격 비교

(단위: 천 원)

	MBC	SBS	KBS2
SA 시급 예상가격(SA*)	13,333	12,500	13,182
현행 가격 합(SA+B)	10,571+2,376 = 12,947	9,320+2,391 = 11,711	9,293+2,591 = 11,884
비율($\frac{SA*}{SA+B}$)	1.03	1.07	1.11
현행 가격 합(SA+C)	10,571+1,266 = 11,837	9,320+11,113 = 10,433	9,293+1,559 = 10,852
비율($\frac{SA*}{SA+C}$)	1.13	1.20	1.21

자료: 정회택(2005)의 광고가격의 상승 시뮬레이션 결과 재구성.

B, C급 광고단가가 각각 929만 원, 259만 원, 160만 원인 점을 고려하면 SA 구매 광고주에 B나 C가 끼워팔기 되더라도 그 요금 합계는 1,188만 원, 1,085만 원이므로 설문된 SA급 지불 의사 가격은 최소 11%, 최고 21% 높게 형성될 것으로 예상된다.

그러나 방송광고 단가는 프로그램의 수급 차원에서 증가될 수도 있으나, 오히려 하락하는 프로그램도 많아져 광고요금의 인상은 우려할 만한 사항이 아닐 것이다. 방송시장의 변화로 인해 지상파의 점유율이 감소하고 신규 매체의 시장 진입으로 광고시장의 공급시장은 독점에서 경쟁 체제로 변화하고 있고, 경쟁 도입 시의 정확한 시장 균형가격은 자유경쟁 체제 하에서만 드러날 수 있기 때문에 섣부른 예측은 무의미할 것이다. 부정확한 균형가격의 예측을 기정 사실로 받아들여 가격 인상폭을 규제하는 경우, 광고시장의 비효율성이 오히려 증가할 수 있다.

6 상품가격 및 물가 상승 이슈

방송광고 시장에 경쟁이 도입되면, 방송 광고가격이 인상될 것이고, 광고

가격의 인상은 광고 대상 제품의 가격 인상, 나아가 물가 상승으로 이어진다는 주장도 있다. 따라서 방송 광고요금을 저가로 유지함으로써 기업경쟁력을 높이는 한편, 물가 안정에도 기여할 수 있도록 코바코 체제처럼 방송 광고 판매시장에 정책 당국의 지속적인 규제 필요성이 정당화될 수 있다. 그러나 기업의 광고비 부담 증가로 제품가격이 인상되는 것은 이론적으로 자연스럽고 수혜자 부담 원칙에서도 바람직한 현상이다. 광고의 혜택, 즉 광고를 통해 상품가격 및 품질정보를 획득한 소비자가 이에 대한 비용을 부담하는 것은 당연한 것이다. 또한, 광고 단가의 상승이 상품가격의 인상을 초래한다고 하더라도 이는 최종 상품시장의 경쟁 활성화를 통해 해결해야 할 문제이지 방송광고에 대한 가격 규제를 정당화하는 논리로 사용되어서는 안 될 것이다.

지금까지 실증연구들의 결과는 광고비 증가가 상품가 증가를 초래한다는 주장에 대해 부정적이다. 우선, 광고 단가의 상승이 광고주의 광고 예산 증가를 초래해 결국 상품가격의 인상으로 연결된다는 가정은 지금까지 입증된 바가 없다. 어떤 상품의 가격은 해당 제품의 시장구조, 해당 제품의 수요와 공급의 가격탄력성 등과 좀 더 직접적 관련이 있기 때문이다. 만일 최종 상품시장에서 경쟁이 치열하다면 광고예산의 증가가 제품가격의 인상으로 연결되지는 않을 것이다.

또한, 오히려 광고경쟁이 상품가격을 낮춘다는 실증적 증거를 제시한 다양한 연구들도 있다(Becker & Murphy, 1993; Lee, 1972; Cady, 1976; Kwoka, 1984; Smith & Cox, 1987; Steiner, 1984). 이들의 연구는 광고를 금지한 주가 허용한 주보다 안경 가격이 높고, 광고를 금지한 지역보다 허용한 지역에서 검안 서비스 가격이 낮았으며, 광고를 할 경우, 변호사 비용이나 장난감 가격이 오히려 낮았음을 실증적으로 보여 주고 있다.

한편, 광고비 증가가 상품가의 증가를 가져오더라도 사회후생은 오히려 증가한다는 이론적 분석도 존재한다(김선구 외, 2003).

7 시장 개방 이슈

WTO 우루과이 라운드에서 방송광고 시장은 이미 전면 개방되었다. 1995년 1월 발표된 WTO UR 협상문에 국내 광고 서비스 산업 전 분야에 대해 '제한 없음'이 명기됨에 따라 광고시장의 완전 개방을 이미 약속했기 때문이다.[13] 전면 개방의 의미는 GATS 양허표에 기재된 네 가지 서비스 공급 모드[14]에 대한 제한을 두지 않음을 의미한다. 다만, 광고 서비스 관련 전문인력의 출입국(mode 4)에 대해서는 다른 서비스 분야와 공통적인 제한을 두고 있기 때문에 외국인(개인, 기업) 입장에서 출입국 관련 국내법 준수 이외에는 실제 광고 서비스를 위한 영업활동에 아무런 제약이 없다고 보는 것이 타당하다. 결국, 서비스의 구체적 형태를 불문하고 광고 서비스 분야 전체에 대해 시장 접근(market access) 및 내국민 대우(national treatment)와 관련한 어떠한 제한도 두지 않을 것임을 양허했다고 해석할 수 있다.

또한 현재 「방송법」 제73조 5항의 코바코 체제 관련 규정은 WTO 협정을 위반하고 있는 것이기 때문에 FTA 비준 전까지 경쟁 체제로 전환하지 않을 경우 한미 FTA협정 위반에 해당된다. 「방송법」 제73조 제5항은 한국방송광고공사(한국방송광고공사의 출자회사 포함)가 영리를 목적으로 하는 방송광고 서비스 분야의 독점사업자임을 의미하지는 않으나, 한국방송광고공사가 제3의 상업적 주체(광고서비스사업자)에 의해 제작된 광고물을 지상파 방송미디어라는 전송 수단에 실리도록 하는 독점적 위탁권을 갖는 주체임을 의미한다.

이러한 맥락에서 한국방송광고공사의 독점적 위탁권은 광고 서비스 가운데 UN/CPC 8711에 해당하는 세부 서비스 분야에서 한국방송광고공사에 법으로 독점사업자 지위를 부여한 것으로 해석될 수 있다. 이는 GATS

13) 한국방송광고공사가 제공하는 서비스는 UN/CPC 8711에 해당되므로 GATS 분류 기준에 따른 광고 서비스라 할 수 있다.

14) 국경 간 공급(mode1), 해외 소비(mode2), 상업적 주체(mode3), 자연인 이동(mode4).

제16조 제2항이 열거하는 시장 접근 제한 사항 가운데 첫 번째인 “(a) 서비스 공급자의 수에 대한 수량 쿼터, 독점, 배타적 서비스 공급자 또는 경제적 수요심사 요건 형태의 제한”에 해당되므로 UR 양허표를 통해 ‘제한 없음(none)’을 양허한 사실과 정면으로 배치된다. 다시 말해, 한국방송광고공사의 방송광고에 대한 독점적 위탁권을 규정한 「방송법」 제73조 제5항은 그 자체로 WTO/GATS 협정 위반에 해당되는 것으로 판단할 수 있다.

한편, 투자자국가소송제도(Investor-State Dispute Resolution: ISD)[15]를 통해 코바코 독점 체제의 즉각적 실질적 무력화 가능성도 배제할 수 없다.

결국, 방송광고 시장의 개방은 거스를 수 없는 대세이고, 따라서 시장 개방 이후 국내 방송광고 시장의 경쟁력 강화를 위해서도 경쟁 체제로의 개편이 시급하다고 하겠다. 즉, 국내 민영 미디어렙이 시장에 개방되기 전에 경쟁 경험을 쌓아 경쟁력을 갖추도록 해야 할 것이다.

8 중소기업의 광고 기회 박탈 이슈

그 밖에 광고시장에 경쟁이 도입되면, 중소기업에 대한 광고 기회 박탈 및 중소 광고회사가 위축될 수 있다는 주장이 있다(김선구 외, 2003). 광고시장이 경쟁적이라면, 인기 시간대의 광고 요금이 매우 높은 수준에서 결정되어 TV광고는 점차 대형광고주 위주로 집중될 것이고, 지상파 인기 광고 시간이 대형 광고주에게만 돌아감에 따라 자금력이 떨어지는 중소기업 혹은 중소 광고주들은 인기 시간대에 광고를 하기가 어려워질 것이기 때문이다. 결국, 광고가격을 규제하면, 초과 수요에 따른 광고의 할당이 일어나고, 이는 중소기업에게 광고가 돌아가는 효과가 발생한다는 논거로 요약될 수 있다.

15) 투자자국가소송제도란 외국에 투자한 기업 또는 개인이 투자유치국의 정책이나 조치로 손해를 입을 경우, 투자유치국 정부를 상대로 세계은행 산하의 국제투자분쟁중재센터(ICSID) 또는 유엔 산하의 국제무역법률위원회(UNCITRAL)에 제소할 수 있도록 한 제도로 한미 FTA에서 도입되었다.

그러나 어떤 상품에 대한 가격이 높아지면, 지불 의사가 높은 기업이 이러한 상품을 구매하는 것은 자연스러운 현상임을 상기할 필요가 있다. 인기 시간대의 광고가격이 높아지면, 이러한 시간대의 광고에 높은 가격을 지불하고서라도 광고의 효과를 즐기려는 기업에게 광고 시간이 판매되는 것이 바람직할 것이다. 그럼에도 불구하고 중소기업에게도 반드시 방송광고 기회를 주어야 한다는 사회적 합의가 있다면, 광고가격을 규제하면서 일부 시간을 중소기업에 할당하는 것보다, 광고가격은 시장에 맡기고 보조금을 직접 지급하는 것이 좀 더 효율적일 것이다. 또한 인기 시간대의 광고가격은 경쟁 도입으로 상승할 것이나, 비인기 시간대의 광고가격은 시장원리에 따라 낮아질 가능성이 높다. 따라서 여력이 부족한 중소기업들은 비인기 시간대를 구매하거나 광고가격이 저렴한 다른 매체를 이용하면 큰 문제가 없을 것이다.

제 6 절 방송광고 판매제도 개선 방안에 대한 다양한 시각들

1 학계의 논의들

국내 방송광고 판매제도 개선 논의는 크게 네 가지 문제에 대한 해결 방안을 다루고 있다. 방송광고 시장의 경쟁을 도입하는 시기와 방법, 지상파 방송사의 미디어렙 지분 참여를 허용 여부 및 허용 정도, 취약 매체에 대한 지원 등의 문제다. 특히 민영 미디어렙을 도입할 경우, 공영과 민영을 구분할 것인지의 여부와 민영 미디어렙을 도입할 경우 이에 대한 방송사의 지분 참여 비율 및 민영 미디어렙의 적정 개수에 대한 논쟁은 가장 중요한 쟁점 사항이라 하겠다. 그 밖에 민영 미디어렙이 도입되어 방송광고 판매시장이 경쟁에 노출되었을 때 발생할 수 있는 취약 매체에 대한 지원 방안 등도 지역 방송사들과 인쇄매체, 그리고 공익론자들이 특히 관심을 갖고 지켜보는 이슈라고 하겠다.

1) 경쟁 도입 시기

우선 방송광고 판매시장에 경쟁 도입이 필요하나, 그 시기와 방법에서 신중을 기해야 한다고 주장이 있다. 윤석년(2008)은 민영 미디어렙은 완전 경쟁시장이 아닌 방송환경에서 그 파급력이 크기 때문에 2012년까지 단계별로 도입을 진행하는 것이 바람하다는 점을 강조했다. 특히, 지역방송과 종교방송 등 취약 매체에 대해 부정적 영향과 다양성 훼손의 우려를 방지하기 위한 제도적 장치 마련이 무엇보다도 중요함을 강조한다. 물론 지상파 방송사의 재원 확보와 미디어 환경 변화를 위해 광고 판매제도의 변화가 필요함은 인식하나, 민영 미디어렙의 도입은 방송시장의 불완전 경쟁, 공익성과 다양성 훼손의 이유로 순차적으로 진행할 것을 주장하고 있다. 박현수(2008)는 시대의 흐름과 환경 변화에 맞춰 방송광고 시장에서도 이러한 변화가 충분히 반영된 법과 제도가 마련되어야 한다고 주장한다. 미디어 렙에 대한 지상파 방송의 직접 소유 또는 간접 소유 혹은 방송사의 출자 없이 미디어렙의 수에 제한을 두지 않는 등의 소유 지분 논쟁이 존재하고, 공영 미디어렙과 민영 미디어 렙 수를 정해서 경쟁하거나 모두 민영 미디어렙을 두어서 경쟁해야 한다는 경쟁 유형에 관한 논란, 끝으로 민영 미디어렙을 허가제로 할 것이냐 등록제로 하느냐 혹은 미디어렙이 어떠한 매체의 광고를 다룰 것이냐는 논란이 있을지라도, 미디어렙의 도입이 필요하다는 데에는 더 이상 지루한 논쟁이 있어서는 안 됨을 강조한다. 오히려 지금까지 쟁점이 되고 있는 다양한 이슈에 대해 우리나라 실정에 적합한 합리적 방안이 모색될 수 있도록 노력해야 한다고 주장한다.

반면, 박성철(2009)은 방송광고 판매시장에 단기적 경쟁 체제를 도입하게 되면, 총광고비의 증대라는 일부 긍정적인 효과에도 불구하고 국내 방송시장의 기형적 재원구조로 인해 방송 제작의 독립성과 자율성 훼손, 방송의 상업주의 심화, 지상파 3사의 광고시장 독과점 심화를 유발시켜 미디어 산업 전반에 적지 않은 부작용을 유발시킬 가능성이 크다는 점을 주목하고 있다. 따라서 급진적 제도 변화를 통해 발생될 부작용을 최소화하기 위해서는 기존 체제의 순기능을 유지하기 위한 다양한 보완 조치의 구체화 방안이 필요하다고 주장했다.

2) 미디어렙 수

미디어렙의 적정 개수와 관련해, 소위 '제한경쟁론'을 주장한 연구자들은 방송광고 판매시장에 경쟁 도입은 불가피하나, 공영방송은 기존의 코바코에 의해, 민영방송은 1개의 민영 미디어렙을 도입해 광고 판매를 하도록 하는 것이 바람직하다고 주장한다(이효성, 2000; 신태섭, 2000).

반면 '완전경쟁론'을 주장하는 연구들은 제한경쟁은 결국 시장실패를 초래하기 때문에 방송사가 직접 판매를 하건 미디어렙을 통하건 간에 방송사가 자율적으로 광고 판매를 선택하도록 하는 것이 바람직하다고 주장한다(김선구 외, 2003; 김재홍, 2005; 정회택, 2005; 이수일, 2008). 특히 이들은 제한경쟁론의 문제점으로 공·민영을 구분한 미디어렙 제도가 실현 불가능하다는 점을 지적했다. 만일 공영과 민영 2개의 미디어렙이 경쟁하게 되는 경우, 어느 하나의 지상파 방송이 시청률 경쟁을 할 유인을 가지게 되면 나머지 지상파 방송사들 또한 불가피하게 시청률 경쟁에 참여하게 되므로 미디어렙을 공영과 민영으로 이원화하는 것은 무의미하다는 것이다(이수일, 2008).

3) 소유 지분 제한 방안

미디어렙에 대한 방송사 소유 지분 제한 논거는 광고주가 방송사에 미치는 영향력을 제한하기 위해 방송 제작과 편성, 그리고 광고 영업의 분리가 필요하므로 방송사가 실질적인 경영이 가능한 수준으로 미디어렙에 출자하는 것은 금지되어야 한다는 것이다(박현수, 2008). 박현수는 미디어렙의 소유 지분 형태를 크게 다섯 가지로 구분했다: ① 방송사가 별도의 미디어렙을 두지 않고 직접 광고를 판매하거나 방송사가 지분 50% 이상을 소유한 자회사를 통해 광고를 판매하는 방식, ② 자회사가 아닌 별도의 회사로 출자한 미디어렙을 통해 광고를 판매하는 방식, ③ 선택과 계약에 의해 미디어렙을 운영하는 방식, ④ 방송사의 구분이 없는 복수의 미디어 렙이 모든 방송사의 광고를 판매하는 방식, ⑤ 특정 대상(예를 들어 신문사나 대기업 등)의 미디어렙 참여를 원천적으로 금지하는 것 등이다.

그러나 이수일(2008)은 방송광고 시장에 경쟁이 도입되어 방송사 간 경쟁이 활성화될 경우에는 방송사가 특정 광고주의 이익을 대변할 유인이 없어진다는 점을 지적한다. 더구나 방송사와 미디어렙 간의 관계는 갑과 을의 관계로 형성될 것이기 때문에 지분 제한의 크기와 상관없이 방송사는 미디어렙을 지배할 것이라는 논리가 도출된다. 따라서 지상파 방송사가 미디어렙에 대한 소유 지분을 얼마로 할 것인지, 내부 부서를 통해 할 것인지, 자회사를 통해 할 것인지는 지상파 방송사의 선택 사항에 맡기는 것이 합리적이라는 결론이 도출된다.

4) 취약 매체 지원 방안

미디어렙에 경쟁이 도입될 경우 예상되는 파급 효과에 대해 연구자들은 각각의 방법론에 기반해 다양한 시나리오를 제시하는데, 일부 매체의 매출이 크게 감소할 것으로 예측하고 있다. 한국방송광고공사(2008)의 연구에 의하면 복수 미디어렙 도입에 따라 제한경쟁이 이뤄질 경우 방송 3사의 광고비는 도입 4년 후에 35.3% 증가하고, 지역민방과 종교방송의 경우 각각 19.3%와 80% 정도 감소한다. 또한 3대 일간지의 경우 26.9%, 기타 일간지는 40.2% 정도 광고비가 감소함으로써 경영 위기가 발생할 것을 예측하고 있다. 만약 완전경쟁을 도입하게 되면 방송 3사의 광고는 4년 후 69.9%가 증가하며 지역민방은 초기에는 감소하다가 4년 이후에는 약 1.3% 증가할 것으로 예측했다. 그 밖에 종교방송은 광고비가 90%가 감소하고 메이저 신문도 3년 이후 약 44.2% 정도 광고비가 감소되어 경영 위기가 닥칠 것으로 예측했다. 이에 대해 박현수(2008)는 코바코의 예측은 무리한 가정으로 인해 광고시장 경쟁 도입의 영향을 지나치게 부풀리고 있다고 지적했다.

윤석년(2008)은 광고시장에 경쟁이 도입됨으로써 방송 3사의 광고 수입은 단기적으로 증가할 것이고, 특히 인기 채널에 대한 광고비 집중화 현상이 두드러질 것으로 예측했다. 방송 3사에 광고가 집중됨에 따라 자연스럽게 지역방송과 종교방송에 대한 광고비가 줄어들 것이다. 또한 제한경쟁의 민영 미디어렙이 도입될 경우, 지역민방 광고의 80% 이상이 전국 광고주에 의존하고 있는 상태이기 때문에 지역민방의 광고 수입이 줄어들 것으로 예측했다.

이러한 예측들이 나오면서 방송광고 판매시장에 경쟁이 도입될 경우, 나타날 수 있는 취약 매체들의 생존 가능성에 대한 우려가 높아지고 있다. 특히, 지역방송과 종교방송, 군소방송 사업자와 시청자단체들, 그리고 공공성을 주장하는 학자들은 현재의 방송광고 판매제도가 경쟁 체제로 전환될 경우 가져올 수 있는 경제적·공익적 이슈들을 제기하면서 미디어렙 제도 도입에 반대하거나 점진적 변화를 주장하고 있다(윤석년, 2008).

이에 대해 이수일(2008)은 경쟁 도입으로 광고 수익이 감소될 것으로 예상되는 취약 매체는 현행 규제 체계 하에서 지대를 얻고 있었음을 의미하므로 원칙적으로 그러한 매체에 대한 지원은 불필요하다는 입장이다. 그러나 경쟁 도입으로 광고 수익이 급감해 존립의 위험이 예상되는 매체에 대해서는 방송발전기금이나 별도로 조성된 펀드를 통해 일정 기간 한시적으로 지원하는 방안도 고려할 수 있음을 시사했다.

2 방송광고 판매제도 개선 관련 국회 입법안 비교

2009년 헌법재판소의 판결 이후, 지금까지 국회에 제출되었거나 준비 중인 입법안은 크게 다섯 가지로 분류될 수 있다. 김창수 자유선진당 의원안(9월 25일), 진성호 한나라당 의원안(11월 3일)과 아직 발의가 안 된 이용경 창조한국당 의원안, 민주당 안 등 네 가지를 비교하면 모두 1공영-1민영 체제라는 큰 공통점을 갖고 있다(박창섭, 2009. 11. 6). 한나라당의 한선교, 이정현 의원은 1공영-다민영안을 발의했다. 종편과 보도 채널과 관련해서는 3개 야당안은 모두 미디어렙을 통한 간접 판매를 제시하고 있지만, 여당은 광고주들이 종편에 직접 판매할 수 있도록 했다(김종한, 2009. 10. 22).

한편, 민영 미디어렙의 소유 지분과 관련해서 진성호 의원안은 대기업과 신문사 및 뉴스통신사는 각각 10%까지 민영 미디어렙 지분을 가질 수 있도록 했지만, 지상파는 3년간 금지하도록 했다. 민주당은 대기업, 신문사, 지상파, 뉴스통신사는 물론이고 광고대행사, 공영 미디어렙, 정당까지 민영 미디어렙 참여를 원천 금지한다는 구상이다. 이용경 의원안은 자산 규모 10조 이상 대기업과 신문사와 지상파에 대해, 김창수 의원안은 대기업과 신문사에 대해 지분 참여 한도를 10%로 제한했다. 한선교 의원안은 최대 주주가 51%까지 미디어렙을 소유하는 것이 가능하도록 했으나, 대기업 지분 소유 금지를 내세웠다(박창섭, 2009, 11, 6; 김종한, 2009. 10. 22).

그 밖에 종합편성 채널과 보도 채널에 대한 광고 판매제도, 취약 매체에 대한 지원 방안 등에 대해서도 다양한 의견을 제시하고 있다. 예를 들어, 한나라당 진성호 의원의 안에 따르면, 앞으로 등장하게 되는 종편은 미디어렙을 통하지 않고 직접 광고 영업을 할 수 있다. 이렇게 되면 종편에 진출하는 신문사는 종편과 신문 광고를 묶어서 팔 수 있게 된다. 미디어렙 도입으로 인해 피해가 예상되는 지역방송과 종교방송 등에 대해서도 방송통신위원회가 이들 사업자에 대한 지원계획을 수립하고 시행해 재정 건전성을 유지하기 위해 방송광고 판매 대행사업자를 지정할 수 있도록 했다(강호성, 2009. 10. 28).

<표 5-4>는 주요 미디어렙 개정안의 내용을 경쟁 유형, 소유 제한, 종편/보도 취급, 취약 매체 지원 등에서 비교하고 있다.

표 5-4 미디어렙 개정에 관한 주요 법안 내용 비교

구분	진성호 (한나라당, 11월 3일)	민주당	김창수 (자유선진당, 9월 25일)	이용경 (창조한국당)	한선교 (한나라당)
경쟁 유형	1공-1민 (장기적 1공-다민)	1공-1민	1공-1민	1공-1민	1공-다민

민영렙 소유 제한	대기업,신문사 10%, 지상파 3년간 참여 금지	대기업, 신문사, 지상파, 뉴스통신사, 광고대행사, 공영미디어랩 참여 금지	대기업, 신문사 10%	최대 주주 30% 지분 소유 가능, 대기업, 신문사, 지상파 10%, 광고대행사 참여 금지	최대 주주 51% 소유 가능, 대기업 지분 소유 금지
종편/보도 PP 포함 여부	직접 판매 (2013년부터 간접 판매)	미디어렙 통한 간접 판매	미디어렙 통한 간접 판매	미디어렙 통한 간접 판매	직접 판매
취약 매체 지원	방통위가 지원 대책 수립 시행	지상파 3사 광고 매출액의 20~40% 할당	방송광고 위탁물 15% 이상 연계 판매	방송광고 위탁물 15% 이상 연계 판매	방송발전기금 징수율 확대, 판매 대행 위탁 곤란 시 광고판매 대행 지정, 공사 자산의 방송발전기금 전환 활용

제 7 절 국내 방송광고 판매제도 경쟁 도입 방안

1 방송광고 시장의 경제적 메커니즘

1) 방송광고의 필요성

지상파 방송은 비배제성, 비경합성을 특징으로 하는 공공재의 대표적인 사례다(정회택, 2005).16) 그런데 경제학이론에 따르면 공공재는 비배제성

16) 비배제성이란 재화나 서비스의 특성상 정당한 대가를 지불하지 않고도 소비를 하는 행위를 막을 수 없는 성질을 이른다. 예를 들어, 국방이나 치안은 비배제성을 갖는 대표적

으로 인해 무임승차(free riding)의 문제를 발생시키고 공공재의 생산을 시장 기능에 맡길 경우 생산량은 사회적 최적 수준을 밑도는 과소 생산 또는 생산이 발생하지 않는 시장실패(market failure)가 나타나게 된다. 따라서 공공재의 특성을 지닌 지상파 방송의 경우에도 시청자로부터 프로그램 제작 비용을 조달할 수 없기 때문에 시장실패가 발생해 과소 생산 또는 프로그램의 질적 저하에 이르게 된다.

지상파 방송의 무임승차 문제 해결을 위해 지상파 방송의 재원으로 사적 재화인 광고 시간의 매매가 도입되었다. 광고 시간은 배제성, 경합성을 특성으로 하는 사적 재화다. 즉, 광고주는 희망하는 특정 광고 시간대를 이용하기 위해서는 이를 제공하는 지상파 방송사에 적정 대가를 지불하고 구매해야 하며 또 어느 한 광고주가 특정 광고 시간을 사용하게 되면 다른 광고주는 그 시간대를 사용할 수 없다. 즉, 지상파 방송은 프로그램 수요자인 시청자에게 '방송 프로그램+광고'를 공급하는 동시에 광고 시간의 수요자인 광고주에게는 광고 시간대를 공급한다. 경제학에서는 이러한 특성을 가진 시장을 양면시장(two-sided market)이라 표현한다.

그런데, 광고주가 방송사에 지불하는 광고비는 시청률에 비례해 결정되기 마련이다. 광고주는 개별 매체 광고의 구매 시에 자신의 예산을 가장 합리적으로 배분하고자 한다. 따라서, 예산 제약 하에서 광고 효과 극대화를 위해 광고매체별 광고비 지출은 광고의 효과와 광고가격의 함수가 된다. 만약 광고주들이 광고 효과를 시청률 지표로써 평가한다면[17] 주어진 광고

서비스다. 즉, 세금을 내지 않는 국민이라도 국방과 치안 서비스의 혜택을 누린다. 한편, 비경합성이란 재화나 서비스를 소비하는 소비자 수가 늘어나더라도 소비의 질이 하락하지 않는 성질을 이른다. 예를 들어, 지상파 방송은 비경합성의 대표적 서비스다. 동시에 수많은 시청자나 청취자가 방송을 시청하거나 청취하더라도 방송의 질은 떨어지지 않는다.

17) 광고 효과와 시청률 간 관계에 대해서는 이론이 존재할 수 있다. 즉, 시청자의 편익의 크기보다는 시청자 수가 광고비를 결정하므로 시청 편익이 높은 시청자가 프로그램 공급비용을 상대적으로 많이 지급한다고 볼 수 없다. "시청률이 높은 프로그램의 시청자들의 시청 편익이 낮은 프로그램의 시청자들 편익보다 높다."라는 관계가 명확하지 않기 때문이다. 다만, 시청자들의 편익분포를 정규 분포 형태로 가정한다면 시청률이 높은 프로그램을 시청하는 시청자그룹에 높은 편익을 가진 시청자가 많이 분포하게 된다.

가격에서 시청률이 높을수록 매체별 광고비 지출이 증가하게 된다(이종관, 2009).[18]

2) 미디어렙과 거래비용

미디어렙(media representative)은 지상파 방송사업자와 광고주 사이에 위치하며 방송사업자로부터 위탁받은 광고 시간을 광고주에게 판매하고 광고주로부터 받은 광고비를 방송사업자에게 건네게 된다. 이 과정에서 미디어렙은 거래 성사의 대가로 수수료를 받게 된다. 그렇다면 지상파 방송사업자와 광고주의 광고 시간 거래에서 미디어렙이 반드시 필요한 것인가?

미디어렙은 방송사의 광고 시간 판매를 대행해 주는 회사로 방송사와 광고주의 탐색비용을 줄여 주는 역할을 수행한다. 즉, 미디어렙의 기본적 기능은 소정의 수수료를 지급받고 광고 매체가 공급하는 광고 시간대를 원하는 광고주에게 판매하는 것으로 광고가격의 협상, 미디어 모델의 개발,[19] 효율적 광고 패키지 구성, 광고 노출 효과 예측 등의 업무를 수행한다. 방송사의 측면에서는 방송의 편성 및 제작을 광고 영업과 분리시킴으로써 전문화나 효율화를 추구할 수 있다는 장점이 있을 수 있고, 광고주의 입장에서도 미디어렙이 제공하는 다양한 서비스(시청률 조사 분석, 광고주에게 적합한 프로그램 소개, 사후 광고효과 분석 등)를 제공받을 수 있다는 장점이 있다.

그러나, 미디어렙이 지상파 방송사업자와 광고주 사이에 위치함에 따라 광고 시간 거래에서 거래비용(transaction cost)이 발생할 수 있다. 즉, 지상파 방송사업자와 광고주 간 광고 시간의 매매는 쌍방 거래(bilateral trade)

18) 광고주가 지불하는 총광고비용은 개별 프로그램 광고에 지불하는 광고비의 총합이며, 이에 따른 효용은 광고가 집행되는 프로그램 시청률의 총합으로 나타나게 된다. 구체적인 경제학적 모형 정립 및 함의에 대해서는 이종관(2009) 참조.

19) 이상적인 광고기획 과정은 광고의 기본 전략과 매체 전략의 수립을 통해 크리에이티브 전략을 수립 및 집행하는 것이다. 전통적 광고 기획 과정은 광고 기본 전략 수립 → 크리에이티브 전략 수립 → 매체 전략 수립의 순으로 진행된다. 매체 다변화로 지상파 방송은 광고 커뮤니케이션 매체의 하나일 뿐 다양한 광고 커뮤니케이션 매체의 ROI 분석에 의해 매체가 선택되는 환경으로 바뀌었다.

다. 이때 미디어렙이 대리인(agent)로 개입하게 되면 거래 단계가 늘어나게 되고 거래 주체들 사이의 불균등 정보(asymmetric information) 환경이 가중되어 암중정보(hidden information)와 암중행위(hidden action) 문제가 악화된다. 이는 대리인인 미디어렙의 유인이 지상파 방송사업자나 광고주의 유인과는 반드시 일치하지 않기 때문에 불균등 정보 환경에서 왜곡된 의사결정이 만들어지기 때문이다.

거래비용이론은 기업이론의 핵심이다. 코스(Ronald Coase)는 거래비용을 거래 상대방을 선택[20]하고 제품의 가격과 품질을 조사하고 협상의 과정을 거쳐 거래계약을 체결하며 계약의 내용대로 생산이 이뤄질 수 있도록 감시[21]하는 데 따르는 제반 비용이라 정의한다. 거래비용이론에서는 생산요소와 생산물의 거래를 할 경우에 시장조직보다 기업조직을 이용하는 경우 일부 비용의 내부화로 거래비용을 절약할 수 있는데 이것이 기업이라는 조직체를 형성하는 이유라는 것이다. 노벨경제학상 수상자인 윌리엄슨(Williamson, 1998)은 거래비용의 발생 원인으로 자산특수성, 불확실성, 빈번성 등을 들고 있다. 현재 거래비용이론은 기업의 존재를 설명할 뿐만 아니라 수직 또는 혼합 통합을 설명하는 주요 이론으로서도 자리잡고 있다.

방송사나 광고주 입장에서는 직거래에 따르는 탐색비용보다 미디어렙을 이용함으로써 발생하는 거래비용이 저렴할 때 미디어렙의 가치가 인정된다.[22] 따라서 독립 광고 판매대행사의 도입이 정당화되려면 그에 따른 거래비용의 증가가 무시할 정도이거나 최소한 거래비용보다 높은 편익이 창출되어야만 한다. 거래비용이론에 따르면 광고 판매대행사의 도입은 방송사나 광고주에게 광고 시간 거래의 비용을 발생시키는 결과를 낳게 된다. 즉, 방송사는 사내에 광고 시간 판매부서를, 광고주는 사내에 광고 시간 구

20) 'coordination cost'라는 용어를 사용한다.

21) 'motivation cost'라는 용어를 사용한다. 동기비용은 불확실한 정보(asymmetric information)와 불완전한 계약(imperfect commitment), 무임승차(free riding) 등에 의해 발생한다. 관련 사례는 Viscusi et al.(2005: 237-238) 참조.

22) Ofcom(2006)은 직거래 보다 미디어렙을 이용한 대행 거래에서 광고주가 지불하는 광고가가 하락한다는 결과를 보고하고 있다.

매부서를 설치, 운영하는 경우 양자가 광고 판매대행사를 이용하는 것보다 거래비용을 절감할 수 있다는 의미다. 그러나, 광고 판매대행사의 활동으로 방송사나 광고주 입장에서는 시청률 높은 프로그램과 시간대 탐색이 용이해지고 따라서 탐색비용을 절감할 수 있게 된다. 탐색비용은 특정 방송사의 특정 프로그램이 가질 시청률을 사전에 탐색하는 정보취득 비용이라고도 할 수 있는데 미디어렙이 이러한 탐색비용을 낮출 수 있기 때문이다.

한편, 기업의 자발적 자회사 분리론에 따르면 사업의 효율성 증대, 전문성 제고, 인센티브 시스템 구축, 경영권 확보 등을 목적으로 자회사 분리가 자발적으로 이뤄질 수 있다. 방송사업자 역시 방송사업의 효율성 증대나 방송광고 판매의 전문성 제고가 기대되는 경우 광고 판매대행사 설립을 자발적으로 추진할 수 있다.

그런데 현재 방송광고 판매대행시장의 유일한 공영 미디어렙인 코바코는 방송사와 광고주의 직거래에 따르는 탐색비용보다 더 큰 편익을 창출하고 있는가? 역설적으로 코바코 체제는 공익성의 달성을 위해 판매대행사의 경제적 메커니즘의 작동에 따르는 시장의 효율적 배분 기능을 약화시켜야 한다고 주장한다. 즉, 코바코는 프로그램과 광고의 매칭에서 방송의 공익성을 확보하기 위해, 즉 프로그램의 선정성, 폭력성은 억제하되 다양성, 공정성을 증진하고 상품가격과 물가 상승을 억제하여 공익성을 달성하기 위해 광고주와 방송사 사이에 위치함으로써 양자의 유착을 금지하고 광고요금의 시청률 의존을 제어하며 광고 시간을 군소 방송사에도 인위적으로 배분 해야 한다고 주장한다. 코바코의 주장대로 미디어렙이 지상파 방송사업자와 광고주 사이에 위치하게 되면 일단 사업자와 광고주 양자 간 유착의 가

표 5-5 자발적 자회사 분리론

목적	내용
사업의 효율성 증대	효율적인 기업 활동을 위한 최적의 기업 규모를 구축
전문성 제고	전문성의 집결, 보안 등이 요구되는 경우
인센티브 시스템 구축	지주회사 체계 하에서 각 부서의 실적을 극대화
경영권 확보	순환 출자 등을 통한 경영권 확보

자료: 이수복(2002).

능성은 줄어들 가능성이 높다고 치더라도 미디어렙의 존재로 상승하는 거래비용을 상쇄하고도 남을 정도의 큰 편익이 창출될 것인가, 또 누구에게 그 편익이 돌아갈 것인가에 대해서는 의문이 제기될 수 있다.

3) 코바코의 존립 근거에 대한 기존 경제학적 비판

헌법재판소는 코바코의 방송광고 판매 독점을 규정한 방송법이 직업 선택의 자유와 평등권을 침해한다고 보고 헌법 불합치 및 입법 촉구 결정을 내렸다(지성우, 2009).[23] 그러나, 동시에 헌법재판소는 지상파 광고의 특성을 들어 방송의 주요 재원인 방송광고 역시 공공성과 공익성이 요구되고 방송광고 규제가 필요하므로 코바코의 존재와 입법 목적에 대해서는 정당성을 인정했다.

앞에서 요약한대로 코바코는 시장 메커니즘에 인위적으로 개입함으로써 방송의 공익성 달성에 일조한다고 주장한다. 그러나 헌법재판소가 지적한 수단의 적합성과 관련해 코바코에 의한 시장 기능의 왜곡은 어떤 사회적 비효율성을 초래하는가? 다음은 코바코 체제에 따른 사회적 비효율성에 대해 기존 경제학적 비판의 내용들을 요약한 것이다.

코바코의 가격규제에 의해 고시청률 시간대 방송 광고요금이 시장 균형가격보다 낮게 형성된다면 '광고비(광고제작비+방송광고요금+미디어렙 수수료) < 광고에 따른 기대수익'이 성립할 가능성이 높아지므로 광고주들의 광고 시간에 대한 수요가 증가하여 초과 수요가 나타나게 된다. 반면, 대조적으로 저시청률 시간대에서는 '광고에 따른 기대수익 < 광고비(광고 제작비+방송 광고요금+미디어렙 수수료)'가 성립하게 되어 광고주의 광고 포기로 광고 시간의 초과 공급이 나타나게 된다. 이와 관련해 김선구 외(2003)의 연구는 만약 광고 시간의 공급곡선이 광고 단가에 대해 완전 비탄력적인 경우라면 인기 매체, 인기 시간대에서는 초과 수요가 발생하더라도 사

23) 헌법재판소는 코바코 관련 규정에 대해 현행 제도의 수단 적합성, 피해 최소성, 법익 균형성에 대해서는 위헌적이라고 판단하여 직업 선택의 자유를 침해한다고 결정했다. 또한, 일반 민영 미디어렙의 직업 수행의 자유에 중대한 제한을 초래함에 따라 평등권도 침해한다고 결정했다.

회후생의 감소는 발생하지 않을 수 있음을 강조한다. 그러나 코바코의 자의적인 광고 시간 할당으로 지불 의사가 큰 광고주 순으로 광고 시간을 할당받지 못한다면 사회후생은 감소하게 된다는 것이다. 반면, 코바코가 비인기 매체, 저시청률 시간대의 초과 공급 물량을 해소하기 위해 그것들을 인기 매체, 고시청률 시간대에 끼워 파는 경우, 끼워팔기에 의해 강제로 초과 공급 물량을 구매한 광고주가 그러한 초과 공급분에 대해 지불 의사가 가장 큰 광고주가 아닌 한, 사회후생의 손실이 발생하게 된다 (김재홍, 2005).

한편, 방송사의 입장에서는 코바코의 가격규제로 프로그램 공급에서 고시청률 시간대에서는 '광고비(광고 제작비+방송 광고요금+미디어렙 수수료) < 방송사의 프로그램 공급비용'의 관계가 성립하게 되어 프로그램의 공급을 감소시키거나 공급량의 감소가 없더라도 질적 저하를 저지를 가능성이 높다. 코바코의 가격규제로 방송사가 제작비용이 많이 드는 창의성 있는 프로그램보다 외국 프로그램 모방, 선정성과 폭력성이 많은 프로그램 제작에 유혹받게 된다는 점은 코바코 체제의 정당성 논거를 부정하는 아이러니가 아닐 수 없다. 대조적으로 저시청률 시간대에서도 광고주의 광고 포기로 프로그램 공급비용 조달 자체가 불가능해짐에 따라 끼워팔기 없이는 프로그램의 공급이 감소하여 프로그램 다양성 확보라는 코바코 체제 논거와 상반되는 결과가 나타날 수밖에 없다.

반면, 코바코 옹호론자들은 끼워팔기가 존재하더라도 인기 시간 프로그램 시간대에 대해 '규제 광고요금 + 끼워팔기 + 코바코 수수료 <독점지대 + 준지대 + 미디어렙 수수료'가 성립함을 주장한다. 그 증거 자료로서 미디어렙 경쟁 체제로 전환 시 광고주들은 고시청률 시간대에 대해 현 체제 하에서 끼워팔기보다 더 높은 광고요금을 지불할 의사가 있다는 설문조사 결과를 제시하고 있음은 앞에서 언급한 바 있다 (정회택, 2005).

2 방송광고 시장 경쟁 도입의 경제학적 논거

특정 지상파 광고 시간대의 광고 단가가 방송 프로그램 제작비용 이상으로 높아지게 되는 요인에는 지상파 방송사의 독점력에 따른 독점지대, 인기 프로그램 시간대의 희소성에 따른 준지대, 광고대행사의 수수료가 있다.

그런데, 지상파 방송사가 누리는 독과점지대는 구조적으로 해결되기 불가능한 부분이다. 부족한 지상파용 전파 대역과 엄격한 허가제가 적용됨에 따라 지상파 방송시장에는 매우 높은 진입 장벽이 존재하여 지상파 방송사업자 수가 쉽게 늘어날 수 없기 때문이다. 또한, 고시청률 시간대의 준지대 역시 해소되기를 기대하기 어려운 부분이다. 시청자들의 지상파 방송 시청 패턴이 존재하고 방송사 역시 모든 시간대 프로그램을 인기화하기가 불가능하고 가능하다 하더라도 공익성 추구와 양립하지 않을 수 있으며 광고시간 역시 현재 방송법에 의해 엄격히 규율되고 있기 때문이다.

그러나 광고 판매 대행사의 수수료 부분은 미디어렙의 수나 대행사의 소유구조에 따라 감소될 수 있는 부분이다. 미디어렙이 획득하는 수수료의 경우 경쟁이 없다면 독립회사, 자회사, 사내 부서 순으로 높다고 볼 수 있다. 방송사와 관계가 멀수록 수수료의 크기에 민감할 것이고 자회사나 사내 부서의 경우 필요에 따라 수수료 인하를 전략적으로 택할 수도 있기 때문이다. 그러나 독립 미디어렙이라도 경쟁이 존재하는 경우 수수료의 수준은 초과 이윤이 발생하지 않는 정도로 낮아지게 될 것이다.

3 미디어렙 간 제한경쟁: 공영과 민영 미디어렙의 구분

방송광고 판매시장에 복수의 미디어렙을 허용함으로써 경쟁을 도입하는 것에는 동의하지만 전면경쟁 대신 미디어렙 간 경쟁을 일정 부분 제한하자는 제안도 코바코 체제의 대안으로 제시되어 있다. 예를 들어, '공영 미디어렙이 공영방송사 광고 영업을 대행하고 민영 미디어렙이 민영방송사 광고 영업을 대행'하는 공·민영 미디어렙 체제를 도입하자는 주장이다. 공영과 민영 미디어렙 구분의 논거는 경쟁 도입으로 인한 시장 충격을 완화하기 위해 현재의 방송광고 판매시장의 독점구조를 단계적으로 해체하는 것이 바람직하므로 한시적으로 공영과 민영 구분을 통해 제한경쟁 방식 도입이 필요하다는 것이다. 이를 위해 지상파 방송의 공적 역할을 분명히 정립한 후, 공영방송과 민영방송으로 구분된 규제틀 하에서 우선적으로 민영 부문에 대한 방송광고 대행 업무 시장을 개방하자는 내용이다. 공·민영 미디어렙 체제를 통해 민영 미디어렙이 공영방송사를 대행하지 못하게 함으로써 최대 이윤을 추구하는 민영 미디어렙의 시장 논리가 공영방송의 공공성을 훼손할 가능성을 배제할 수 있고 공영방송에 대해서는 공영 미디어렙을 통해 광고 수입 증대라는 이윤 논리가 편성과 제작에 개입할 수 없도록 함으로써 방송의 공공성과 공익성을 보호하는 효과를 거둘 수 있다는 논리다.

그러나 공영과 민영 미디어렙 구분과 제한경쟁의 논거는 다음과 같은 문제점들을 내포하고 있다. 첫째, 미디어렙의 공영과 민영의 구분은 방송사의 고시청률, 저시청률 광고 시간대를 다시 공영과 민영으로 추가 분리하는 결과를 초래할 뿐 본질적으로 코바코 체제에 비해 개선 효과가 불분명하다. 둘째, 광고주는 공영과 민영의 광고비용 비교를 위해 두 개의 미디어렙을 접촉해야 하므로 코바코 체제보다 거래비용이 오히려 높아질 가능성이 높다.

공영과 민영을 구분하는 한, 공영방송사의 광고 판매시장에서는 경쟁이 제한되고 현재 코바코 체제와 마찬가지로 가격 정상화가 이뤄지길 기대하기 어렵기 때문에 이중적인 가격구조가 나타난다. 결과적으로 공·민영 미디어렙 체제 하에서는 민영의 고시청률 시간대, 공영의 고시청률 시간대, 공영의 저시청률 시간대, 민영의 저시청률 시간대의 순으로 광고요금의 크기가 결정될 것이고 광고시장의 성장 역시 제한될 것이라는 예상이 가능하다. 공·민영 방송사의 시간대별 광고요금의 순위화는 기본적으로 경제학의 지대론을 따라 도출된다. 공영방송이든 민영방송이든 고시청률 시간대에 대한 광고주들의 선호는 유사할 것이고 두 방송의 고시청률 시간대는 광고주에게 대체재의 관계를 형성하게 된다. 특히, 고시청률 시간대의 경우 공영 미디어렙이 대행하는 공영방송사의 광고요금이 상대적으로 저렴[24]하

24) 물론, 공영 미디어렙이 대행하는 공영 방송사의 (광고) 요금이 민영 방송사보다 낮을 것이라고 가정하는 것에 대해 반론이 있을 수 있다. 예를 들어, 반론자는 2009년 4월 기준 평균 광고단가는 KBS2 401만 9천 원, MBC 368만 7천 원, SBS 306만 9천 원 수준으로 민영방송사(SBS)의 요금이 더 낮게 나타나고 있음을 제시할 수 있다. 그러나 이는 코바

므로 광고주의 입장에서는 먼저 공영 광고 시간을 선호할 것이다. 그러나 현실적으로 공영방송의 고시청률 시간대는 제한되어 있으므로 초과 수요의 광고주들은 차선책으로 민영방송의 고시청률 시간대를 선택하려 할 것이다. 공영방송의 고시청률 시간대에 대한 수요가 해소되지 않아 민영방송의 고시청률 시간대에 수요가 존재하게 되면 민영 미디어렙은 광고요금을 낮추지 않을 것이다.[25] 더군다나, 민영방송사는 방송광고 시간에 대한 수요에서 공영방송사가 제공하는 시간을 제외하고 남은 수요(경제학에서는 잔여수요[residual demand]라 부른다)에 대해 공급독점자임을 깨닫고 독점가격을 요구하게 될 것이다.[26] 동일한 논리로 저시청률 시간대의 경우 공영방송의 광고요금이 상대적으로 높으므로 저시청률 시간대를 구하는 광고주의 입장에서는 먼저 민영방송의 광고 시간을 수요할 것이다. 결과적으로 방송광고 판매시장에 시장 기능 도입의 목적과 효과가 퇴색할 수밖에 없다. 단순한 가정에 근거하고 있다는 한계는 있으나, 초성운 외(2008)는 제한적 미디어렙 경쟁 체제 하에서의 지상파 광고시장 규모가 완전경쟁 체제에 비해 단기적(3년 후)으로는 2,096억 원, 장기적(5년 후)으로도 71억 원 적을 것으로 계산한 바 있다.

한편, 공·민영 미디어렙 체제를 유지해야 한다면 적정한 민영 미디어렙의 수는 얼마인가? 공·민영 분리에 의해 상류의 민영방송사의 독점력이 더욱 상승하는데 하류 미디어렙의 수에 따라 상하류 사업자의 협상력에 영향을 주게 된다. 예를 들어, SBS만이 유일한 민영방송사라면 민영 미디어렙의 수를 1개로 할 경우 쌍방 독점(bilateral monopoly) 구조가 형성되어 힘의 균형이 예측된다.[27] 즉, 민영방송사가 방송 시간의 공급독점자라면 민

코가 광고시장의 메커니즘을 따라 광고 단가를 조정한 것이 아니라 KBS의 예산편성을 인정, 수용해 여기에 KBS 광고 단가를 맞춘 결과이므로 반증 자료로 활용될 수 없다.

25) 만약 공영방송의 고시청률 시간대가 충분하다면 민영 미디어렙은 경쟁을 위해 광고요금을 공영 수준으로 낮추려고 할 것이다.

26) 경제학이론에는 dominant-fringe firm model, domestic monopoly pricing model with import quota 등 잔여 수요를 이용한 기업의 독점가격설정모형이 존재한다.

27) 그럼에도 불구하고 만약 상류의 방송사가 공급독점가격을 설정하게 되면 하류의 미디어렙도 광고주들에 대해 다시 공급독점가격(수수료 포함)을 설정하게 되어 경제학에서 부

영 미디어렙은 방송 시간의 수요독점자(monopsony)가 되기 때문에 이 방송사가 모든 독점지대를 수탈하기 어렵게 된다.[28] 그러나, 이때 민영 미디어렙의 수를 복수로 하게 되면 다시 민영방송사의 협상력이 커져 방송사에 독점지대가 집중될 것이다. 이는 하나의 물건을 두 사람에게 경매함으로써 경매 참여자의 최대 호가(maximum bidding)를 끌어내는 것과 같다.[29] 따라서, 공·민영 미디어렙 체제를 유지해야 한다면 민영 방송사로의 광고 시간지대의 집중을 경계하기 위해 하나의 민영 미디어렙만을 도입하는 것이 차선책으로 논의될 수는 있겠으나 쌍방 독점의 구조 하에서 지대의 배분만이 달라질 뿐 전면 경쟁에 비해 경쟁의 효과는 기대할 수 없다.

종합적으로 공·민영 미디어렙 구분에 의한 제한경쟁 체제는 시장균형 가격으로서의 가격 상승을 인위적으로 몇 년에 걸쳐 조절하려는 시도로서 시장 기능 도입을 통해 가격을 정상화하고 미디어렙 간의 경쟁을 촉진시키고자 하는 목적이 제대로 구현되지 않을 뿐만 아니라 민영방송사로의 지대 집중, 또한 잘못 예측된 가격상승률을 목표로 삼는 경우 오히려 광고시장에 혼란을 가중시키는 결과를 초래할 수 있다.

공민영 미디어렙 체제 하에서 이중적인 가격 구조는 장기적으로 완전경쟁 체제와 유사한 체제로 수렴될 가능성이 있다. 고시청률 시간대의 높은 민영방송 광고요금이 프로그램 제작비를 높여 공영방송에 대한 민영방송의 시청률을 더 상승시키는 작용을 한다면 공영방송의 경쟁력은 떨어질 수밖에 없다. 이를 피하기 위해 공영 미디어렙에 대한 가격합리화 압력이 가해질 경우 결국 공민영 미디어렙 간 경쟁이 나타날 것이다. 그러나 미디어렙의 개수가 2개로 한정되므로 완전경쟁 체제에 비해서는 경쟁의 효과가 적

르는 이중한계화(double marginalization)가 발생하게 되어 사회후생이 감소하게 된다.

28) 미디어렙의 관점에서 본다면 독점 미디어렙은 방송사와의 관계에서 방송광고 시간에 대해 수요독점자, 광고주와의 관계에서 공급독점자의 지위를 가지게 된다. 기업이 수요독점과 공급독점의 지위를 동시에 가지고 있는 경우 경제학이론에 따르면 독점기업의 이윤은 더욱 증가하게 되고 사중손실 역시 또한 배증된다. 엄밀한 논의를 위해서는 양면시장이론과 양측 독점의 분석이 추가되는 것이 필요하지만 이는 후속 연구에서 다루고자 한다.

29) 경매의 경우 영국식, 더치식, 최고가, 차가 등 다양한 형태가 존재한다.

게 나타난다.

4 미디어렙 소유구조

1) 거래비용 절감과 상호영향력

미디어렙의 소유구조는 크게 방송사의 지분 참여가 금지되는 독립적 형태, 방송사의 마케팅을 담당하는 자회사 형태, 방송사의 마케팅 부서 형태 등 세 가지가 고려될 수 있다. 방송사 입장에서는 미디어렙 운영 여부를 비용 절감, 전문성 제고, 마케팅 효율성 측면을 종합적으로 고려해 결정할 것이다. 경제학 이론에 따르면 수직적 통합은 일차적으로 거래비용을 절감하는 효과를 가지므로 방송사의 미디어렙 소유 역시 비용 절감이라는 측면에서 추진될 수 있다. 그러나 만약 광고 판매 대행사가 방송사의 외부 조직일 경우 편익이 크다면 방송사 스스로 외부조직화를 추진할 것이다.

한편, 방송사 입장에서 내부의 광고 판매 부서와 자회사 광고 판매 대행사의 차이가 존재하는가? 우선 자금력이나 브랜드 가치가 미디어렙의 경쟁력에 미치는 영향 측면에서 영향력 자체가 미약하므로 두 구조 간 차이는 미미하다고 볼 수 있다. 또한, 독립형 미디어렙과 경쟁에서 상호보조, 독점적 제공을 통한 독립형 미디어렙에 대한 시장봉쇄 전략 역시 내부부서이거나 자회사인 경우 모두 사용 가능하므로 소유구조의 차이는 미미하다. 다만, 방송사의 입장에서는 자체 부서 운영에 비해 자회사 분리 시 인건비 등이 절감될 수는 있다. 예를 들어 내부부서의 경우 광고 매출이 부진하더라도 직원들에게 동일한 연봉을 지불해야 하나, 자회사 분리 시 미디어렙 직원들에게는 연봉을 삭감할 수 있다.

반면, 방송사와 광고주 간 상호 영향력을 필터링하는 기능은 내부부서, 자회사 구조, 독립구조 순으로 강해질 것이다. 즉, 자회사/내부부서형의 미디어렙은 독립 미디어렙에 비해 방송 공익성을 침해하는 광고안을 수주할 가능성이 높을 수 있기 때문이다. 헌법재판소가 코바코의 존재 정당성을 인정한 것도 이러한 맥락을 수용한 것이다.

결과적으로 방송사는 독립형의 미디어렙보다는 내부조직이나 자회사형을 선호할 것이고 자회사 분리의 편익이 존재할 경우 자회사형 미디어렙을 설치하고자 할 것이다.

2) 반경쟁성

그런데 사회후생적 관점에서 보면 방송사의 내부부서나 자회사형 미디어렙은 방송사와 광고주 간 높은 상호영향력 행사 가능성 외에도 경쟁사들에 대해 시장봉쇄(market foreclosure)나 수직적 제한(vertical restraint)이라는 반(反)경쟁 효과를 우려해 볼 수 있다.

경제학의 산업조직론에 따르면 상류시장이 독과점 구조이고 하류시장이 경쟁구조일 때 상류와 하류 사이에 수직적 통합은 반경쟁적 효과를 초래할 가능성이 높다. 이 수직적 통합의 반경쟁적 효과에 대해서는 하버드학파와 시카고학파 간 논쟁의 역사가 존재한다. 하버드학파는 수직적 통합은 반경쟁적 효과를 목적으로 한다고 보고 당연 위법이라는 시각을 가졌다. 반면 시카고학파는 수직적 통합의 효율성에 주목하고 수직적 통합이 적어도 사회후생을 감소시키지 않을 수 있음을 증명하고자 했다. 예를 들어, 시카고학파는 상류에서 하류로 제공하는 중간재(intermediate good)와 하류에서 소비자에게 제공하는 최종재(final good) 간에 고정투입 비율(fixed proportion)이 존재하는 경우에는 수직적 통합이라도 사회후생을 감소시키지 않는다는 연구 결과를 발표했다. 이것이 시카고학파의 단일독점이윤이론(single monopoly profit)이다. 즉, 상류의 독과점기업이 수직적 통합을 통하지 않더라도 하류시장에 제공하는 중간재 가격의 조절을 통해 수직적 통합에 의해 얻는 독점이윤을 획득할 수 있고, 따라서 수직적 통합에 대한 유인이 없고, 만약 수직적 통합을 추구한다면 이는 비용 절감과 같은 효과를 누리기 위한 것이라는 내용이다. 이에 대해 다시 하버드학파는 중간재와 최종재 간 투입이 고정비율이 아닌 가변 비율로 이뤄질 경우[30] 수직적 통

30) 생산 요소의 투입 비율이 가변적이면 상류시장에서 제공하는 중간재 가격이 높을 경우

합이 사회후생을 감소시키는 반경쟁 효과를 초래한다는 연구 결과로 대응했다(Viscusi, Harrington, & Vernon, 2005).

우리나라에서 상류의 방송사 시장은 매우 높은 진입 장벽으로 인해 방송의 특성상 독점에 가까운 과점구조임에 주목할 필요가 있다. 이때 방송사가 소유 지배하는 미디어렙은 수직적 통합체(vertical integration)라고 볼 수 있다([그림 5-5] 참조).

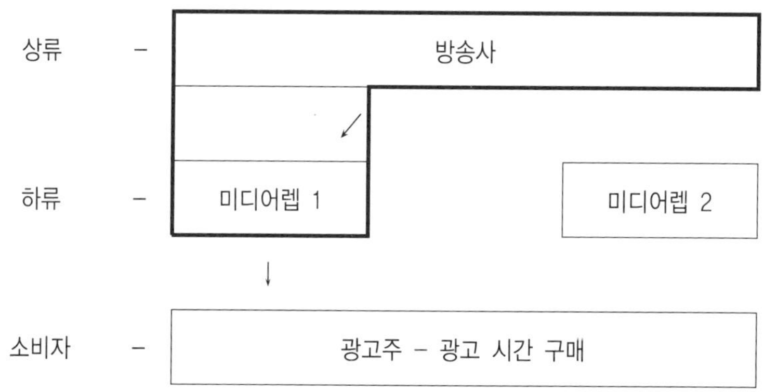

그림 5-5 수직적 통합: 방송사 독과점 + 미디어렙 경쟁

미디어렙은 방송사로부터 위임받은 광고 시간을 광고주에게 중개하여 판매하는 유통사업자이며, 따라서 중간재와 최종재 사이에 1:1 고정투입 비율이 존재한다. 그러므로 이러한 수직적 가치사슬 구조는 시카고학파가 주장하는 환경이라 할 수 있고, 방송사는 미디어렙을 소유 지배하지 않더라도 소유 지배하는 구조와 동등한 이윤을 획득할 수 있으므로 만약 방송사의 미디어렙 소유 지배가 이뤄지는 것은 (시카고학파의 주장에 따르면) 상류의 독과점력을 하류로 전이하는 것 이외의 목적, 예를 들어 효율성 제고가 목적일 가능성이 높다. 물론, 상류의 방송사 시장이 독과점 구조가 아니

하류시장의 기업들은 비싸진 이 중간재의 투입 비율을 줄이고 상대적으로 저렴한 생산요소를 많이 투입함으로써 생산비용을 절감하고자 한다. 그 결과 사회후생적 관점에서 비효율적인 생산 요소의 투입이 발생하게 된다.

더라도 수직적 통합은 반경쟁적 레버리지와 수직적 봉쇄를 초래할 수 있다(김희수 외, 2006)[31]

한편, 방송사 간 경쟁이 상당하여 상류를 독과점구조보다는 (독점적) 경쟁시장이라고 보는 경우라면 방송사의 미디어렙 소유 지배는 반경쟁적 효과를 초래하는가? 산업조직론에서는 상류시장과 하류시장 모두 경쟁구조를 가지고 있을 때 수직적 통합을 통해 배타적 거래행위가 발생하면 반경쟁 효과가 나타날 수 있다고 제시하고 있다. 따라서 특정 방송사만이 내부부서나 자회사형의 미디어렙을 보유할 경우 그렇지 못한 방송사와 독립 미디어렙에 대해 거래 거절을 하는 배타적 거래행위가 발생할 수 있고 이 경우 반경쟁 효과에 대한 우려가 제기될 수 있다([그림 5-6] 참조).

배타적 거래에 따른 반경쟁행위는 중간재에 해당하는 광고 시간을 수직적 관계에 참여하지 않은 미디어렙에게 제공하지 않음으로써 시장봉쇄를 하는 형태나 또는 수직적 관계에 참여하지 않은 다른 방송사가 다른 미디어렙에 대한 협상력이 높아져 더 높은 렙 수수료를 요구하는 결과를 초래하게 된다.

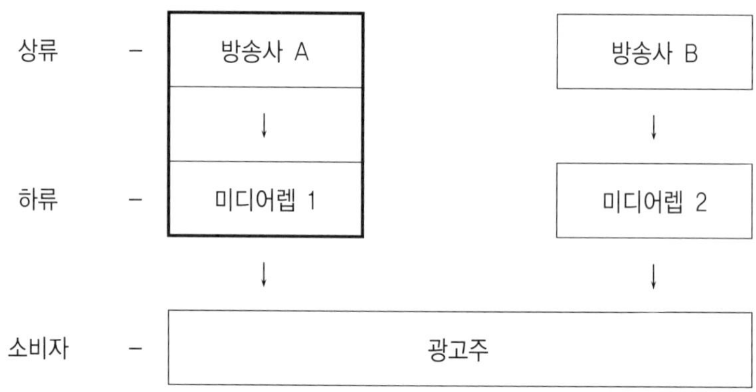

그림 5-6 수직적 통합과 배타적 거래: 방송사 경쟁 + 미디어렙 경쟁

31) 예를 들어, input, foreclosure, customer foreclosure, two-tier entry 등이 발생 가능한데 이러한 봉쇄들의 발생 가능 요건과 경쟁에 미치는 효과에 대해서는 김희수 외(2006: 110-119)를 참조.

그러나, 만약 수직적 통합체가 다수 등장해 경쟁을 하는 경우에는 반경쟁 효과에 대한 우려는 불식될 수 있다. 즉, 예를 들어 방송사들이 각각 미디어렙을 소유 지배하는 경우에는 비록 수직적 통합체가 존재하지만 이들 간의 경쟁으로 인해 시장봉쇄나 경쟁사 비용 올리기(raising rival's cost)와 같은 반경쟁 효과는 사라지거나 크게 약화될 것이다.

이상규(2012)는 양면시장 모형을 이용해 1방송사-1미디어렙이 경제적 효과나 지상파 방송 시청자의 편익을 가장 중요한 판단 기준으로 삼을 때 가장 바람직한 형태라는 결과를 다음의 논리를 통해 제시했다. 만약 독점 미디어렙이 방송사를 차별하지 않으며, 광고상품의 총판매액을 방송사의 시청률에 따라 배분할 경우 1방송사-1미디어렙의 경쟁 구도와 동일한 효과를 창출할 것을 제시했다. 그러나 동시에 일반적으로 독점 기업은 이윤극대화를 위해 가격 차별, 끼워팔기 등 시장지배력을 활용할 유인을 가지고 있고 독점 미디어렙은 매체의 다양성, 의견의 다양성, 지역성 보장과 같은 방송의 공익성이라는 명분 하에 방송사를 차별적으로 취급하거나 시청률과 무관하게 광고비를 배분할 가능성이 있음을 강조했다. 따라서, 비록 모형이 방송의 공익성을 총체적으로 고려하지 못한 한계를 인정함에도 불구하고, 여러 가지 사안을 고려한다면 독점 미디어렙보다는 추가적인 조건을 요구하지 않는 1방송사-1미디어렙의 구조가 경제적 효과 측면에서는 더 바람직하다고 주장한다.[32]

5 미디어렙 경쟁 도입의 개선 방안

지금까지 미디어렙의 소유구조가 거래비용 및 탐색비용의 크기, 수수료의 크기, 방송사와 광고주 간 상호작용, 반경쟁성 등에 미치는 영향에 대해

---

32) 이상규(2012)는 결과의 도출을 위해 미디어렙의 수수료율이 높지 않고, 광고방송의 시청이 시청자의 효용에 미치는 부정적 효과의 강도도 낮으며, 방송사 간의 경쟁 강도가 충분히 강하다는 전제를 하고 있는데, 이 조건들은 독점 미디어렙보다 1방송사-1미디어렙 제도하에서 더욱더 용이하게 충족될 수 있음을 강조한다.

분석했다. 거래비용 및 탐색비용의 크기는 독립회사, 자회사, 사내부서 순으로 낮아지고 방송사와 광고주 간 영향력은 사내부서, 자회사, 독립회사 순으로 약해지며, 반경쟁성은 독립회사, 자회사, 사내부서 순으로 가능성이 높아진다. 그러므로 방송사와 광고주 간 영향력을 배제하여 방송의 공공성과 다양성을 담보하고 반경쟁 가능성을 낮추면서 미디어렙 도입에 따른 거래비용, 탐색비용, 수수료 등을 최소화하는 방법은 미디어렙을 방송사로부터 소유 분리 또는 방송사의 소유 제한과 함께 다수의 미디어렙 도입으로 경쟁을 유도하는 것이다.

지금까지 논의한 내용을 바탕으로 미디어렙 시장의 개선 방안을 고려해 보자. 방송사와 광고주 간 유착 관계를 제어하기 위해 신규 미디어렙의 도입은 필요하다. 그러나 기존 코바코 체제를 옹호하는 입장에서 지지하는 공·민영 미디어렙의 제한경쟁 체제는 앞에서 지적한 여러 문제점을 안고 있어 개선 방안으로 평가하기 어렵다. 그럼에도 불구하고, 만약 공·민영 미디어렙 제한경쟁 체제가 선택된다면 경제학적 관점에서 차선책으로 민영 미디어렙을 하나만 도입하는 것을 고려해야 한다. 왜냐하면, 민영 미디어렙의 숫자가 복수화되면, 상류의 독점 민영방송과 하류의 경쟁 미디어렙 시장의 구조로 인해 민영 미디어렙 간 광고 시간 수주 경쟁은 궁극적으로 민영 방송사에 독점지대를 귀속시키게 되고 방송사의 영향력이 극대화되기 때문이다.

그러나 민영 미디어렙이 하나만 존재하게 되면 민영방송사와 민영 미디어렙 간에 쌍방 독점구조가 형성됨으로써 민영방송사의 민영 미디어렙에 대한 절대적 영향력을 어느 정도 상쇄될 수 있다. 이때 동일한 논리로 방송사의 미디어렙 지분 소유도 당연히 금지되어야 한다. 왜냐하면 민영방송사가 하나뿐인 민영 미디어렙을 소유하게 되면 민영방송사의 독점력을 제어할 수단을 잃게 되기 때문이다.

그렇다면 개선 방안으로 고려해 볼 수 있는 방법에는 독립 미디어렙들의 완전경쟁 체제 또는 1사-1렙의 완전경쟁 체제가 있다. 단, 이들 방안의 경우에도 특정 조건이 충족되어야만 미디어렙의 존재가 광고 시간의 시장효율적 배분을 왜곡하지 않게 된다. 이를 다음에서 좀 더 구체적으로 다뤄보자.

1) 독립 미디어렙 간의 완전경쟁 체제

공영과 민영 미디어렙의 구분 없이, 복수의 미디어렙을 허용하여 방송사나 광고주 모두 미디어렙의 선택권을 보장하되 방송사의 미디어렙 지분 투자는 금지하는 방법이다. 독립형으로 다수가 경쟁을 하는 것이 이 체제의 요체다.

독립형 미디어렙은 방송사와 광고주의 유착 관계를 가장 확실하게 최소화할 수 있고, 비록 자회사나 내부부서형에 비해 거래비용을 증가시킬 수 있지만[33] 이러한 거래비용 역시 미디어렙 간의 경쟁 정도와 방송사의 소유 제한을 통해 낮춰질 수 있기 때문이다. 즉, 독립형 미디어렙이 다수의 도입되면 경쟁으로 인해 대행 수수료를 최소 수준으로 낮출 수 있고 방송사의 미디어렙 지분 투자가 금지되고, 개별 미디어렙에서 다양한 방송사들의 광고를 판매하게 된다면 각 방송사의 광고 시간대와 광고요금을 광고주가 좀 더 손쉽게 비교할 수 있어 탐색비용을 낮춤에 따라 거래비용이 하락하는 효과가 발생한다.

반면, 독립형 미디어렙의 효과에 대한 반론에는 방송사가 미디어렙에 전혀 출자하지 않는 경우, 시청률 증가로 인한 광고수입의 증가가 모두 민영 방송사에 귀속되는 것은 아니므로 방송사의 요소 투입량은 감소한다는 주장이 있다. 이 주장은 방송사가 미디어렙의 지분을 소유하는 경우, 미디어렙의 수수료 수익에 방송사의 출자 지분을 곱한 만큼의 수익이 방송사에 돌아가기 때문에 지분율이 높아짐에 따라 수탁수수료 수입 중 방송사로 귀속되는 수익도 증가하고 따라서 시청률을 올리려고 요소 투입이 증가한다는 논리에 근거하고 있다. 그러나 미디어렙의 수수료가 체결되는 방송광고 거래 액수에 비례한다면 방송사는 미디어렙의 지분 보유 여부에 관계없이 시청률을 높이기 위해 요소 투입을 최적화할 수밖에 없다.

---

33) 이에 대한 반론도 존재한다.

2) 1사-1렙의 완전경쟁 체제

공영과 민영 미디어렙의 구분 없이, 미디어렙의 시장 진입과 방송사의 미디어렙 소유를 자유롭게 보장하는 방법이다. 미디어렙의 자유로운 시장 진입을 보장하는 것은 '독립 미디어렙 간 완전경쟁 체제'와 동일한 부분이지만 방송사가 미디어렙을 소유하는 것을 금지하지 않다는 점이 차별화되는 방법이다. 즉, 이는 방송사가 광고 영업을 담당하는 자회사를 두고 광고주들과 직접 거래하는 것으로 이는 방송사의 직접 영업과 실질적으로 같은 효과를 가지는 것으로서, 사실상 1981년 이전 체제로의 환원을 의미한다. 이때 광고주 입장에서는 독립 체제보다 탐색비용이 증가하게 된다.

자회사형은 독립형에 비해 유착 가능성은 상대적으로 높지만 반면 거래비용을 줄이는 구조다. 또한 방송사의 미디어렙 소유로 인해 반경쟁 효과가 나타날 가능성도 다수의 자회사형 미디어렙이 도입된다면 우려할 필요가 없어진다. 공영방송 체제를 유지하고 있는 유럽의 경우에서 대부분의 방송사들이 자회사형 미디어렙을 소유하고 있는 사례들이 이러한 논리를 뒷받침하고 있다.

한편, 방송사의 자회사 미디어렙에 대한 지분을 제한할 필요가 있는가? 단순히 광고 대행을 하는 미디어렙의 지분 소유를 엄격히 제한하는 것은 과도한 규제라 볼 수 있다. 매체 경쟁력이 큰 방송사와 미디어렙의 관계가 "갑"과 "을"의 관계인 점을 감한해 보면, 방송사가 소유 지분의 유무에 상관 없이, 실질적으로 미디어렙을 지배할 가능성이 높기 때문에 방송사의 지분 소유를 제한하는 것은 의미가 없기 때문이다.

물론, 이러한 체제는 방송사와 광고주 간 상호 영향력의 불충분한 여과라는 단점 외에도 광고주는 광고를 구매하기 위해 각 방송사별로 거래를 해야 하기 때문에 광고주의 입장에서 접촉해야 할 미디어렙이 다수 존재하고, 이로 인해 광고주의 거래비용이 높아질 가능성이 있고, 이는 광고요금의 상승으로 이어질 수 있다는 단점을 가지고 있다.

(1)과 (2)의 개선 방안을 종합해 보면 다수의 미디어렙이 도입되어 완전경쟁 체제가 만들어진다면 방송사가 미디어렙을 자회사로 보유할 것인지

표 5-6 개선 방안의 비교

	독립 미디어렙	1방송사-1미디어렙
방송사와 미디어렙 유착	저	고
거래비용	고	중
탐색비용(광고주)	저	고
개선 방안 추가 조건	다수 미디어렙 간 경쟁으로 거래비용 낮추기	다수 방송사-미디어렙 간 경쟁으로 반경쟁성 최소화
기대 효과	광고주 상대로 미디어렙 간 공정 경쟁	

여부는 방송사의 결정에 맡길 수 있다. 즉, 방송사는 미디어렙의 전문성 효과와 거래비용의 증가를 비교하여 자회사 또는 내부부서의 결정을 내리도록 하고 규제기구는 미디어렙 간의 경쟁 보장으로 수직적 구조로 인해 발생할 수 있는 반경쟁 효과를 제거하는 것이다(<표 5-6> 참조).

물론 미디어렙의 진입 자유화로 미디어렙 간의 경쟁이 치열해진다고 하더라도 지상파 방송사의 독점적 체제가 유지되는 한, 방송광고 시장 자체는 경쟁적 시장으로 전환하지 못하다는 비판이 있다(박원기, 2008). 즉, 방송광고 시장은 지상파 방송사 수의 제한, 방송 광고량의 법적 제한 등으로 인해 완전경쟁의 조건을 구조적으로 결여하고 있는 독과점적 시장일 수밖에 없다는 주장이다.

6 방송광고 판매시장에 경쟁 도입 시 나타나는 부작용에 대한 검토

방송광고 판매시장에 경쟁 도입을 반대하거나 제한적 도입을 주장하는 견해들은 경쟁 도입 시 나타날 수 있는 부작용에 대한 논란을 지속적으로 제기해 왔다. 특히, 취약 매체의 존립이 위험해짐으로써 방송시장에서의 다양성이 감소하고 선정적 폭력적 프로그램이 증가함으로써 방송의 공익성이 저하될 수 있음을 강조한다.

첫째, 방송 광고시장에 경쟁이 도입될 경우, 광고 수익의 감소가 예상되는 지역방송이나 종교방송 등의 생존을 어떻게 보장할 것인가에 대한 우려를 검토해 보자. 먼저 취약 매체들의 생존을 무조건 보장해 주는 것이 당연하다는 관점에서 벗어나, 왜 이러한 매체들에 대한 생존을 정부가 보장해 주어야 하는가에 대해서부터 따져볼 필요가 있다. 종교방송의 경우 선교와 포교 등의 목적으로 제공되는 것인데, 국교가 없는 우리나라에서 종교방송에 대한 국가적 재정 지원의 논리적 근거는 매우 미약하다. 즉, 종교의 자유가 헌법적으로 보장되는 상황에서 특정 종교를 홍보하는 방송을 국가가 지원하는 것은 믿지 않을 자유라는 기본권을 침해하는 행위일 뿐만 아니라 비교도의 세금을 이전해 특정 종교를 보조하는 행위가 된다.

지역방송의 경우에도 과거 각 지역방송사들에 대한 다양성 확보 노력들을 평가해 보고 과연 이들 방송사에 정부 지원에 의한 생존권 보장이 적절한지를 판단해 보아야 할 것이다. 이수일(2008)은 지역민방과 지역 MBC의 경우 경쟁 도입으로 인한 광고 수입의 대폭적 감소가 예상되지 않기 때문에 이들에 대한 정부 지원은 불필요하다고 주장했다. 이수일(2005)은 1차 민방(부산, 대구, 광주, 대전)은 총 방송 시간의 40%, 2차 민방(울산, 전주, 청주, 강원, 제주)은 35%를 자체 제작물로 채우고, 나머지는 SBS 프로그램을 송출하고 있기 때문에 방송광고 시장에 경쟁이 도입될 경우 SBS 프로그램 송출에서는 광고 수입의 증가가, 자체 제작물 송출에서는 광고수입의 감소가 예상되지만 전체적으로 대폭적 광고 수입의 감소는 일어나지 않을 것이라고 예측한다. 특히, 지역민방의 경우, 이미 자체 제작물 송출을 비인기 시간대에 집중하고 있어 이 부분에서의 광고 수입 감소폭이 절대적으로 크지 않기 때문이라는 것이다. 지역 MBC의 경우에도 지역민방에서 적용되는 논리와 유사한 논리가 적용될 수 있기 때문에 정부 지원이 불필요하다고 주장한다. 지역 MBC의 경우, 자체 제작물에 의한 광고 수입이 전체 광고 수입에서 차지하는 비중이 약 10% 내외라는 점을 고려해 본다면 경쟁 도입으로 인한 광고 수입의 감소폭이 그리 높지 않을 것이라는 예측이다.

그럼에도 불구하고 취약 매체에 대한 지원이 필요하다는 사회적 합의가 있는 경우에는 우선적으로 각 방송사들에 대한 경영혁신 등의 자구 노력을 강구토록 하되, 정책적 차원에서 자생력 확보를 위한 최소한의 비용을 국가 재정에서 한시적으로 지원하는 방안을 고려해 볼 수 있다. 예를 들어,

방송발전기금을 통해 한시적으로 광고 수입의 일정 부분을 보조하는 방안을 생각해 볼 수 있다.

둘째, 방송광고 판매 대행시장에 경쟁이 도입될 경우, 광고 수입을 극대화하려는 방송사들 때문에 선정적·폭력적 프로그램이 증가하게 될 것이고, 구매력이 낮은 시청자들을 대상으로 하는 프로그램의 비중은 낮아질 것이라는 주장을 검토해 보자. 선정성과 폭력성이 문제가 된다면 이를 해결하기 위한 방법은 방송 광고시장으로의 경쟁 도입 거부가 아니라 특정 장르나 특정 시청자를 대상으로 하는 프로그램 쿼터제를 도입하거나 방송사의 출연금을 통한 기금으로 공공성이 높은 프로그램 제작에 보조금을 지급하는 것이다 (이수일, 2008).

더군다나 방송 프로그램의 선정성이나 폭력성은 현 방송법의 사후적 제재를 통해 해결해 나아갈 수 있다. 현재 방송법에는 방송 프로그램에 대한 사후 심의를 통해 방송의 공공성이나 공정성, 선정성 등을 규제하고 있다.[34]

물론 현재 방송법상 제재 조치는 단계별로 주의 및 경고, 시청자에 대한 사과, 해당 방송 프로그램의 정정, 중지, 방송편성 책임자 또는 해당 방송 프로그램 관계자에 대한 징계 등으로 제재의 강도가 약하다는 문제점을 가지고 있다. 따라서 방송사의 광고영업권을 한시적으로 제한하거나 벌금형을 강화해 방송사가 실질적인 제재 조치로 느낄 수 있도록 변경할 필요가 있다. 또한 심의 규정이 불명확하거나 자의적이기 때문에 좀 더 객관적인 심의 규정이 적용될 수 있도록 심의 규정의 개정작업이 필요하다.

34) 방송 심의에 관한 규정 제4조(심의의 방법) ① 방송위원회는 「방송법」 제32조 제1항의 사항이 방송 또는 유통된 후 심의·의결한다. 「방송법」 제32조(방송의 공정성 및 공공성 심의) ① 방송위원회는 방송중계 유선방송 및 전광판 방송의 내용과 기타 전기통신회선을 통하여 공개를 목적으로 유통되는 정보 중 방송과 유사한 것으로서 대통령령이 정하는 정보의 내용이 공정성과 공공성을 유지하고 있는지의 여부와 공적 책임을 준수하고 있는지의 여부를 방송 또는 유통된 후 심의·의결한다. 이 경우 매체별·채널별 특성을 고려하여야 한다.

제 8 절 방송광고 판매대행시장 경쟁 도입의 파급 효과

일반적으로 사회적 후생은 소비자 잉여와 기업 이윤(생산자 잉여)의 합으로 구성된다. 국내 방송광고 판매 대행시장에 경쟁을 도입함으로써 발생하게 되는 사회적 후생의 변화를 예측해 보기 위해서는 국내 방송광고 판매 대행시장에 참여하고 있는 다양한 플레이어들 간의 관계를 살펴보는 것이 필요하다([그림 6-7] 참조).

우선 소비자는 방송 프로그램의 시청자(또는 다른 매체 구독자)이면서 동시에 광고주 제품의 구매자로서의 역할을 담당한다. 주요 지상파 방송사(KBS, MBC, SBS)와 종교 및 지역방송사는 미디어렙에 광고 판매를 대행하는 대가로 수수료를 지불한다. 미디어렙은 광고대행사로부터 광고료와 받는 대신 광고 시간을 제공해 주고, 광고주는 광고대행사에게 광고제작 및 광고 구매 대행의 대가로 수수료를 지불한다.

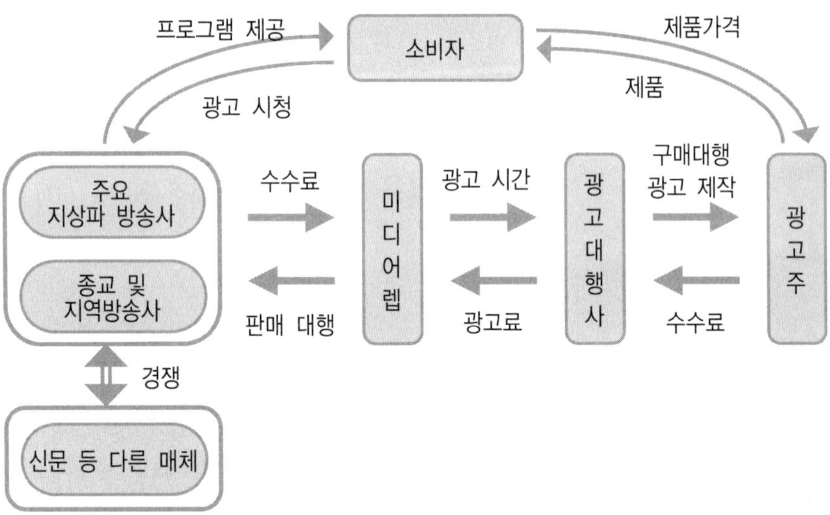

그림 6-7 국내 방송광고 시장 참여자들의 관계

이러한 상황에서 소비자 후생은 크게 두 가지 측면에서 살펴볼 수 있다. 우선 방송사의 광고 수입이 전체적으로 증가하고 프로그램 제작비용이늘어나게 되면 프로그램의 질이 향상되고 이를 소비하는 시청자들의 후생이 증가할 수 있다([그림 6-8] 참조). 물론 광고 단가와 시청률의 연동성이 높아지면 시청률이 낮은 프로그램 또는 취약 매체의 광고 수입은 줄어들어 이들 프로그램의 질은 하락할 수 있으나, 더 많은 소비자들이 시청하는(시청률이 높은) 프로그램의 질이 높아지고 시청률이 낮은 프로그램의 질이 떨어지는 경우 전체적인 소비자 후생은 증가한다고 볼 수 있다. 결국, 시청자 후생 효과가 나타나기 위해서는 ① 광고 수입 증가 → 프로그램 제작비용

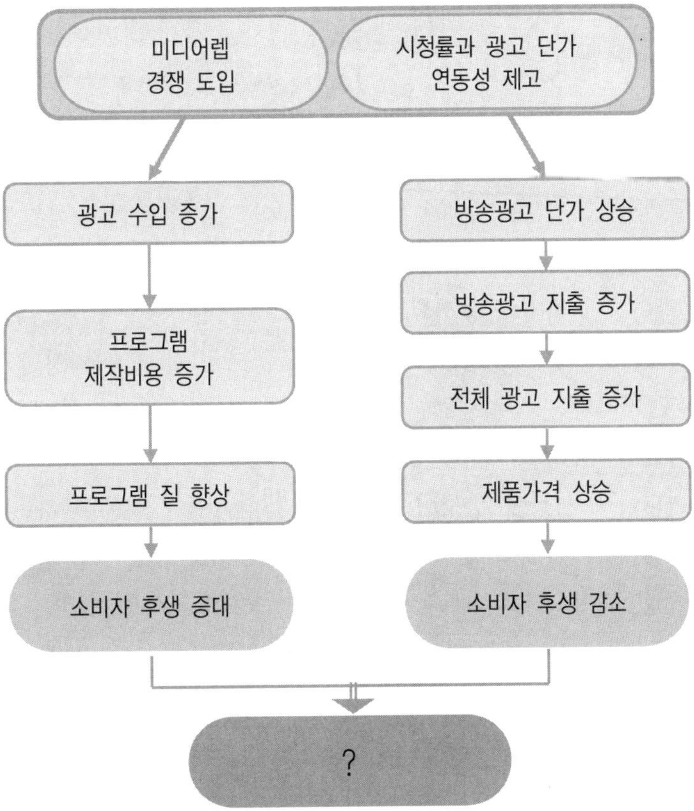

그림 6-8 국내 방송광고 시장 경쟁 도입 시 소비자 후생의 변화

증가, ② 프로그램 제작비용 증가 → 프로그램 질 향상의 관계가 성립되어야 한다.

한편, 방송광고 단가가 올라 광고주들의 광고 지출이 늘어나면 늘어난 지출이 제품가격에 전가되어 제품가격이 상승해 소비자들의 후생이 감소할 수 있다는 주장도 제기될 수 있다. 이러한 현상이 나타나기 위해서는 ① 미디어렙 경쟁 도입 → 평균 방송 광고 단가 상승, ② 방송 광고 단가 상승 → 방송 광고 지출 증가, ③ 방송 광고 지출 증가 → 전체 광고 지출 증가, ④ 광고 지출 증가 → 제품가격 전가의 네 가지 관계가 성립되어야 하는데, 제품시장의 충분한 경쟁이 보장되는 한 광고 지출의 증가가 제품가격의 상승으로 이어지기는 어렵다고 하겠다.

다음으로 방송광고 판매 대행시장에 경쟁이 도입되면서 기업의 이윤이 어떻게 변화될 것인가를 살펴볼 필요가 있다. 방송광고 판매 대행시장 경쟁 도입으로 매체 간 끼워팔기가 없어지면 주요 지상파 방송사의 광고 수입은 증가할 것으로 예측된다. 이때 늘어난 광고 수입을 프로그램 제작에 재투자할 경우 프로그램의 질이 향상되어 시청률은 더 높아질 것이고, 이에 따라 광고 수입은 추가로 증가될 것으로 예측된다. 반면, 매체 간 끼워팔기가 없어지면 취약 방송사의 광고 수입은 줄어들 것으로 예상된다. 결국, 경쟁 도입으로 인한 지상파 방송사 전체 광고 수입(주요 지상파 방송사와 종교 및 지역방송사의 광고 수입 전체)의 증감 여부는 미리 예측하기가 쉽지 않아 보인다.

미디어렙 시장에 경쟁이 도입되면 미디어렙의 이윤은 하락할 것이라는 것이 일반적인 견해다. 그러나 현재 3%대의 수수료 수준이 외국과 비교할 때 높은 것이 아니기 때문에 오히려 수수료가 높아질 수 있다는 주장도 있다. 수수료율이 동일하더라도 방송광고 매출액이 늘어날 경우 미디어렙의 이윤은 증가할 수 있다.

취약 매체의 광고 단가는 낮아져 중소기업들의 광고 기회가 높아질 것이나, 광고요금과 시청률 연동성 강화, 광고 단가 변화, 다른 매체 간 끼워팔기 감소 등이 광고주의 전체적인 광고비 지출에 어떤 영향을 미칠지는 불확실해 보인다. 광고주의 지상파 광고에 대한 수요탄력성이 크지 않다고 볼 때 평균적인 방송광고 단가가 상승할 경우 방송광고 지출액은 증가할 것이다. 또한 방송광고 지출액의 상승이 신문, 잡지 등 다른 매체를 포함한 전체 광고지출액 상승으로 이어질지 여부는 매체 간 대체성의 정도에 달려 있다고 하겠다.

방송광고 시장에 경쟁이 도입되더라도 광고대행사는 광고요금과 관계없이 주로 광고 위탁을 수입원으로 하기 때문에 이윤에 큰 변화는 없을 것으로 예상된다. 미디어렙의 독점력이 낮아지게 되면, 광고 선택에서의 경직성(다른 매체 간 끼워팔기 등)이 줄어들어 광고주의 이윤은 증대될 것으로 예측된다.

마지막으로 광고주의 전체 광고지출액 규모는 고정적이면서 방송광고 지출이 늘어나는 경우에는 신문 등 다른 매체 광고 수입이 감소될 것으로 예측된다. 이때, 미디어렙 경쟁 도입에 따른 방송 광고 단가 상승폭, 방송광고 단가 상승에 따른 방송광고 지출 증가폭, 광고시장에서 지상파 방송과 다른 매체 간의 경쟁 정도에 따라 이윤에 미치는 영향은 달라질 것이다. 광고매체의 다변화로 지상파 방송은 주요 광고매체의 하나로서 선택의 대상일 뿐 미디어렙의 경쟁 체제가 도입되어 전문성이 증가할 경우 미디어 모델 개발에 따라 다른 매체의 활용도가 더욱 높아질 가능성도 존재한다. 이는 지상파 방송의 시청률이 지속적으로 하락하고 뉴미디어의 이용도가 높아져 가는 추세이며, 광고 대상의 성격에 따라 적합한 광고 매체가 나타나고 있기 때문이다.

결국, 방송 광고시장에 경쟁이 도입될 때, 주요 지상파 방송사, 종교 및 지역방송사, 미디어렙, 광고대행사, 광고주, 기타 신문 및 다른 매체에 미치는 이윤의 증감 여부는 <표 6-7>과 같이 요약할 수 있다.

표 6-7 국내 방송광고 시장 경쟁 도입 시 이윤 증감 예측

	주요 지상파 방송사	종교 및 지역방송사	미디어렙	광고대행사	광고주	신문 등 다른 매체
이윤 증감	+	−	?	불변	+	?

제 9 절 결론

이 장에서는 지상파 방송의 공공재적 특성으로 인해 방송광고 판매가 방송사 재원으로 도입되어 작동하는 원리의 분석을 통해 미디어렙의 필요성과 민영 미디어렙의 도입 시 경쟁구조와 소유구조에 대한 합리적 방안을 분석했다. 분석 결과는 이론적 논의를 기반으로 하여 도출된 것이라는 점에서 미래 방송 광고시장의 현상이나 정책에 그대로 적용해 예단하는 것은 지양해야 하겠지만 적어도 이 분석 결과를 아우르지 못하는 방송광고 판매제도 개선의 주장은 설득력을 가질 수 없다는 점에서 의의가 있다. 연구 결과는 다음과 같이 요약된다.

첫째, 미디어렙은 방송사의 직접 광고 판매보다 거래비용을 발생시키는 측면이 있으나 방송사와 광고주 간 상호 영향력을 줄일 수 있다는 점에서 정당성을 가지고 있다. 미디어렙의 필요성과 효용성을 강조한 헌법재판소의 판결 역시 이러한 경제적 메커니즘을 인정한 것이다.

둘째, 미디어렙 시장구조와 관련해서는 경쟁 체제 구축을 적극적으로 고려할 필요가 있다. 현재 대안으로 고려되고 있는 공민영 미디어렙 제한경쟁 체제는 현행 코바코 체제에 비해 개선을 기대할 수는 있으나 그 효과가 제한적일 가능성이 높기 때문이다. 즉, 지상파 방송시장이 독과점 구조임에 따라 공영과 민영시장의 분할은 각 시장에서 방송사의 독과점력을 더욱 상승시키고 고시청률 시간대와 저시청률 시간대가 공영과 민영으로 이분되는 결과가 예측되기 때문이다. 그럼에도 불구하고, 제한경쟁 체제를 도입하는 경우라면 방송광고의 독점지대가 민영방송사로 몰리지 않도록 하나의 민영방송사를 위해 복수의 민영 미디어렙을 도입하는 방안에 대해서는 매우 신중한 접근이 필요하다. 차선책으로 1개의 민영 미디어렙 도입으로 쌍방 독점구조를 형성함으로써 지상파 방송사의 협상력을 상쇄하는 것이 좀 더 합리적인 방법으로 고려될 수 있다.

셋째, 지상파 방송사의 미디어렙 소유 허용 여부는 반경쟁성 평가를 바탕으로 결정하는 것이 더욱 합리적이다. 만약 미디어렙 시장에서 경쟁이 존재하더라도 특정 방송사와 특정 미디어렙이 소유 관계로 묶어지게 되면 그런 관계에 포함되지 못한 경쟁 미디어렙의 활동이 위축되는 수직적 제한이나 경쟁사 비용 올리기(raising rival's cost)[35] 현상이 나타날 수 있기 때문이다. 이 경우 차선책으로 '1사-1렙 소유'의 허용으로 수직적 통합체 간 경쟁을 제고하는 방안을 고려해 볼 수 있다. 다만, 이 경우 방송사와 광고주 간 영향력은 방송사의 지분 소유 금지 경우보다 상승할 수밖에 없으므로 영향력을 견제하는 규제 보완이 필요하다.

넷째, 방송광고 판매 대행시장 경쟁 도입이 시장 참여 경제적 주체들에 미치는 영향은 일률적이지 않아 경쟁 도입에 따른 보완 요소가 존재한다. 방송사 중에서도 중요 지상파 방송사와 종교 및 지역 방송사에 미치는 파급 효과가 상이할 수 있다. 우선 방송광고 시장에 경쟁이 도입되면, 방송사의 광고 수입이 전체적으로 증가함에 따라 프로그램 제작비용이 늘어나 프로그램의 질이 향상되고 이를 소비하는 시청자들의 후생이 증가하게 될 것이다. 광고 단가와 시청률의 연동성이 높아지면 시청률이 낮은 프로그램 또는 취약 매체의 광고 수입은 줄어들어 이들 프로그램의 질은 하락할 수 있으나, 더 많은 소비자가 시청하는 (시청률이 높은) 프로그램의 질이 높아지고 시청률이 낮은 프로그램의 질이 떨어지는 경우 전체적인 소비자 후생은 증가한다고 보아야 할 것이다. 시청자 후생 효과가 나타나기 위해서는 ① 광고 수입 증가 → 프로그램 제작비용 증가, ② 프로그램 제작비용 증가 → 프로그램 질 향상의 관계가 성립되어야 한다.

방송광고 단가가 올라 광고주들의 광고 지출이 늘어나면 늘어난 지출이 제품가격에 전가되어 제품가격이 상승해 소비자들의 후생이 감소할 수 있다는 주장이 있으나 이러한 주장은 설득력이 약하다. 이러한 현상이 나타나기 위해서는 ① 미디어렙 경쟁 도입 → 평균 방송 광고 단가 상승, ② 방송 광고 단가 상승 → 방송 광고 지출 증가, ③ 방송 광고 지출 증가 → 전

35) 소유 관계가 없는 방송사와 미디어렙의 거래에서 미디어렙이 복수로 존재하는 경우 방송사는 공급독점의 지위를 이용하여 미디어렙에게 높은 광고요금 체결을 요구하게 된다.

체 광고 지출 증가, ④ 광고 지출 증가 → 제품가격 전가의 네 가지 관계가 성립되어야 한다. 그러나 이러한 단계가 모두 성립하기는 쉽지 않고, 특히 제품시장의 충분한 경쟁이 보장되는 한 광고 지출의 증가가 제품가격의 상승으로 이어지기 어려울 것이다.

신문 등 다른 매체의 경우, 광고주의 전체 광고 지출액 규모가 고정적임을 가정한다면, 방송광고 지출이 늘어난다고 하더라도 광고 매출이 감소될 가능성이 높다. 그러나 미디어렙 경쟁 도입에 따른 방송광고 단가 상승폭, 방송광고 단가 상승에 따른 방송 광고 지출 증가폭, 광고시장에서 지상파 방송과 다른 매체 간의 경쟁 정도에 따라 이윤에 미치는 영향은 달라질 것이다. 광고매체의 다변화로 지상파 방송은 주요 광고매체의 하나로서 선택의 대상일 뿐 미디어렙의 경쟁 체제가 도입되어 전문성이 증가할 경우 미디어 모델 개발에 따라 다른 매체의 활용도가 더욱 높아질 가능성 존재한다. 특히, 지상파 방송의 시청률이 지속적으로 하락하고 뉴미디어의 이용도가 높아져 가는 추세라는 점, 그리고 광고 대상의 성격에 따라 적합한 광고매체가 달라질 수 있다는 점도 이러한 가능성을 뒷받침한다.

그런데, 여기서 한 가지 짚고 넘어가야 할 중대한 문제는 광고시장의 경쟁 도입으로 증가된 광고 수입을 방송사들이 고품질의 콘텐츠 제작에 투여하지 않을 가능성이 있다는 점이다. 치열한 시청률 경쟁 때문에 방송사들은 선정적이고 폭력적인 프로그램 제작에 몰두할 가능성이 높고, 이는 방송의 공익성을 저해하는 결과를 가져올 수 있기 때문이다. 방송사들은 치열한 경쟁환경에서 살아남기 위해 최소한의 비용으로 최대한의 시청률을 높이려는 경영 목표를 도출할 수 있고, 이는 시청률이 높으나 저질의 콘텐츠 양산으로 이어질 수 있음을 의미한다. 이러한 문제점을 극복하기 위해서는 높아진 광고요금이 프로그램 조달비용으로 투입될 수 있도록 제도적 보완장치를 마련할 필요가 있다. 또한 폭력적, 선정적 프로그램 제작에 대한 사후관리 체계를 강화할 필요가 있다. 현재의 제재 조치는 단계별로 주의 및 경고, 시청자에 대한 사과, 해당 방송 프로그램의 정정, 중지, 방송편성 책임자 또는 해당 방송 프로그램 관계자에 대한 징계 등으로 제재의 강도가 약하기 때문에 방송사의 광고영업권을 한시적으로 제한하거나 벌금형을 강화함으로써 방송사가 실질적인 제재 조치로 느낄 수 있도록 해야 하고, 좀 더 객관적인 심의 규정이 적용될 수 있도록 심의 규정에 대한 객관화 작업이 필요할 것이다.

참고 문헌

국내 문헌

강병민 · 이태희 · 박준호(2009). “무선재판매 이용 대가 산정 방식에 대한 연구.” 『정보통신정책연구』, 제16권 1호, 65-100.

강유리(2008). “미국 MVNO 시장 현황,” 『정보통신정책』, 제20권 4호 통권 434호, 정보통신정책연구원.

강재원 · 이상우(2006). “방송 · 통신 융합서비스의 규제 방향: IPTV에 대한 규제를 중심으로,” 『한국방송학보』, 20(2).

강호성(2009. 10. 28). ‘1공영 1민영 출발’ 미디어렙 법안 발의키로. 『아이뉴스 24』. Retrieved November, 17, 2009, http://itnews.inews24.com/php/news-view.php?g_serial=453671&g_menu=020300

곽은경(2009). “방송과 신문시장의 현황과 개혁과제.” *CFEReport*, No. 82. 자유기업원.

권지인 · 박영덕(2005). “미국 MVPD 산업의 성장과 수평적 소유규제 변화 과정,” 『정보통신정책』, 17(20).

권호영(2005). 『PP의 경영전략 II』. 서울: 커뮤니케이션북스.

김대호(2007). “방송 · 통신융합 규제 체계로서 수평적 규제 체계의 쟁점.” 『정보통신정책연구』 제14권 제1호.

김도훈(2009). “독점적 망사업자에 대한 망중립성 정책의 타당성 분석: 양면시장 관점에서 본 망중립성 이슈,” 『정보통신정책연구』, 16(2): 1-45.

김민기(2005). “방송광고 정책, 과제와 대안: 미디어렙 도입의 현실적 수순.” 『방송연구』, 겨울호, 29-57.

———(2008). 『28년 역사의 KOBACO 공적』(Media Future). 서울: 미디어 미래연구소.

김서중(2005). “융합시대 방송의 공공성 공익성과 방송광고 판매제도.” 한국언론정보학회 특별세미나 발표 자료.

김선구 외(2003). "방송광고시장의 경쟁정책." 서울대학교 기업경쟁력연구센터.
김선미 · 김성태(2007). "방송정책에 따른 케이블TV 장르의 집중도 변화에 관한 연구." 『한국방송학보』, 21(3).
김성현 · 김아람(2008). "양면시장 관점에서 본 IPTV 서비스와 망중립성 규제 정책의 효과," 『정보통신정책학회 정기학술대회 논문집』, 129-170.
김성환(2010). "망중립성 문제의 해법찾기," 「digieco focus」: 1-15. kt경제연구소.
김성환 · 이내찬 · 김형찬(2008). "망중립성의 배경 및 이론의 이해," 『정보통신정책연구』, 15(1): 95-133.
김성환 · 이종화 · 이내찬 · 김종진 · 홍범석 · 이민석(2007). "통방융합 시대에 대비한 망중립성 연구," 『정보통신정책연구원 수탁연구』, 07-62.
김영주 · 정재민(2010). "방송산업 내 비대칭 규제에 관한 연구." 『한국방송학보』, 24(5).
김용규(2010). "모바일 인터넷 망중립성과 통신사업자의 과제," 『디지털 융합 연구원 Whitepaper』, 2010-06: 1-21.
김재영 · 강한나(2007). "매체 균형발전과 지상파 역차별의 실체." 『방송과 커뮤티케이셔』, 제8권 제2호, 59-79.
김재홍(2005). 『방송광고 경제학』. 서울: 커뮤니케이션북스.
김종한(2009. 10. 22). "1공영 1민영 '미디어렙...여권도 단계적 개방에 무게." 『한국일보』. Retrieved November, 17, 2009. http://news.hankooki.com/lpage/-culture/200910/h2009102222420684340.htm#
김종화(2008. 11. 27). "방송광고 판매대행 독점 헌법 불합치." 『미디어 오늘』. Retrieved November, 17, 2009 http://www.mediatoday.co.kr/news/articleView.html?idxno=74957
김창완 · 정부연 · 이경원(2008). 『종합유선방송사업자의 소유구조 연구: 합병의 경제적 성과를 중심으로』. 기본연구 08-14. 정보통신정책연구원.
김현정(2010). "한국의 방송통신 융합법제의 현황과 전망에 관한 연구." 『언론과 법』, 제9권 제1호.
김희수 · 김형찬 · 김민철 · 오기환 · 김남심 · 이민석(2006). 『방송서비스의 다매채화 및 통신방송 융합에 따른 공정경쟁 이슈 연구』. 연구보고 06-06. 정보통정책연구원.
박규장 · 최세경(2008). "한국 방송정책으로서 매체균형발전론에 관한 연구." 『한국방송학보』, 22권 4호. 49-91.
박민수 · 여재현 · 주재욱 외(2008). 『통신시장 공정경쟁 촉진을 위한 전파관리정책 연구』. 수탁연구, 정보통신정책연구원.
박민수 · 허영준(2008). 『해외 주요국의 DTV전환 관련 주파수 정책 현황 및 시사점』, KISDI 이슈 리포트, 08-03.
박성욱 외(2010). “2011 방송통신 시장 전망.” 『KISDI 정책연구』 10-34, 정보통신정책연구원.
박성철(2009). “지상파방송 광고 판매제도 경쟁체계 도입의 쟁점과 전망.” 『전파방송통신 저널』, 15권, 2-13.
박원기(2008). 『방송광고제도 변화에 따른 매체별 광고비 영향 분석』. 서울: KOBACO.
박종수·김지훈(2008). 『전파법 해설집』, 2008. 12.
박창섭(2009. 11. 6). “미디어렙도 ‘종편 퍼주기’…여, 직접 광고수주 추진.” 『한겨레신문』. Retrieved November, 17, 2009. http://www.hani.co.kr/arti/-society/media/386239.html
박창희(2003). “매체 간 균형발전을 위한 지상파 방송의 신파적 역할: 지상파방송 뉴미디어 참여.” 『방송연구』, 겨울호. 7-31.
박현수(2008). “총량제와 방송광고 판매제도(미디어 렙)의 변화. 경제 선진국을 지향하는 방송광고 제도의 개선 방안.” 한국광고학회 세미나 자료, 35-55.
박현철(2008. 11. 27). “코바코 광고판매 독점 헌법 불합치.” 『한겨레신문』. Retrieved November, 17, 2009. http://www.hani.co.kr/arti/society/media/324459.html
방송위원회(2006). 『방송산업 구조 변화와 소유 규제 정책: 해외사례 연구』.
방송통신위원회(2010). 『2010년 방송산업 실태조사 보고서』. 서울: 방송통신위원회.
———(2011a). 『방송통신 기본계획』.
———(2011b). “방통위, 도매 제공 가이드라인 제정.” 방송통신위원회 보도자료, 2011.7.20.
백미숙 외(2007). “국회 문화관광위원회 논의에 나타난 ‘방송정책 이념’.” 『한국방송학보』, 통권 제21-2호.
변재호·조은진(2010). “망중립성 논의 최근 전개 동향,” 『전자통신동향분석』, 25(4): 121-129.
———(2011). “FCC의 망중립성 고시 제정 의의와 영향.” 『전자통신 영향 분석』 26(2): 84-99.
변정욱 외(2007). “MVNO 개념 및 주요국의 규제·사업 현황,” 『KISDI이슈리포트』, 정보통신정책연구원.
———(2010). “도매 제공 활성화를 통한 통신시장 경쟁촉진 방안 연구,” 『KISDI 정책연구』 10-07, 정보통신정책연구원.
복홍석(2011). “다채널 유료방송 서비스의 수요함수 추정과 관련 시장 획정에 관한 연구,” 서울대학교 행정대학원 박사학위 논문.

서승우(2007). “망중립성 규제정책의 과제,” 『전자통신동향분석』, 22(6): 158-169.
송동규(2007). “IPTV 도입에 따른 네트워크 중립성에 관한 연구,” 『방송공학회지』 12: 17-23.
송진 · 유의선(2008). “공정경쟁 관점에서의 망중립성 분석: 인터넷멀티미디어 방송사업법 제14조에 대한 해석을 중심으로,” 『한국언론학보』, 52(3): 441-461.
신일순(2010). “인터넷포털 시장 획정 및 관련 이슈.” 『경상논집』, 23(1).
신태섭(2000). “신공공 원리에 기초한 방송광고 경쟁체제 도입 방안.” 시청자 주권 제고를 위한 방송광고 대체입법 쟁점 토론회 발표 자료.
신호철(2005). “MSO의 성장과 수평적 결합규제.” 『정보통신정책』, 제17권 제23호.
안정민(2009). “미국 FCC 망중립성 규제의 허와 실,” 『경제규제와 법』, 2(2): 139-152, 서울대학교 공익산업법센터.
여재현(2008). 『주파수 공유정책 현황 및 시사점』, KISDI 이슈 리포트, 08-08, 2008.
염수현 · 박민성(2010). “방송채널의 거래와 가격에 관한 연구.” 정보통신정책연구원.
염용섭 · 박민수 · 김창완 · 이재영 · 성욱재(2009). “방송규제 완화의 경제적 효과 분석.” 『KISDI 이슈리포트』, 정보통신정책연구원.
유선실(2010). “유료방송서비스.” 『월간 방송통신산업 동향』, 2010.12.
윤기호(2010). “이동통신 도매 제공 대가의 경제적 효과 분석,” 『정보통신정책연구』, 제17권 1호, 97-113.
윤석년(2008). “방송광고 규제정책의 변화와 영향에 관한 연구: 민영 미디어렙 도입과 중간광고 허용을 중심으로.” 『방송과 커뮤니케이션』, 제9권 2호, 37-66.
윤석민(2006). “우리나라 저가 유료방송시장의 쟁점들과 정책과제.” 『한국언론학회 2006 봄철학술대회 발표 논문』.
윤석민 · 이현우(2011). “우리나라 유료방송 PP사업자 정상화 방안.” 『정보통신정책연구』. 제18권 제3호.
윤충한 · 이인찬 · 이동헌(2006). “케이블TV와 위성방송의 경쟁에 관한 실증연구.” 『정보통신정책연구』, 13(4)
이광훈(2007). “국내 초고속 인터넷 시장에서의 망중립성 규제,” 『정보통신정책연구』, 14(4): 41-66.
이남표(2009). “방송법 개정안의 근본적 문제들.” 『시민과 언론』 87호. 2009 가을.
이대호 · 황준석(2010). “미국 FCC의 망중립성 규제에 관한 NPRM과 이에 대한 찬반 동향,” 『방송통신정책』, 22(10): 22-44.
이상규(2007). “통신서비스 재판매: 경쟁활성화와 결합판매를 중심으로,” 『정보통신정책연구』, 제14권 3호, 1-42.

———(2012). "미디어렙의 구조와 경제적 효과."『정보통신정책연구』, 게재 예정.
이상우 · 김창완(2006). "융합 환경에서의 방송 규제 변화 방향: 통신과 방송산업의 규제 논리 분석."『KISDI이슈리포트』. 정보통신정책연구원.
이상우 · 나성현 · 정은옥 · 김원식(2006).『다채널 방송시장에서의 프로그램 접근에 관한 연구』. 연구보고 06-05. 정보통신정책연구원.
이상우 · 박민수(2007). "배타적 프로그램 거래행위에 대한 실증분석."『한국언론학보』, 51(4).
이상우 · 이인찬(2005).『다채널 유료방송시장의 경쟁에 관한 연구』. 연구보고 05-10. 정보통신정책연구원.
이수복(2002).『산업조직론: 경쟁과 규제의 경제학 1판』. 서울: 율곡출판사.
이수일(2006).『방송산업에의 경쟁 도입』. 정책연구시리즈 2006-15. 한국개발연구원.
———(2008). 지상파방송 광고시장의 경쟁 도입.『정보통신정책연구』, 15권 4호, 1-25.
———(2009a).『방송산업의 시장 획정과 제도분석』, 정책연구시리즈 2009-06, 한국개발연구원.
———(2009b). "인터넷상에서의 공정경쟁과 혁신을 위한 규제 도입 방안,"『KDI 정책포럼』 214: 1-15.
이승훈(2002). "Virgin Mobile Australia의 사업 현황,"『정보통신정책』, 제14권 22호, 통권 314호, 정보통신정책연구원.
이승훈 · 송송이(2011). 해외 주요국 주파수 정책 현황 및 시사점, *DigiEco*, 2011년 2월호, KT
이영주(2006). "케이블TV 사업자의 시장 성과와 규모의 경제에 관한 연구."『한국언론학보』. 50(4).
이영주 · 송진 · 채정화(2006). "공익성 방송 분야의 의무전송 규정에 관한 타당성 고찰."『한국언론학보』. 50(4).
이용경(2011). "미디어 산업 진흥과 여론의 다양성: 미디어법을 다시 말한다." 서울대학교 행정대학원 AIC과정 강의 자료. 2011.6.7.
이원우(2006).『전파관리규제정책의 중장기 정책방안 연구』, 연구보고, 한국전파진흥협회, 2006. 12.
이인찬(2005).「케이블TV산업의 수평적 소유규제」. KISDI 이슈리포트 05-18. 정보통신정책연구원.
이재영 · 유선실(2006).『미디어산업의 수직 결합과 기업전략: 다채널방송을 중심으로』. 연구보고 03-14. 정보통신정책연구원.
이재영 · 임준 · 유선실 · 권지인 · 정현준(2005).『디지털 컨버전스 하에서의 콘텐츠 산업 발전과 공정경쟁 이슈: 시장봉쇄 이론 및 사례』. 연구보고 05-05. 정보통신정책연구원.
이재호(2007). “미디어 환경의 변화와 지상파 방송의 정체성에 관한 소고: 무료 보편적 서비스, 공익성, 시청자 복지 개념을 중심으로.” 한국언론정보학회 주최. 「지상파 방송 비대칭 규제와 개선 방안」. 세미나 발표 논문.
이종관(2009). “미디어랩 경쟁 도입의 핵심 쟁점과 이슈별 영향 분석.” 디지털 커뮤니케이션 컨퍼런스 발제 자료.
이종태 · 박명철 · 김민경(2009). “BcN 환경 하의 망중립성 규제 이슈 연구,” 『한국기술혁신학회 추계학술대회 논문집』.
이종화 · 변정욱(2005). “통신망 개방정책,” 『통신서비스 정책의 이해: 정보통신정책 핸드북1』, 정보통신정책연구원 편저. 서울: 법영사.
이호영(2008). “통신 · 방송 융합에 따른 경쟁법상 M&A 규제.” 『법학논총』, 제25집 제1호.
이효성(2000). “방송광고 시장에서의 경쟁 방식: 미디어렙을 중심으로.” 방송광고 대체 입법에 관한 쟁점토론 발표자료. 한국광고교육학회 및 언론정보학회.
임영덕(2010). “미국 미디어 규제와 망중립성에 관한 고찰,” 『미국헌법연구』, 21(3): 75-106.
임준 외(2010). “방송통신 진화에 따른 규체 체계 고노화 방인 연구.” 방송통신위워회.
전수연(2007). “미국 이동전화시장의 경쟁 현황,” 『정보통신정책』, 제18권 20호, 통권 404호.
정보통신정책연구원(2010). “2009년 방송시장 경쟁 상황 평가.” 『정책연구』 10-51.
———(2011). “2011년 방송산업 실태조사 보고서.” 방송통신위원회.
정애리(2008). “융합미디어의 공공성 구현을 위한 전송네트워크 이용과 최종 사용자들의 네트워크 접근성 문제,” 『한국방송학회 연구보고서』.
정용준(2007). 『방송통신법의 디지털 공익성 개념 구성에 관한 연구』. 방송위원회.
정윤식(2009). “소유 규제 완화, 겸영 관련 법조항 점검 : 소유 지분 규제 완화는 민영 방송의 자산 가치 높여.” 『신문과 방송』. 한국언론재단.
정인석(2008). “통신서비스 재판매의 경쟁 효과.” 『정보통신정책연구』, 제15권 2호, 1-23.
정인숙(2008). “신문과 방송의 겸영규제: 정책 판단을 위한 세 가지 기준과 대안.” 『정보법학』, 제12권 제1호.
정진한 · 오기환 · 이인선(2009). “미국, 유럽의 NGA 및 망중립성 논의와 시사점,” 『정책연구』 09-12. 정보통신정책연구원.
———(2009b). “방송통신망 개방에 대한 해외 사례 및 정책연구 : FTTH 등의 망개방 및 망중립성,” 『정책연구』 09-25. 정보통신 정책연구원.

정희택(2005). 『경쟁 미디어렙 도입의 영향 평가』. 서울: 한국광고주협회.
조성호(2000). "통합 방송법 이후 방송 산업의 향방." 『LG주간경제』 2000.1.19.
조은기(2005a). "방송·통신 융합의 정책이념: 방송의 공익성 개념 재정립을 위한 note." 한국 뉴미디어 방송협회 주체 제9회 방송통신 포럼 발제문.
———(2005b). "방송광고시장 규제 원칙에 대한 소고." 『방송연구』, 겨울호, 7-27.
조은기·문상철·이진근·최정일·김원식·전범수(2008). 『원가 산정을 통한 케이블 이용요금 적정성 연구』. 방송통신위원회 지정 2008-16. 방송통신위원회.
주정민(2002). "케이블TV 정책의 성과에 대한 비판적 고찰: 규제 완화 정책을 중심으로." 『2002-2 사이버커뮤니케이션 추계학술 논문집』.
주창윤(2000). 『텔레비전 프로그램의 선정성 분석(1997~2000)』. 서울: 한국방송진흥원.
지성우(2008). "뉴미디어의 사회적 책임의 제도화에 대한 입법평가: IPTV시행령(안)에 대한 법률적 검토 및 제반 이슈를 중심으로." 미디어미래연구소 주최 토론회 발제문.
———(2009). "방송의 자유일반론과 방송 관련 헌재의 판결의 해석." mimeo.
초성운·박민수·장범진(2008). 『방송광고 현황 및 제도 개선 방안』(이슈리포트 08-21). 서울: 정보통신정책연구원.
최계영·김창완·윤기호(2005). "전파관리정책", 『정보통신정책 핸드북 1: 통신서비스정책의 이해』, 정보통신정책연구원.
최계영·박민수·이종관(2007). "전파관리정책의 구조와 패러다임 변화," 『KISDI 이슈 리포트』, 제7권 11호, 정보통신정책연구원.
최계영·박민수·이종관 외(2007). 『주파수 할당제도 및 이용권 확립 방안 연구』, 연구보고, 정보통신정책연구원.
최민재(2008). "17대 국회 계류 중인 미디어 관련 법률 개정안과 주요 쟁점." *Media Insight* 3월호. 한국언론재단.
최승재(2008). "통신산업에서의 네트워크 중립성 논의와 적용에 대한 연구: 광대역 인터넷망을 중심으로," 『서울대학교 법학연구』, 49(2): 217-255.
최영·박창신(2007). "방송·통신의 수평적 규제 모델에서의 '내트워크 중립성'에 관한 연구: 정책적 정용 가능성을 중심으로." 『한국언론학보』 51(4): 330-355.
최영·황상재(2007). "네트워크 중립성의 쟁점과 정책적 함의: 균형점을 찾아서," 『사이버커뮤니케이션학보』, 24: 117-148.
최영묵(2008). "방송 죽이기, 그 무모한 도박에 대한 몇 가지 생각." 민주언론시민연합 주최 토론회 발제문.
최일도(2009). "미디어법과 매체 환경의 변화." *ORICOM BRAND JOURNAL,*

No.48. 2009.10.
최진원(2010). "방송 통신 융합 시대의 수평적 규제와 공영방송."『문화·미디어·엔터테인먼트법』(구 문화산업과 법) 4권 1호.
케이티경제경영연구소(2011). "국내 MVNO 동향 및 전망,"『KT경제경영연구소 주간보고서』 2011년 5월 3주차.
한국방송광고공사(2008).『방송광고제도의 변화에 따른 매체별 광고비 영향 분석』. 서울: 한국방송광고공사.
황근(2005). 매체 간 균형 발전을 위한 위성방송 소유 규제제도 개선. 한국방송학회 학술세미나.「디지털 컨버전스 시대의 위성방송: 대응전략과 정책과제」. 발표문.
황근(2008). "방송콘텐츠 시장의 진입규제와 쟁점."『콘텐츠사업 규제제도: 현실과 대안』. 한국방송학회/KISDI공동 세미나.
황준석·이대호·여성환(2007). "망중립성 규제가 IPTV 서비스 경쟁에 미치는 영향에 대한 시뮬레이션 연구,"『정보통신정책학회 정기 학술대회 논문집』: 93-118.
황준호·신호철·정은옥·서상호(2008).『융합환경 하에서의 경쟁과 다양성에 관한 연구: 케이블 TV 시장을 중심으로』, 연구보고 08-01, 정보통신정책연구원.
"신방 겸영, 미국 배우라던 자들 어디 갔나".『미디어 오늘』. 2011.07.19. (http://www.mediatoday.co.kr/news/articleView.html?idxno=96416)
한나라당 미디어법 언론학자도 뿔났다.『시사IN』 74호. 2009.02.09.
헌법재판소(2008. 11, 27). 2006헌마352,『헌판집』 제20권 2집 하 383면.
KISDI(2011).「주요국 망중립성 정책 동향」.
KOBACO(2011). "방송사 광고비 통계-매체별 광고 매출액 현황," Retrieved August, 29, 2011, http://adstat.kobaco.co.kr/statistics/broadcaster/-media_ad.asp

국내 문헌

Armstrong, M. (2006). "Competition in two-sided markets," *RAND Journal of Economics*, 37: 668-691.
Baker, J. B. & P. de Sa(2010). "The Year in Economics at the FCC: A National Plan for Broadband," *Review of Industrial Organization*, vol. 37, 279-290.

Banerjee, A. & C. Dippon(2009). "Voluntary relationships among mobile network operators and mobile virtual network operators: An economic explanation," *Information Economics and Policy,* 21: 72-84.

Baumal, William J. & Dorothy Robyn(2006). "Toward an Evolutionary Regime for Spectrum Governance-Licensing or Unrestricted Entry?", AEI-Brookings Joint Center for Regulatory Studies.

Beard, R., D. Kaserman, & J. Mayo(1998). "The role of resale entry in promoting local exchange competition," *Telecommunications Policy,* 22: 315-326.

Becker, G. & K. Murphy (1993). A simple theory of advertising as a good or bad. *Quarterly Journal of Economics*, 108(4): 941-964.

Benkler, Yochai(2002). "Some Economics of Wireless Communications", *Harvard Journal of Law & Technology*, 16: 25-83.

Buck, Stuart(2002). "Replacing Spectrum Auctions with a Spectrum Commons" *Stanford Technology Law Review*, Rev. 2.

Cady, J. (1976). "An estimate of the price effects of restrictions on drug price advertising." *Economic Inquiry*, 14(4): 493-510.

Cave, M., C. Doyle, & W. Webb(2007). *Essentials of Modern Spectrum Management*, Cambridge University Press.

Caves, K. W. (2010). "Modeling the welfare effects of net neutrality regulation: A comment on Economides and Tåg," Working Paper, available at http://ssrn.com/abstract=1585254.

Chen, M. K. & B. Nalebuff (2006). "One-way essential complements," Cowles Foundation Discussion Paper No. 1588, Yale School of Management.

Cheng, H. K., S. Bandyopadhyay, & H. Guo (2009). "The debate on net neutrality: A policy perspective," *Information Systems Research.*

Chipty, T. (2001). "Vertical integration, market foreclosure, and consumer welfare in the cable television industry." *American Economics Review*, 91: 428-453.

Choi, J. P. & B.-C. Kim (2010). "Net neutrality and investment incentives." *RAND Journal of Economics,* 41(3): 446-471.

Denekere, R. & C. Davidson(1985). "Incentives to form coalitions with Bertrand competition," *Rand Journal of Economics,* 16: 473-486.

Dewenter, R. & J. Haucap(2007). "Incentives to licence virtual mobile network operators (MVNOs)," in Deweter, R. Haucap, J. (eds.), *Access*

Pricing: Theory and Practice, Elsevier, B. V., Amsterdam.
Economides, N. (2008). "Net-neutrality, non-discrimination and digital distribution of content through the Internet," *I/S: A Journal of Law and Policy for the Information Society*, 4: 209-233.
Economides, N. & J. Tåg (2009). "Net neutrality on the Internet: A two-sided market analysis," Working Paper, Stern School of Business, New York University.
European Commissions(2002). "Commissions guidelines on market analysis and the assessment of significant market power under the Community regulatory framework for electronic communications networks and services." *Official Journal of European Communities* 2002/C 165/03.
Faulhaber, G. R. & D. J. Farber(2003). "Spectrum management: Property rights, markets, and the commons", *Rethinking rights and regulations: Institutional responses to new communication Technologies*, 193-226.
FCC(2006). "Annual Report and Analysis of Competitive Market Conditions With Respect to Commercial Mobile Services."
Federal Communications Commission(2010). "Connecting America: The national broadband plan." 2010, http://www.broadband.gov/plan/.
Ford, G. S & J. D. Jackson(1997). "Horizontal Concentration and Vertical Integration in the Cable Television Industry." *Review of Industrial Organization,* 12: 501-518.
Hazlett, Thomas W.(2004). "Spectrum Tragendies." Paper Presented at the 15th biennial conference of the international telecommunications society, September.
Hermalin, B. E. & M. L. Katz (2007). "The economics of product-line restrictions with an application to the network neutrality debate," *Information Economics and Policy*, 19: 215-248.
Höffler, F. & M. Schmidt(2007). "Two tales on resale," manuscript.
IE Market Research(2011). "3Q. 2011 United States Mobile Operator Forecast," IE Market Research Corp.
Kaserman, D. & J. Mayo(1997). "An efficient avoided cost pricing rule for resale of local exchange telephone services," *Journal of Regulatory Economics,* 11: 91-107.
Katz, Y. (2005). *Media Policy for the 21th Century in the United States*

and Western Europe. Cresskill, NJ: Hampton Press, Inc.

Khan, A., T. Tardiff & D. Weisman(1999). "The Telecommunications Act at three years: an economic evaluation of its implementation by the Federal Communications Commission," *Information Economics and Policy* 11: 319-365.

Kocsis, V. & P. W. de Bijl (2007). "Network neutrality and the nature of competition between network operators," *International Economics and Economic Policy*, 4: 159-184.

Krämer, J. & L. Wiewiorra(2010). "Network neutrality and congestion-sensitive content providers: Implications for service innovation, broadband investment and regulation," Working Paper, Karlsruhe Insititute of Technology.

Kwerel, M., & J. Williams. "A Proposal for Rapid Transition to Market Allocation of Spectrum," OPP Working Paper series No. 38.

Kwoka, J. (1984). "Advertising and the price and quality of optometric services." *American Economic Review*, 74: 211-216.

Lee, B. (1972). "The effects of advertising on the price of eyeglasses." *Journal of Law and Economics*, 15: 337-352.

Lee, R. S. & T. Wu (2009). "Subsidizing creativity through network design: Zero-pricing and net neutrality," *Journal of Economic Perspectives*, 23: 61-76.

Marsden, C. T. (2010). *Net Neutrality: Toward a Co-regulatory Solution*, Bloomsbury Academic.

Musacchio, J., G. Schwartz, & J. Walrand (2009). "A two-sided market analysis of provider investment incentives with an application to the net-neutrality issue," *Review of Network Economics*, 8: 22-39.

Noam, E.(1998). "Spectrum auctions: Yesterday's heresy, today's orthodoxy, tomorrow's anachronism. Taking the next step to open access," *Journal of Law and Economics*, 41(2): 765-790.

ODTR(2000). "The regulatory Framework for Access in the Mobile Market, Report on the Consultation."

Ofcom (2006). "Radio Advertising Market Research: Assessment of the constraints on the price of direct and indirect radio advertising."

———(2007). "Digital Dividend Review: A statement on our approach to awarding the digital dividend", Accessed from http://stakeholders.

ofcom.org.uk/binaries/consultations/ddr/statement/statement.pdf.
OFTA(2001). "MVNO's Opportunities: the Regulator's Perspectives."
Oftel(1999). "Oftel Statement on Mobile Virtual Network Operators."
———(2002). "Notices of determinations to remove the determinations that Voda- fone and BT Cellnet have Market Influence under Condition 56 of their respective licences."
Owen, B., & S. Wildman (1992). *Video economics*. Harvard University Press.
Park, M., S. Lee, & Y. Choi(2011). "Does spectrum auctioning harm consumers? Lessons from 3G licensing", *Information Economics and Policy*, Vol. 23, Issue 118-126.
Prüfer, J. & E. Jahn (2007). "Dark clouds over the Internet," *Telecommunications Policy*, 31: 114-154.
PTS(2006). "Competition and regulation in the Nordic mobile markets."
RCRNEWS(July 25, 2005)
Reed, D. P.(2002). "Why Spectrum is not property - the case of an entirely new regime of wireless communications policy", mimeo. http://www.reed.com/ dprframeweb/dprframe.asp?section=paper&fn=openspec.html.
Rey, P. & J. Tirole (2007). "A primer on foreclosure," in M. Armstrong & R. Porter(eds)., *Handbook of Industrial Organization*, volume 3, North Holland: Elsevier, 2145-2220.
Rochet, J.-C. & J. Tirole (2003). "Platform competition in two-sided markets," *Journal of the European Economic Association*, 1: 990-1029.
———(2006). "Two-sided markets: A progress report," *RAND Journal of Economics*, 37: 645-667.
Rubinfeld, D. L. & R. H. Singer(2001). "Vertical Foreclosure in Broadband Access?" *The Journal of Industrial Economics*, 49(3): 299-318.
Salant, S., S. Switzer, & R. Reynolds(1983). "Losses due to merger: The effects of an exogenous change in industry structure on Cournot-Nash equilibrium," *Quarterly Journal of Economics,* 48: 185-200.
Sappington, David E.(2005). "On the irrelevance of input prices for make-or-buy decisions," *American Economic Review,* 95(5): 1631-1638.
Sarmento, P. & A. Brandao(2007). "Access pricing: A comparison between full deregulation and two alternative instruments of access price regulation, cost-based and retail-minus," *Telecommunications Policy,* 31: 236-

250.

Schuett, F. (2010). "Network Neutrality: A Survey of the Economic Literature," *Review of Network Economics,* 9(2): 1-13.

Smith, S. & S. Cox(1987). "Advertising and competition in routine legal services markets: An empirical investigation." *Journal of Industrial Economics* 36: 49-60.

Spence, M., & B. Owen(1977). "Television programming, monopolistic competition, and welfare." *Quarterly Journal of Economics*, 91(1): 103-126.

Steiner, R. (1984). "Does advertising lower consumer prices?" *Journal of Marketing,* 37: 165-208.

Ting, Carol, Steven S. Wildman, & Johannes M, Bauer(2005). "Comparing welfare for spectrum property and spectrum commons governance regimes," *Telecommunications Policy*(2001), 29: 711-730.

Valletti, Tommaso M.(2001). "Spectrum trading," *Telecommunications Policy*, 25: 655-670.

Viscusi, W. K., J. E., Harrington Jr., & J. M. Vernon(2005). *Economics of Regulation and Antitrust.* The MIT Press.

Waterman, D. & D. Chen(2005). *Vertical Foreclosure in U.S. Cable Television Market: An Empirical Study of Program Network Carriage and Positioning.*

Waterman, D. & A. A. Weiss(1996). The Effect of Vertical Integration between Cable Television Systems and Pay Cable Networks," *Journal of Econometrics*, 72(1-2).

——(1997). *Vertical Integration in Cable Television*, Washington: AEI Press.

Werbach, Kevin(2003). "Radio Revolution? the coming age of unlicensed wireless", *Policy Paper*, American Foundation.

Werden, G. J. (1997). "Demand Elasticities in Antitrust," *66 Antitrust Law Journal,* 363.

Williamson, O. (1998). *The economic institutions of capitalism.* Free Press.

Wireless Intelligence (2010). "Global MVNO markets surpasses 600 in Q2 2010)."

Wu, T. (2003). "Network Neutrality, Broadband Discrimination," *Journal of Telecommunications and High Technology Law*, 2: 141-172.

日本 總務省(2007). 情報通信審議 情報通信技術分科 電波有利用方策委員 報告書.

참고 사이트

강희종, "MVNO, 후불형으로 승부 건다", 『디지털타임스』, 2011.10.03.
올레모바일 공식 블로그, http://mobileblog.olleh.com/1032
온세텔레콤 기업블로그, http://www.onseblog.co.kr
한국케이블 텔레콤 홈페이지, http://www.kcttell.com
KT경제경영연구소, http://www.digieco.co.kr
Wal-Mart Family Mobile, http://www.walmart.com/cp/family-mobile

찾아보기

ㅂ

ㅅ

ㅇ

ㅈ

ㅊ

ㅋ

저자 소개

박상인

[학력 및 경력]

- 서울대학교 경제학사
- 예일대학교 경제학 박사
- 현 서울대학교 행정대학원 교수
- 정보통신행정연구소 소장
- 시장과정부연구센터 소장
- 여론집중도조사위원회 위원

[대표 저서 및 논문]

- *Strategies and Policies in Digital Convergence*, 「한국의 기업지배구조 연구」, 「IT정책의 쟁점과 전망」 등의 편저서.
- 「한반도 경제공동체 형성을 위한 비전과 전략」(공저).
- *Review of Economics and Statistics, Journal of Econometrics, International Review of Law and Economics, Journal of Competition Law and Economics, Japan and the World Economy, EURAS Yearbook of Standardization, International Journal of IT Standards & Standardization Research, Korean Journal of Policy Studies, Korean Economic Review, Law & Technology*, 「경쟁법연구」, 「산업조직연구」, 「행정논총」, 「정책학회보」, 「한국사회와 행정연구」 등에 다수의 학술논문.
- *Encyclopedia of E-Commerce, E-Government and Mobile Commerce, Advanced Topics in IT Standards & Standardization Research, New Developments in Computer Science Research*, 「한국행정60년, 1948-2008」, 「공정거래법과 규제산업」, 「정책 사례연구」 등 다수의 편저서 챕터.

김원식

[학력 및 경력]

- 서울대학교 경제학과 학사 및 석사
- U. C. Berkeley 경제학과 박사
- 현 중앙대학교 경제학부 부교수
- 정보통신정책학회 편집위원 및 이사
- 산업조직학회 편집위원

[대표 저서 및 논문]

- 「정보통신정책핸드북」(2006, 공저).
- "국내 방송광고 판매제도 개선 방안을 위한 연구: 경제학적 접근"(「방송과 커뮤니케이션」 11권 2호 2010, 공저) 등

박민수

[학력 및 경력]

- 서울대학교 국제경제학과 졸업
- 보스턴대학교 경제학 박사
- 현 성균관대학교 경제학부 부교수
- 정보통신정책연구원 연구위원
- 미디어다양성위원회 분과위원

[대표 논문]

- "통신시장 공정경쟁 촉진을 위한 전파관리정책 연구."
- "Does spectrum auctioning harm consumers? Lessons from 3G licensing" 등

복홍석

[학력 및 경력]

- 충남대학교 졸업
- 서울대학교 행정학 석사
- 서울대학교 행정학 박사
- 현 한국공정거래조정원 시장연구실 부연구위원

[대표 논문]

- "다채널 유료방송 서비스의 수요함수 추정과 관련 시장 획정에 관한 연구", 서울대학교 행정대학원 박사학위 논문.
- "한국 기업집단에 있어서의 터널링 현상 분석: 순환출자와의 관계를 중심으로," 「한

국기업집단의 지배구조 연구」, 서울: 법문사.
- “Effective Competition, Administrative Guidance and Collusion in the Telecommunications Sector”, *Korea Journal of Policy Study*. Vol 23, No.2.(공저).
- “재정분권화와 정부 투명성과의 관계: Fisman & Gatti 모형의 한국적 적실성 검증을 중심으로”, 「한국지방자치학회보」 통권 제65호(2009년 봄, 공저).
- “비정규직의 정규직화의 조직효과성에 대한 연구”, 「한국행정연구」 2009년 가을호(제18권 제3호, 공저).

윤기호

[학력 및 경력]
- 서울대학교 경제학사
- 서울대학교 경제학 석사
- 미국 미네소타대학교 경제학 박사
- 현 고려대학교 경제학과 교수
- 한국경제학회 등 다수 학회 임원 및 편집위원 역임
- 공정거래위원회 약관심사자문위원

[대표 논문]
- *Econometrica, Journal of Economic Theory, Journal of Mathematical Economics* 등의 저널에 다수의 논문

이상우

[학력 및 경력]
- 연세대학교 화학과 학사 및 석사
- 미시건 주립대 매스커뮤니케이션 석사
- 인디애나 주립대 매스커뮤니케이션 박사
- 현 연세대학교 정보대학원 부교수
- 정보통신정책학회 총무이사
- 미디어 경영학회 연구이사
- 사이버커뮤니케이션학회 편집위원

[대표 저서]
- 「미디어 다양성」(2011, 공저)
- 「미디어 생태계」(2011, 공저) 등

정보통신행정연구소 연구총서	1
방송통신 정책과 조직	

방송통신 정책과 쟁점

펴낸날 / 제1판 제1쇄 2011년 12월 30일
지은이 / 박상인 · 김원식 · 박민수
· 복홍석 · 윤기호 · 이상우
펴낸이 / 임춘환
펴낸곳 / 도서출판 대영문화사
주소 / 서울 용산구 청파동 1가 178-2 ㊗ 140-869
등록 / 1975년 12월 26일 제3-16호
전화 / (02)716-3883, (02)714-3062
팩시밀리 / (02)703-3839
우체국 온라인 / 011353-02-009106

ISBN 978-89-7644-396-0
ISBN 978-89-7644-395-3(세트)

〔값 15,000원〕